그리스도교 입문

옮긴이 **김재일**

서강대학교를 졸업하고 장로회신학대학원에서 신학을 전공한 후 충청북도 남한강변에 있는 베다니교회와 강원도 홍천강변에 있는 보리울교회에서 6년씩 목회했다. 예장생활협동조합을 설립하여 이사장으로 섬겼고 연평도에 있는 연평교회를 섬겼다. 2010년에 소천(召天)하셨다.

옮긴 책으로는 《내가 틀렸었다》, 《돈 한 푼 없이 부자로 사는 법》, 《사선을 넘는 믿음으로 - 가가와 도요히코 전기》, 《아미시 그레이스》, 《아이를 변화시키는 두뇌음식》, 《내 몸 내가 고치는 기적의 밥상》, 《내 몸 내가 고치는 식생활 혁명》 등이 있다.

그리스도교 입문

발행일 2015년 12월 10일 초판 1쇄

지은이 가가와 도요히코
옮긴이 김재일
발행인 고영래
발행처 레베카

주 소 서울시 양천구 목동 중앙북로 14길 57
전 화 (02) 773-5680
팩 스 (02) 773-5685
이메일 miraebooks@daum.net
등 록 제2013-000019호(2013년 3월 27일)
ISBN 978-89-7087-318-3 03230

ⓒ 2015, 레베카

* 잘못된 책은 바꾸어 드립니다.
* 값은 뒤표지에 있습니다.

그리스도교 입문

가가와 도요히코 지음 — 김재일 옮김

레베카

| 머리말 |

  이 책은 기독교에 대한 간단한 해설서가 아니다. 그런 종류는 시중에 많이 나와 있다. 내가, 61년이라는 기나긴 생애를 통해, 세계에서 둘도 없는 성경을 몇 번이나 읽고, 몇 번이나 맛을 보고, 그러고 나서 예수님의 정신을 몇 번이고 체험한 것을 알기 쉬운 단어로 쓴 책이다. 따라서 이 책은 자서전적인 경향도 있다.

  내가 소년 시절을 보낸 아와의 요시노 강 유역에는 옛날 막부 시대부터 하얀 벽을 자랑하는 부유한 집안이 많았다. 그 부유한 집안들은 대체로 혈연으로 연결되어 있었다. 나의 아버지 집도 그중 하나였다.

  메이지 시대 중반부터, 무엇이 원인인지 알 수는 없지만, 요시노 강 유역에 음란한 분위기가 전염병처럼 만연했다. 우리 마을에서도 부농이 하룻밤 새 망하기도 했다. 어린아이들에게 마저 도덕적으로 퇴폐한 기운이 전해졌다.

  나는 11세 때부터 매일 절에 다니면서 《논어》와 《맹자》를 읽는 방법을 배웠다. 그러나 나 자신이 성인(聖人)이 되겠다는 생각은 조금도 없었다. 나의 어린 시절은 어둡고 쓸쓸한 생활의 연속이었다. 내가 크리스천이 되는 것에는 어느 정도 결심이 필요했다. 우리 집은 파산했고, 35전짜리 성경을 사는 데도 며칠을 주저하지 않으면 안 되었다. 그 정도로 나는 가난했었고 교회에 가는 것도 허락을 받지 못했다. 친척들은 모두 내가 크리스천이 되는 것에 반대했다.

그러다 마침내 기회가 왔다. 내가 열다섯 살이 되었을 때 미국 선교사로부터 세례를 받았다. 나의 가슴은 뛰었다. 나는 선교사와 그 부인의 생활을 통해서 예수님을 보았고, 예수님이 걸어간 길이 올바르다는 것을 잘 알게 되었다.

나의 일생 동안 시리도록 아름답고 애절한 도쿠시마의 하늘과, 그 아래에서 생활하고 있던 미국인 선교사들의 정신이 나에게 사랑을 가르쳐주었다. 사랑하는 마음은 아름답다. 사랑하는 것은 자연 중에서 가장 선한 일이다. 젊은 시절에 서로 사랑하는 것은 최상의 즐거움이다.

나는 열다섯 살 때부터 예순한 살이 된 지금까지 그 크신 하나님의 사랑에 안겨서, 그 즐거움의 하루하루를 의미 깊게 살아왔다. 가난함이 가난함이 아니었고, 쓸쓸함이 쓸쓸함이 아니었다. 죽음에 매달려 있을 때에도, 헌병에게 끌려갔을 때에도, 하나님의 사랑은 나를 별난 사람인 것처럼 강하게 해주었다.

나는 예수님이 2,000년 전의 유대인이었다는 것을 언제나 잊고 살았다. 예수님은 언제나 나와 함께 살아계셨다. 예수님은 모든 것을 나에게 주셨다. 나는 예수님에 의해서 수많은 친구를 얻었고, 아내, 아이들, 학문, 저서 들을 얻었다.

나는 예수님을 위해서 아무것도 한 기억이 없다. 그러나 예수님은 나에게 모든 것을 주셨다.

내가 이 책에서 쓴 것은 이러한 체험이다. 나는 이 사실을 주저함이 없이 썼다.

알기 쉬운 언어로 쓴 것은 기독교에 대해서 막연한 동경을 가지고 있거나 교회에 한 번도 가보지 않거나 거부감을 가진 사람들에게, 반드시 읽히고 싶다는 생각이 있기 때문이다. 또한 구도 중인 사람이나 이미 세례를 받고 크리스천으로서 생활을 하고 있는 사람들이 읽어도 실망하지 않을 것이다.

2부의 각 장은 약간 정도가 높지만 1부를 읽고 나면 쉽게 이해가 될 것이라고 생각한다.

이 책에 나와 있는 사람 이름에는 외국인도 있고 일본인도 있지만 모두 존칭을 생략했다.

끝으로 하고 싶은 말은 이 책을 쓰는 데 있어서 친구인 야리다 겐이치 씨의 도움을 많이 받았다. 그의 도움이 없었다면 이 책은 쓸 수 없었을지도 모른다.

1949년 12월 18일

가가와 도요히코

| 차례 |

머리말

프롤로그

1부 나는 왜 크리스천이 되었는가?

제1장 사랑하는 일본
1 발굴된 도시 24
2 하나님의 일본 26
3 청년은 꽃이다 30

제2장 성경은 어떠한 책인가
1 세상에서 가장 불가사의한 책 34
2 성경을 읽은 사람들 38
3 성경을 읽는 방법 47

제3장 나는 왜 크리스천이 되었는가?
1 나의 부모 49
2 세례를 받다 55
3 나의 은인 62

제4장 종교란 어떤 것인가?
1 하나님의 섭리 67
2 영원에 대한 동경 68
3 기쁜 소식 72

제5장 　하나님

　　1 젖가슴이 있는 하나님 73
　　2 생명의 하나님 76
　　3 하나님을 발견하는 방법 79
　　4 하나님의 성품 86
　　5 인격의 하나님 90

제6장 　병의 극복

　　1 죽음을 선고 받았을 때 93
　　2 신앙의 힘 98
　　3 병을 극복한 사람들 106

제7장 　가난할 때

　　1 무소유의 소유 110
　　2 무로부터의 출발 115

제8장 　죄에서의 해방

　　1 죄를 지은 경험 120
　　2 죄란 무엇인가? 123
　　3 예수님은 죄를 용서해주셨다 125
　　4 속죄의 사랑 128
　　5 죄에서 구원받은 사람들 134

제9장 죽음의 극복

> 1 죽음은 파멸을 의미하지 않는다 143
> 2 천국으로의 개선문 146
> 3 승천이라는 문자 149
> 4 인격의 영원성 152
> 5 죽은 자의 부활 154

제10장 종교와 연애

> 1 연애는 불결하지 않다 159
> 2 진정한 연애 161
> 3 신천지의 창조 164

제11장 종교와 결혼 생활

> 1 아내의 복종은 예속이 아니다 167
> 2 이상으로서의 일부일처주의 168
> 3 삼위일체의 세계 173

제12장 종교와 성욕

> 1 성욕은 대상을 요구한다 177
> 2 성욕의 정화 179

제13장 아이들의 종교

> 1 천상의 아버지와 지상의 아버지 183
> 2 예수님과 어린이 186

제14장 여성의 종교

> 1 여성의 종교적 경향 192
> 2 예수님과 여성 194
> 3 태양으로서의 여성 200

제15장 농민의 종교

    1 천국 미국 203
    2 하나님과 흙 208

제16장 노동자의 종교

    1 하나님은 노동자다 212
    2 존 러스킨의 말 217

제17장 기독교의 생활방식

    1 교회의 예배 220
    2 기도 223
    3 금식 229
    4 의복에 대하여 231
    5 음식에 대하여 233
    6 주택에 대하여 235
    7 성결과 기쁨 237
    8 사랑의 생활 240

제18장 기독교의 의식과 제전

    1 세례식 246
    2 성찬식 248
    3 크리스마스 249
    4 부활절 252

제19장 교파에 대하여

    1 교파의 수 255
    2 합동의 문제 258

2부 기독교 입문

제1장 성경의 기초 지식

1 신화를 어떻게 볼 것인가? 262
2 구약성서에 대해 264
3 신약성서에 대해 270
4 성서의 번역 274

제2장 예수님의 생애

1 예수님의 시대 278
2 어머니는 마리아, 아버지는 하나님 282
3 기적을 행하다 286
4 십자가의 길 289

제3장 예수님의 교훈

1 산상수훈 295
2 무저항주의 301
3 하나님의 나라 304

제4장 사도 바울

1 크리스천이 되다 310
2 전도 여행 314
3 바울의 죽음 318

제5장 종교와 도덕

1 악의 문제 324
2 종교와 도덕의 결합 328

제6장 종교와 철학

    1 유심론과 유물론 332
    2 우주의 불가사의 335

제7장 종교와 과학

    1 과학은 이념의 종교다 340
    2 기독교와 진화론 344
    3 하나님과 현대 물리학 346

제8장 종교와 예술

    1 미(美)의 문제 350
    2 생명 예술로서의 종교 353

제9장 기독교와 민주주의

    1 예수님의 민주주의 356
    2 민주주의의 역사 361

제10장 기독교 사회 운동

    1 영국이 가는 방향 365
    2 전술로서의 무저항주의 369
    3 협동조합의 사명 373

제11장 평화와 전쟁

    1 전쟁은 문화의 적이다 376
    2 세계 국가를 지향하며 380

옮긴이 후기

프롤로그

양희송 청어람 ARMC 대표

1.

나는 이 책을 통해 가가와 도요히코를 사실상 처음 만났다. 대학 시절 한국교회사와 일본교회사에 대해 읽은 약간의 책들이 내가 그의 이름을 접할 수 있었던 유일한 통로였고, 아마도 오늘날의 젊은 그리스도인들이 읽는 책 가운데에는 더욱 그의 이름을 찾기 어려울 것이다.

그러나 인터넷을 검색하는 약간의 수고만 한다면 그가 일본 사회와 일본 기독교 역사에 얼마나 비중이 큰 인물인지 찾아보기 어렵지 않다. 부유한 집안의 아버지가 기생과의 사이에서 낳은 아들이었던 그는 출생의 내력을 두고 내적으로 깊이 고민했던 흔적을 남기고 있다. 15세 때 미국 선교사로부터 세례를 받고 그리스도인이 되고, 신학을 공부하던 중 고베의 빈민가에 투신하여 폐결핵으로 죽음을 넘나들며 가난한 자들을 헌신적으로 돌아보았던 이야기는 그의 책 《사선을 넘어서》 등에 잘 드러나 있다.

미국으로 유학해 프린스턴에서 신학과 생물학을 전공하고 돌아와서 다시 빈민 운동에 관여하면서 그의 활동 영역은 넓어지기 시작한다. 1921년과 1922년에는 전국적인 노동자 파업을 주도한 것으로 인해 투옥되기도 했고, 농민 운동에도 관여해 일본농민조합의 결성에도 적극 관여했다. 그가 참여한 남성 참정권 운동 역시 1925년에 성취가 되는 성과를 얻었다. 이 무렵 결성한 '예수의 친구회'(1924)를 통해서 백만인 구령 운동을 벌여 이후 '하나님 나라 운동'이란 이름으로 복음 전도와 사회 개혁을 접목한 운동이 전쟁 전과 후에 진행된다.

한편, 그는 평화주의적 소신에 입각하여 '비전(非戰)동맹'(1928)을 결성하여 군국주의에 저항했다. 해외로도 널리 다니며 인도의 간디(Mohandas Karamchand Gandhi, 1869~1948)와 네루(Jawaharlal Nehru, 1889~1964) 등을 만나 기독교 지도자이자 평화운동가로 연대를 구상하기도 했다. 1940년에 일본의 중국에 대한 침략 전쟁을 사죄하는 글을 발표했고, 이로 인해 투옥되었다. 평생 200권에 이르는 책을 저술했고, 노벨 문학상에 두 번(1947, 1948), 노벨 평화상에 두 번(1954, 1955) 추천되었다.

그의 일생은 매우 강렬한 인상을 남긴다. 한편으로는 폐결핵으로 피를 토하며 빈민촌에 투신했던, 죄의식에 몸부림치며 하나님 외에는 아무런 소망을 두지 않는 구도자의 모습을 한 신앙인의 모습이 아로새겨지는가 하면, 다른 한편에는 근대 일본의 노동 운동, 농민 운동, 평화 운동, 사회주의 운동의 전 영역에 그 흔적을 드리운 역동적인 사회 운동가적 면모가 있다. 그는 이런 양 측면을 전혀 모순으로 여기지 않고 한 몸에 간직한 채 끝까지 이런 모든 삶과 행동의 근거를 기독교 신앙에서 찾았다는 점에서 오늘날에도 빛이 바래지 않는 소중한 모범이 된다.

2.

이 책은 1949년 가가와 도요히코가 61세 때 출판되었다. 전쟁이 끝나고, 전도 운동에 힘을 쓰는 한편 생협 운동이나 노동 운동 영역에서도 활발히 활동하던 무렵에 그가 돌아본 기독교 신앙의 여러 측면을 기술한 매력적인 책이다. 책은 전체 2부 총 30개 장에 걸쳐 기독교 신앙에 대한 가가와의 성찰이 잘 담겨 있다.

책의 전반에 걸쳐 그는 자신의 일대기를 적절히 담아내면서 기독교 신앙을 소개한다. '성경은 어떤 책인가?', '나는 왜 크리스천이 되었는가?', '종교란 어떤 것인가?', '하나님', '병의 극복', '가난할 때', '죄에서의 해방', '죽음의 극복' 등의 장에서는 자신의 출생과 가정에 관련된 내적 고민, 선교사들을 통해 복음을 소개받고 가졌던 번민들, 끊임없는 죄의식과의 싸움, 자살 유혹의 극복, 처절한 가난의 경험들, 빈민들과의 삶에서 본 것과 느낀 것, 폐병을 앓으며 들어간 고베 빈민촌에서 기적적으로 병이 회복되었던 간증들이 고스란히 들어있다.

그의 삶이 드라마틱했던 반면, 그의 문장은 간결해서 인상적이다. 이미 61세의 나이에 삶을 되돌아보며 쓴 때문인지 감정적 과장이나 감상적 느낌이 없고, 간결하면서도 속도감이 있다. 요즘 말로 하면 '시크(chic)'한 느낌이다. 지금 보아도 낡은 감이 별로 없다. 오히려 여전히 시대를 앞서가는 감수성이 종종 포착되곤 한다. 예를 들면, 제5장의 '하나님'에서는 '젖가슴이 있는 하나님'이란 표현이 있다. 히브리어 하나님 명칭인 '엘 샤다이(El Shadai)'에 대한 짧은 묵상인데, 오늘날 여성신학에서 언급하는 '하나님의 모성성'에 대한 빼어난 묵상이 전혀 이질감 없이 잘 드러나 있다.

"나 같은 고아가 강가에서 자란 것도, 전적으로 하나님의 젖가슴 덕분이다. 기생의 자식으로 태어나, 쓰레기 상자 곁에서 자란 내가 겨우 혼자 걷게 된 것도 전적으로 하나님의 젖가슴 덕분이다."

 '종교와 연애', '종교와 결혼 생활', '종교와 성욕' 등의 장은 매우 솔직하면서도 설득력이 있다. 이 주제를 다루는 오늘날의 책이 종종 발언의 주체를 빼놓는 데 반해 가가와는 적극적으로 자신의 경험과 조언을 명료하게 전하고 있다. '어린이의 종교', '여성의 종교', '농민의 종교', '노동자의 종교' 등을 다루는 장은 사회적으로 소외되고, 무시되는 존재들 각각을 기독교 신앙 안에서 자리매김해주고 있다.

 "내 아버지께서 일하시니 나도 일한다"는 말씀을 통해 성경의 하나님과 예수님은 '노동하시는 분'임을 밝히면서 그가 경험한 미국과 영국의 노동 운동가들이 어떻게 기독교 신앙에서 비롯되는 운동을 하고 있는지를 묘사하는 대목은 비록 그 시대가 사회주의 운동이 호의적으로 받아들여지던 시대였다 하더라도 오늘날에 비해 격세지감을 느끼게 한다.

 제2부는 열한 개의 장으로 이루어져 있는데, '성경의 기초지식', '예수님의 생애', '예수님의 교훈', '사도 바울' 등 성서학적 접근에 더해서 '종교와 도덕', '종교와 철학', '종교와 과학', '종교와 예술', '기독교와 민주주의', '기독교 사회 운동', '평화와 전쟁' 등으로 주요한 삶의 이슈들과 관련 지어 한 장씩 쓰고 있다.

"유물론자가 말하는 것처럼 모든 것이 결정적이며 역사의 운행이 기계적으로 예정되어 있다면, 성장도 아무것도 없으므로 무저항주의의 윤리가 성립될 기회는 전혀 주어지지 않는다. 죄인은 회개하지 않고, 자본가에게는 양심이 없고, 모든 문제가 투쟁과 유혈에 의해서만 해결된다고 하면 폭력을 사용하지 않을 수 없다. 그러나 예수님이 제시한 길은 회개와 재생이 있는 길이다. 성장력이 있는 정신이 폭발하여 회개하고 재생할 수 있다고 믿을 수 있을 때에야말로 무저항의 태도를 취하고 참고 견디는 것이다. 나는 이것을 무저항 사랑이라고 한다. 무저항은 비겁함을 뜻하지 않는다. 그것은 인간에게 상처를 주지 않는다는 의미를 가지고 있다.

무저항의 의미를 잘못 알면, 그것은 악을 부정하지 않으므로 문제라고 주장하는 사람도 있다. 그러나 그 주장은 잘못된 것이다. 악에 대한 근본적 부정을 전제로 하고 있기 때문에 저항이란 감정적인 손찌검을 그만두는 것이다. 그 근저에는 하나님과 같은 사랑에 대한 동경이 있다. 사랑과 희생을 두려워하는 자는 투쟁하지 않으면 안 된다. 사랑과 희생을 싫어하지 않는 자는 무저항주의를 취하게 된다."

가가와는 여러 번 그가 마르크스의 자본주의 비판에는 동의할 수 있으나 그의 유물론에는 동의하지 않고, 혁명의 방법으로 폭력을 사용하는 문제에도 확연히 입장이 다름을 밝힌다. 그가 그려본 아름다운 세상의 모습은 이런저런 이데올로기적 구상의 실천에서가 아니라, 성경적 비전의 지평 위에서만 제대로 펼쳐질 수 있다는 것이다. 기독교 신앙의 근거 위에서 그는 노동 운동, 농민 운동, 여성 운동, 평화 운동, 교육 운동 등이 이루어질 수 있다고 본 것이다.

3.

 한국의 그리스도인이 일본의 기독교에 관심을 갖는 것을 쉽지 않게 만드는 몇 가지 전형적인 장애물이 있다. 첫째는 일본의 제국주의 문제다. 일본의 기독교 역사에 아무리 위대한 영향력을 끼친 인물일지라도 그가 일본의 제국주의에 대한 비판적 입장을 견지하지 않는 한 한국의 그리스도인들이 호감을 갖기는 어렵다. 일본의 많은 기독 지식인들이 태평양 전쟁 시기에 접어들면 결국은 제국주의에 동참하는 쪽으로 기울게 된다. 결국 기독교 신앙이 민족주의에 동원되는 양상이 되고, 한국의 그리스도인들이 이런 일본의 기독교 지도자에게서 신앙적 모범을 찾기는 어렵다.
 둘째는 전후 두 나라의 기독교 전개 양상이 판이하게 달라졌다는 점에서 발생한다. 한국은 세계적으로 유례가 없는 교회성장을 경험했고, 개신교가 인구의 20퍼센트에 육박한다. 반면 일본은 여전히 1퍼센트도 되지 않는 기독교 인구를 갖고 있다. 한국의 그리스도인들에게 일본의 기독교, 혹은 일본 교회란 배우고 참고할 대상이 아니라, 극복하고 회피해야 할 문제로 종종 인식된다. 그리고 일본 기독교가 그렇게 성장하지 못한 이유를 기독교 신앙 자체가 지식인 위주로 편향되었다든지, 신학적으로 자유주의 노선에 영향을 많이 받아 복음의 생명력을 갖지 못했다든지 하는 식으로 단순하게 묘사하곤 한다.

사실 이런 문제는 한국과 일본 양쪽에서 좀 더 복합적인 양상으로 전개되고 있다. 현재 한국 교회는 피선교지에서 '제국주의적 선교'를 하고 있다는 비판을 받고 있으며 한국 내에서는 개신교 인구의 감소를 경험하고 있다. 그 이유는 '사회적 신뢰성을 잃고 있다'든지, '근본주의적 신앙 색채를 보이고 있다'든지 하는 다양한 근거에서 비롯된다. 최근 젊은 그리스도인들 사이에서는 동아시아의 기독교를 함께 탐구하면서 각각의 차이와 공통점을 거시적으로 조명해보아야 한다는 인식이 확산되고 있다.

그런 면에서 가가와 도요히코가 한국 그리스도인들에게 다시 소개되는 것은 의미가 크다. 그동안 우치무라 간조(內村鑑

三, 1861~1930) 정도가 유일하게 한국의 그리스도인들에게 감동을 주고, 꽤 널리 수용될 수 있는 존재였다면, 그보다 훨씬 행동 반경과 영향력을 넓게 갖고 있었던 가가와 도요히코를 제대로 만나게 되는 것은 한국의 젊은 그리스도인들이 한국 기독교의 진로를 새롭게 모색하는 과정에 적지 않은 통찰을 줄 수 있을 것으로 보인다.

1부

나는 왜
크리스천이 되었는가?

제1장

사랑하는 일본

1. 발굴된 도시

 1925년 봄, 나는 이탈리아의 옛 도시인 폼페이를 방문했다. AD 79년 인구가 3만 5,000명이었던 폼페이가 베수비오 화산의 엄청난 재로 인해 한순간에 매몰되었다. 몇 사람의 인부가 처음에는 구릉 위에서 우물을 파고 있던 중에 기와가 나타났고, 그 아래에서 가옥이 발견되었으며, 큰 도로가 나왔다. 그래서 본격적으로 발굴 사업이 시작되었다고 한다.

 나는 발굴된 1,900년 전의 폼페이 시가지 여기저기를 걸어서 돌아다녔다. 시가지 입구에는 박물관이 있고, 여러 유물들이 아주 많이 진열되어 있었다. 그중에서 가장 비참한 것은 화산이 폭발할 때 날아온 화산재 때문에 질식하고, 오랜 세월 동안 화석이 되어버린 남자와 여자의 시체였다. 몸에 소름이 끼쳤다. 도로는 좁고, 자동차가 어렵게 통과할 수 있을 정도의 넓이다. 집의 창문들도 아주 작았다. 집들은 주로 일층이었고, 이층집은 손에 셀 수 있을 정도였다. 방의 배치도 좁고, 내부의 칸막이에는 두꺼운 커튼을 사용해서 잠을 잔 것 같은 생각이 들었다.

길모퉁이에는 반드시 술집이 있고, 술집 근처에는 사창가가 있다. 사창가의 광고로서, 가로수를 깐 돌 위에는 남자의 성기가 조각되어 있다. 나는 처음에는 아무것도 모르고 거기를 발로 밟았다. 출입구의 바로 위에는 성기 모형이 돌출되어 있었다. 성병 환자가 아주 많았던 것처럼 보였고, 큰 뱀의 그림이 그려진 해독약을 팔고 있던 가게도 있었다. 그 가게의 광고에 "여기는 창녀집이 아닙니다"라고 쓰여 있었다.

나는 한 작은 창녀집에 들어가보았다. 답답할 정도로 비좁은, 마치 돼지우리와 같은 장소에 다섯 개의 방이 모여 있었다. 방은 아주 작고 부자연스럽게 어두웠다. 전등으로 비추어보면, 방의 입구에 춘화가 그려져 있었다. 그림 솜씨는 매우 섬세해서, 어떻게 보더라도 이류 이하의 화가가 그린 것이라고는 생각되지 않았다.

폼페이의 상류 계급에 속한 주리아라고 하는 사람의 집에도

가 보았다. 입구에는 남자의 성기를 어깨에 메고서 저울에 달고 있는 '프레아폴리스'라는 신상이 화려한 색깔로 그려져 있었다. 집 안의 정원에 들어가면, 남자아이의 나체를 조각한 것이 서 있고, 오줌을 누는 모습의 분수가 장치되어 있다. 주인의 방에도 하인의 방에도 한 면에 벽화가 있지만, 그 벽화라는 것이 어느 것을 보더라도 춘화였다. 나는 엉겁결에 얼굴을 돌렸다.

폼페이는 거리 전체가 아주 심한 음란의 도시였던 것이다. 영국의 보니라는 학자는 "폼페이의 거리거리가 하나님의 불에 멸망하지 않았다는 것이 불가사의하다. 멸망하는 것이 당연하다"고 말했다. 나도 그렇게 생각한다.

그러나 우리는 폼페이를 비웃고 있을 수만은 없다. 일본의 대도시, 특히 도쿄와 오사카의 현실은 폼페이의 거리와 다를 바가 없다.

2. 하나님의 일본

"하나님이여, 우리에게 스코틀랜드를 주십시오. 그렇지 않으면 죽음을 주십시오"라고 스코틀랜드의 종교 개혁자인 존 녹스(John Knox, 1514~1572)는 부르짖었다. 나도 일본에 대해서 이 정도의 열정을 껴안고 잔다.

우울한 예언자는 고국을 등지고 이방으로 이주한다. 싯다르타(Gotama Siddhartha, BC 642?~544?)가 그랬다. 공자도 본국을 등진 적이 있다.

그러나 나에게는 일본 말고는 살 다른 나라가 없다. 나는 조국을 사랑한다. 일본에서 태어나서 일본의 국토에 애정을 쏟지 않을 수가 있을까? 일본에서 태어나서 후지 산의 높은 봉우리를 찬미하지 않을 수가 있을까? 교토에 가서 호넨(法然)과 신란(親鸞)의 신앙에 감동하지 않을 수가 있을까? 나라를 방문해서 2월당의 범천(梵天: 욕계(欲界) 위에 존재한다는 청정(淸淨)한 세계-역자 주)과 박물관에 있는 아수라의 조각에 경탄하지 않을 수가 있을까?

일본은 아름다운 나라다. 《만요슈》(萬葉集: 일본의 가장 오래된 시가집-역자 주)와 《겐지모노가타리》(源氏物語: 3대에 걸친 귀족 사회의 사랑과 고뇌, 이상과 현실, 예리한 인생 비판과 구도 정신을 그린 일본의 고대 소설-역자 주)의 나라다. 앵두의 나라, 물의 나라다. 농사와 공예의 나라다.

하지만 일본이 패전의 깊은 상처를 완전하게 회복하고, 도덕적인 수준을 향상시키고, 평화의 나라로서 세계의 문화에 조금이라도 기여하기 위해서는 국민 한 사람 한 사람의 거듭남이 필요하다. 일본과 일본 국민에게 오늘날과 같은 무서운 위기는 없다. 일본이 거듭나는 길이 예수님의 십자가에 있다는 것을 발견하지 않으면 일본은 태평양에 떠 있는 작은 섬에 사는 야만인으로 전락한다.

내가 외국을 여행하고 있을 때, 일본에 돌아온다면 목숨을 걸고 앞으로 나갈 것을 마음 깊숙이 다짐한 적이 있다. 그 정도로 나는 일본을 사랑한다. 내가 도쿄와 오사카를 음란의 도시 폼페이와 비교하는 것도 일본을 사랑하기에 당연한 것이다.

만일 일본이 거듭나는 능력이 없다면 나는 그러한 것을 말하지 않는다. 만일 일본이 진선미(眞善美)에 봉사하지 않아도 좋다면 나는 아무것도 말하지 않을 것이며, 일본이 세계 문화에 기여하지 않는다고 하여도 좋은 지위에 있을 수 있다면 나는 언제나 침묵을 지킬 것이다. 그러나 오늘날의 일본은 어떠한 의미로 말해도 일본만의 일본이 아니다. 일본은 세계와 인류에 속한다. 아니다, 하나님께 속한다.

세상 사람들은 패전 후 전쟁을 포기한 일본에 의해서 새로운 문화가 창조되는 것을 기대하고 있다. 아시아와 아메리카 아니면 유럽이 어떻게 융합될 수 있을까, 동양의 정서와 서양의 지성을 어떻게 통합할 수 있을까를 보려고 한다. 일본은 세계 국가를 건설하기에 가장 형편이 좋은 위치에 있다.

역사를 살펴보면 빛은 항상 아시아로부터 나왔다. 부처님과 공자님도 아시아인이었다. 예수님마저도 아시아에서 출발한 분이고, 동양에서부터 떠오른 빛이었다. 그러나 민족으로서 빛은 어느 곳에서부터 용솟아 나올 것인가?

하나님의 일본, 인류의 일본이라는 지위를 확실하게 자각하고 싶은 것이다. 나는 사랑과 정의의 사도로서 소리 높여 부르짖고자 한다.

"일본은 하나님과 인류에 속한다. 평화주의와 민주주의가 일본인의 본질이 되지 않으면 안 된다."

자기의 진로에 대해서 언제까지 방황할 것인가? 태평양은 넓지만, 그 항로는 정해져 있다. 가야만 하는 길은 많지만, 일본의 진로는 정해져 있다. 그것은 소련(러시아)을 향한 것도 아니고 중공(중국)을 향한 것도 아니다. 진정한 의미에서는 아메리카로도 아니다. 하나님께로 향한 것이다. 그리스도에게로 향한 것이다.

무기와 폭력에 의해서 다른 민족의 국토를 점령하려고 기획했기 때문에, 일본은 아주 낮은 곳으로 전락했다. 그러나 지구상의 좁은 땅덩어리를 점령해서 무엇을 할 것인가? 우리는 하나님 나라를 건설해야 한다. 그것을 완성하는 날에는 일본이 세계에 속하는 것이 아니고, 거꾸로 세계가 일본에 속한다. 하나님에로의 일본에 속하는 것이다.

3. 청년은 꽃이다

"청년의 정기가 넘칠 때, 반드시 국토는 회복된다."

나폴레옹(Napoléon Bonaparte, 1769~1821)이 독일을 짓밟았을 때, 철학자인 피히테(Johann Fichte, 1762~1814)는 이렇게 예언했다. 민족의 재생은 전적으로 청년의 정기와 정열에 달려 있다.

생명의 샘은 그것을 탁하게 하는 것에 대해서 복수를 한다. 처음에는 조그만 맑은 물일지라도, 그것을 막는 것에 대해서는 흐르는 물이 되고 성난 파도가 된다. 생명 샘의 마개를 잡고 있는 것은 청년이다. 살인마의 대부분이 청년이지만, 동시에 발명가의 대부분도 청년이다. 나라를 멸망시키는 것도 청년이고 나라를 부흥시키는 것도 청년이다. 청년의 의기가 쇠하면 사회가 침체하고, 청년의 의기가 왕성하면 순식간에 도시와 농촌의 표정이 변한다.

세계의 성인은 대체로 청년 시대에 뜻을 세웠다. 싯다르타는 29세에 출가의 길에 들어갔고, 일연(불교 일연종의 개조)은 32세에 큰 깨달음의 길에 나아갔다. 종교 개혁의 주역인 마르틴 루터(Martin Luther, 1483~1546)는 24세 때 기독교의 진수를 깨달았다. 예수님의 공생애는 30세에 시작되었다.

청년은 꽃이다. 꽃봉오리 때에 스스로를 지키지 않으면 청년의 운명은 잘못되어버린다. 그것은 민족과 국가의 운명마저도 궤도로부터 벗어나게 한다. 유물론으로 달려가지 않고, 물질의 깊은 곳에 새겨져 있는 하나님의 영원하신 말씀을 파악하지 않으면 청년으로서 보람이 없다.

청년은 태양과 같이 밝게 되는 것이 좋다. 스스로를 빛의 근원으로 하는 태양과 같이 빛나는 것이 좋다. 태양의 표면에도 빛의 폭풍이 있고, 흑점의 그림자가 지나치게 둘러싸고 있을 때도 있다. 그러나 청년이 영원한 빛의 근원이라는 것은 의심의 여지가 없다.

문제는 청년에게 있어서 생활 본연의 자세다. 생명의 샘을 어떠한 방향으로 흘려 넣을 것인가의 문제다.

내가 일본에 오래 산 만큼, 일본 여성의 위대함과 아름다움을 안다. 일본 여성은 눈으로 볼 수 없는 별과 같은 존재이며, 빛이 없는 별과 같은 존재다. 확실히 실재하지만 표면에 나타나지 않을 뿐이다. 따라서 발견하기에 시간이 걸리고 육안으로는 볼 수 없을 뿐이다.

나는 일본의 이곳저곳을 돌아다니면서 도시에서, 농촌에서, 식당에서, 사무실에서, 직장에서 많은 위대한 여성을 보았다. 그들은 통속적인 의미에서의 미인은 아니다. 그러나 그들의 정신은 세계 어느 나라의 여성에게도 뒤지지 않을 정도의 소중한 것을 가지고 있다. 그들은 넓게 사랑하는 것은 알지 못해도 깊게 사랑하는 것을 알고 있다. 때로는 침착하고, 고난에서도 인내한다.

동북 지방의 황무지에서도 일본의 소녀들은 모란꽃과 같이 빛나고 있다. 일본의 소녀들은 날마다 아름다워지고 있다.

미국 사람들은 자연을 정복하는 것을 안다. 최고의 좋은 실례는 최근에는 TVA*이다. 그러나 그들은 자연을 일상생활에 도입하는 것을 모른다. 일본에서는 6~7세의 소녀들조차 자연을 인간의 생활에 조화시키는 방법을 알고 있다. 그들은 3월이 되면 복숭아꽃을 히나단**에 장식한다. 7월에는 삿갓을 장식하고, 9월에는 국화의 명절을 축하한다. 그들의 마음 중심에는 자연과 인간이 완전하게 조화를 이루고 있다. 나는 하나님의 부르심이 있으면 사랑하는 일본까지도 버리지 않으면 안 되는 몸이다. 그러나 그때에도 나는 일본의 소녀들을 버리지 않을 것이다. 일본의 소녀들은 폭력을 이긴다. 분장실의 공주처럼, 달 밝은 밤 후지 산의 정상에서 높이 날아오르는 방법을 알고 있다.

---

* 테네시 강 유역 개발 계획으로 1933년 뉴딜 정책의 일환으로 연방정부에 의하여 창설되었다. 테네시 강 본류와 지류에 26개의 대형 댐을 건설하여 홍수 방지, 전력 개발, 공업 유치, 수운(水運), 관개(灌漑), 위락(慰樂)시설 등에 도움이 되도록 했다. 7개 주에 걸쳐 벌어진 이 계획은 국토개발계획의 원형으로서 세계 최초의 대사업이었기 때문에 다른 여러 나라에 큰 영향을 끼쳤다.

** 3월 3일 여자아이가 있는 집에서 인형을 장식하는 단.

나는 그들에게 성경을 한 권씩 지니게 하고 싶다. 그들이 육체의 순결을 언제까지라도 지키고, 정신의 아름다움에 한층 더 도움을 주는 것으로, 이것 이외에는 없기 때문이다.

> 시온의 딸들, 이야기를 들어라.
> 우리가 사랑하는 님은 들판이나 막사나
> 서로 만날 때 님의 상냥한 미소를 반기며
> 말씀의 아름다움에 하늘과 땅이 노래한다.
> 우리가 사모하는 님의 말씀은
> 우리의 희망이며 생명인데
> 오직 님에게만 있다.

시온은 예루살렘에 있는 산으로서, 옛날에는 그곳이 예루살렘의 중심지였다.

이 찬미가는 사랑의 노래와 같은 정서를 포함하고 있기 때문에 소녀들이 노래해서는 안 된다고 말하는 사람도 있지만, 나는 그렇게 생각하지 않는다. 예수님은 그들의 연인이었다고 해도 좋다. 마음껏 노래하는 것이 좋다. 노래를 부르는 것에 의해서 그들은 성화되고, 그들의 정신적 아름다움은 한층 더 깊어질 것이다.

제2장

성경이란 어떠한 책인가?

1. 세상에서 가장 불가사의한 책

나의 오랜 친구로서, 40년간 신앙과 사랑으로 살아온 스기야마 겐지로(杉山元治郎)가 언젠가 《농민 클럽》이라는 잡지에 흥미로운 문장을 기고했다. 그것은 '세상에서 가장 불가사의한 책'이라는 제목이었다. 그 주요한 부분은 다음과 같다.

여기에 한 권의 불가사의한 책이 있다.

첫째, 그 책이 불가사의한 것은 1,200년에 걸쳐서 쓰인 것이라는 점이다. 만약 한 사람이 전 생애에 걸쳐서 한 권의 책을 썼다고 하더라도 그 기간은 40년이나 50년이다. 그런데 그 불가사의한 책의 가장 오래된 부분은 지금부터 약 3,000년 전에 쓰였다. 3,000년 전이라고 말하면, 일본 건국 이전의 일이다. 가장 늦게 쓰여진 부분조차, 약 1,800년 전에 쓰여진 것이기 때문에 그 책이 완성될 때까지는 1,200년이라는 오랜 세월이 걸린 셈이다.

둘째, 그 책이 불가사의한 것은 세계의 구석구석에까지 퍼져 있다는 점이다. 북으로는 일 년 내내 눈이 끊이지 않는 에스키모인들에게도 읽히고, 남으로는 항상 여름인 아프리카의 식인종 사이에도 가까워져 있다. 현재, 1,080종류의 언어로 번역되어 있기 때문에, 모든 민족이 자기의 언어로 그 책을 소유하고 있는 셈이다.

셋째, 그 책은 발행 부수에 있어서도 세계에서 가장 많다. 인간이 있는 장소에는 반드시 그 책이 있는 것도 신기하지만 해마다, 강물이 흐르는 것과 같이 적더라도 쉬지 않고 발행되고 있다는 것을 듣는다면, 누구라도 놀라지 않을 사람이 없을 것이다. 발행의 임무를 맡고 있는 협회는 영국과 미국 두 곳에 있다. 영국 쪽에서는 협회의 창립 이후로 오늘날까지 150년 동안에 약 5억 권의 책을, 미국 쪽에서는 약 130년 동안에 약 3억 권을 발행하고 있다. 종전 후에 일본에만도 240만 권을 보내왔다.

넷째, 그 책에는 인간의 온갖 생활기록이 들어 있다. 신화가 있고, 전설이 있고, 역사가 있고, 우화가 있고, 문학이 있고, 시가가 있고, 전쟁 이야기가 있으며, 포로생활의 기록이 있고, 한편에 영화를 자랑한 왕자의 생활이 기록되어 있는가 하면, 노예의 비참한 생활이라든지, 유아를 보자기에 싸서 길거리를 헤매고 있는 과부의 뼈아픈 생활이 기록되어 있다. 돈에 유혹되어서 악의 길을 밟은 연약한 인간의 기록이 있고, 천재지변으로 사랑하는 자녀들을 차례로 잃고, 재산을 잃어버리고, 질병에 걸리고, 아내가 도망갈 정도로 역경에 처해 있으면서도 하나님을 원망하지 않고, 인간을 증오하지 않고, 옳은 길을 계속해서 걸어갈 수 있는 신념이 굳은 인간의 기록이 있다.

다섯째, 그 책을 읽은 사람에는 반드시 영감과 불가사의한 힘이 주어진다. 그 책은 1,200년간 많은 사람들에 의해서 쓰였지만, 영감을 가지고 쓰고 편집되었기 때문에 전권을 관통하는 사상은 완전히 통일되어 있다. 그 책을 읽고 영감과 불가사의한 힘을 얻는 것은 그 때문이다. 인생은 등산을 하는 것과 같은 고통의 연속이기 때문에 낙오를 하고, 패퇴를 하고, 발광을 하고, 자살을 하는 사람이 많다. 그렇지만 인생의 낙오자가 그 책을 읽으면 힘과 광명을 얻게 되고, 사업에 성공을 하고, 훌륭한 인간이 된다. 그러한 실례는 무수하게 많다.

여섯째, 그 책을 알지 못하면 서양의 역사도, 문학도, 미술도, 정치도 알지 못한다. 예를 들면 유럽 각 나라의 흥망성쇠의 역사에 있어서도, 미합중국의 건국의 역사에 있어서도, 패전부터 일어선 덴마크의 역사에 있어서도, 그 책을 알지 못하고서는 진상을 파악하는 것이 불가능하고, 단테(Alighieri Dante, 1265~1321)의 《신곡》이라든지 밀턴(John Milton, 1608~1674)의 《실락원》이라든지 테니슨(Alfred Tennyson, 1809~1892)의 시와 같은 영문학의 걸작은 모조리 그 책의 사상이 배경이 되어 있다. 라파엘로(Raffaello, 1483~1520)나 레오나르도 다빈치(Leonardo Da Vinci, 1452~1519)의 그림에 있어서도 그렇다. 특히 새로운 일본이 국가 건설의 지침이 되지 않으면 안 되는 민주주의 사상의 원천은 그 책 안에 있는 것이다.

그러면 그 불가사의한 책이라는 것은 무엇인가? 기독교의 성경이 그것이다. 성경은 구약성경과 신약성경의 두 부분으로 구성되어 있다. 기독교의 권위는 신약성경이지만, 기독교는 원래 구약성경의 기초 위에 발달된 것이다. 따라서 둘 다 기독교의 경전이 된다.

영어의 바이블(Bible)이라는 말은 '서적'을 의미하는 그리스어인 '비블리아(Biblia)'에서 나왔다.

'신약성경'이나 '구약성경'의 시대에는 '바이블'이라는 단어가 사용되지 않고, '테스터먼트(Testament)'라는 단어를 사용했다. '테스터먼트'는 '유언' 혹은 '약속'이라는 의미다.

오래된 약속과 새로운 약속은 대조가 되어 있다. 오래된 약속(구약)은 하나님이 유대인에게 주신 약속으로서, 율법을 지키면 좋은 민족이 되게 할 것이라는 의미를 가지고 있다. 새로운 약속(신약)은 예수님이 인류를 구원하기 위해서 십자가 위에서 흘린 피를 믿으면 선한 인간이 되게 한다는 의미다.

2. 성경을 읽은 사람들

미국의 대통령은 취임식을 할 때 대법원장이 서 있는 앞에서 선서를 하게 된다. 이것은 초대 대통령 워싱턴(George Washington, 1732~1799) 때부터 전해진 하나의 예식이다. 대통령은 백악관에 준비되어 있는 성경에 공손하게 손을 대고 미국을 성경의 정신에 따라서 통치할 것을 선서한다. 내가 한 번 만나서 이야기를 나눈 바 있는 트루먼(Harry S. Truman, 1884~1972)도 1949년 1월에 그러한 선서를 했다. 링컨(Abraham Lincoln, 1809~1865) 다음에 20대 대통령이 되었던 제임스 가필드(James Abram Garfield, 1831~1881)는 대통령에 당선되고, 취임식에 임했을 때 백악관의 성경을 가만히 옆으로 치우고, 자신의 주머니에서 작은 성경을 꺼냈다. 그리고 말했다.

"부디 이 성경으로 선서하는 것을 허락해주시기 바랍니다. 이것은 우리 집을 떠날 때, 나의 어머니가 주신 것입니다."

물론 이 부탁은 바로 받아들여졌고, 가필드는 그 낡은 성경에 입을 맞추고서 대통령의 영광스러운 자리에 올랐다.

그는 젊은 시절, 미시시피 강을 오르락내리락하는 기선의 보이를 했었다. 어느 날엔 "이 굼벵이 같은 녀석"이라는 질책을 받고 강으로 밀어서 떨어졌다. 그때 누가 과연 그 소년이 장래의 대통령이라고 생각했을까?

그가 허드렛일을 하는 틈틈이 주머니에서 꺼내서 읽은 것은, 어머니가 주신 작은 성경이었다. 그는 그 후에 목수가 되고, 초등학교 교사가 되고, 변호사가 되고, 마지막에는 백악관으로 큰 발걸음을 한 것이었다.

"인도는 잃어버려도 좋다. '성경'을 남에게 넘겨주는 것은 안 된다"라고 영국의 빅토리아 여왕(Queen Victoria, 1819~1901)은 말했다. 빅토리아 여왕에게는, 4억에 가까운 인구가 있고, 쌀과 면화 그리고 망간을 생산하는 크나큰 인도보다도 한 권의 책인 성경이 중요했던 것이다.

"아주 깊으신 주의 사랑 성경을 읽고 알게 되었네. 그 성경을 통해 알게 되었네. 아버지 하나님만이 거룩하심을"이라는 가사의 찬송가가 있다. 성경은 많은 사람이 쓴 것이지만, 그들은 누구라도 '아버지'라고 부를 수 있는 하나님으로부터 강한 영감을 받고서 썼다. 따라서 우리는 그것을 하나님으로부터의 선물이라고 생각해도 틀리지 않는다.

일본 구세군의 공로자인 야마무로 군페이(山室軍平, 1872~1940)는 도쿄의 쓰키지(築地)에 있는 가츠자카야(活版屋)에서 점원으로 일하고 있던 무렵에 우연히 성경을 읽고서, '이렇게 좋은 책이 없다. 이것을 한 장이라도 읽는다면 인간은 다시 태어나는 것에 다르지 않다'고 생각하고서 성경을 몇 권 사 와서 철한 부분을 칼로 자르고 뿔뿔이 나누고, 노방 설교를 하고 난 뒤에 그것을 한 장씩 청중에게 나누어주었다.

"나중에 생각해보니 다수의 청중 중에는 마태복음의 앞부분을 받았던 사람이 집에 돌아가서 그것을 읽어본다면 '아브라함은 이삭을 낳고, 이삭은 야곱을 낳고'와 같은 단편적인 이름만 계속되어서 무엇이 무엇인지 알지 못하기 때문에 당혹했을 것이라고 생각한다"고 야마무로는 말한 적이 있다.

어쨌든 야마무로 군페이는 그 정도로 성경의 감화력을 믿고 있었던 것이다.

일본에서 성경을 읽고 거듭난 사람은 적지 않다. 1876년 여름의 일이었다. 처음으로 홋카이도를 개척했던 개척사(開拓使)라는 관리가 되었던 구로다 기요타카(黑田淸隆, 1840~1900)

가 삿포로에 서양식 학교를 설립하기 위해, 미국에서 주립 농업학교의 교장을 하고 있던 윌리엄 클라크(William Clark, 1826~1886)를 초대했다. 그러자 클라크는 성경을 가르치지 않으면 학교를 열어도 소용없다고 말했다. 1873년 2월을 기점으로 기독교 금지 제례가 해제되었으나 아직 기독교를 사교로 보는 분위기가 메이지 정부의 대신들 사이에 남아 있었기 때문에 구로다 기요타카는 그것만은 단념했으면 좋겠다고 간절히 원했다. 그러자 그는 "학생에게 성경을 가르칠 수 없다면, 나는 미국으로 돌아가겠습니다"라고 말을 했다. 그리고 두 사람이 탄 겐부마루호라는 기선이 요코하마를 떠나 오타루에 도착할 때까지 끈기 있게 토론을 벌였다. 그 결과 구로다가 양보했다.

"그렇다면 절대 비밀로 하고 가르쳐주십시오"라고 말했고, 이 말에 클라크는 매우 기뻐했다.

삿포로에 만들어진 학교는 삿포로 농업학교라는 이름이 붙여졌다. 클라크가 이 학교에서 성경을 가르친 것은 불과 8개월간이었다. 그러나 제1기 학생 14명이 전부 아주 큰 감화를 받고 훌륭한 크리스천이 되었다. 그중에는 사토 마사히케(佐藤昌介, 1856~1939), 오시마 마사다케(大島正健, 1859~1938) 등이다. 제2기생 중에서는 니토베 이나조오(新渡戶稻造,

1862~1933), 우치무라 간조, 미야베 긴코(宮部金吾, 1860~1951) 등과 같은 인물이 나왔다. 성경에는 그 정도의 감화력이 있다.

조금 거슬러 올라간 1859년 11월에 미국으로부터 브라운이라는 선교사가 와서, 가나가와(지금의 요코하마)에 상륙했다. 브라운은 일본에 처음으로 사진술을 전해준 사람이기도 했다. 1870년에 요코하마에 사설 학원을 열었다. 필사의 각오로서 이 사숙에 들어가 성경을 배운 사람이 우에무라 마사히사(植村正久, 1858~1925), 이부카 카지노스케(井深梶之助 1854~1940), 오시가와 마사요시(押川方義, 1849~1928), 구마노 유시치(熊野雄七) 등이 있다. 구마노 유시치는 히젠 대막부의 신하였였는데, 죽음을 무릅쓰고 크리스천이 되었다. 내가 메이지 학원에 들어갔을 때 그는 이 기독교 학교의 '간소'라는 중직에 있었다.

구마모토에서는 현청에서 운영하는 서양식 학교가 세워졌는데, 마찬가지로 미국에서 영어 교사로서 육군 대위인 젠스가 초대되었다. 젠스는 임기가 마치기 조금 전에 생도에게 구약성경을 주고 읽게 했다. 물론 비밀로 했지만, 1월 29일 토요일 이른 아침 일대 사건이 일어났다. 35인의 학생이 교외의 하나오카 산(花岡山)에 몰래 모여서 '서교의 도(西敎의 道)'에 들어가기 위해서 손가락을 자르고 혈맹을 맺었던 것이다. 그중에는 에비나 키사부로(海老名喜三郞), 단조우(彈正), 고자키 히로미치(小崎弘道, 1856~1938), 요코이 토키오(橫井時雄)˙ 등이 있었다.

그때의 소동은 지금은 상상도 할 수 없는 정도였다. 요코이 토키오의 어머니(요코이 소난의 처)는 아들의 무분별함을 세상에 알리기 위하여 할복을 했을 정도였다고 한다. 젠스의 숙소에는 진푸렌(神風連)˙˙이 칼날을 번쩍이며 뛰어들었다. 그러나 다행히도 젠스가 교토로 떠난 뒤였다. "내가 세상에 화평을 주러 온 줄로 생각하지 말라 화평이 아니요 검을 주러 왔노라. 내가 온 것은 사람이 그 아버지와, 딸이 어머니와, 며느리가 시어머니와 불화하게 하려 함이니 사람의 원수가 자기 집안 식구리라"(마 10:34~36절)라고 예수님이 말한 것은 이러한 경우를 가리키는 것이다.

후쿠오카에 있는 큐슈 대학의 부속병원에 우치야마 유우(內山佑)라는 사람이 10여 년 동안 입원하고 있었다. 그는 아주 특수한 환자로서, 극약을 채운 목욕탕 안에서 낮이고 밤이고 몸을 담그고 있지 않으면 안 되었다. 피부가 공기에 접촉하면 안 되기 때문이었다. 식사도 목욕탕 안에서 했다.

˙ 이들은 모두 한일병합에 반대한 기독교 지식인들이었다.

˙˙ 구마모토의 사족인 오타구로 도모 등이 조직한 국수주의 정치 단체.

"이렇게까지 해서 살 필요가 있을까?"라고 생각하며 혀를 깨물고 죽어야겠다고 생각한 것이 몇 번이나 있었다. 그러던 어느 날, 한 기독교 전도자로부터 성경을 받았고 그 가운데 한 곳에서 "우리가 환난 중에도 즐거워하나니 이는 환난은 인내를, 인내는 연단을, 연단은 소망을 이루는 줄 앎이로다"라고 쓰여 있는 것을 읽었다. 그는 그 순간에 다시 태어났다. 목욕탕에서의 거북이와 같은 생활을 하는 것이 즐거웠고 견딜 수 없는 것이 아니었다. 생활의 단순함이 성경 한 권에 의해서 깨어지고, 갑자기 날이 밝았던 것이다. 그가 아침과 저녁에 손을 닦고 읽은 성경은 천장으로부터 가는 끈으로 매달았지만, 소독약의 기운이 미쳐서 20일 정도가 지나면 부식했다.

"이것으로 다섯 권째입니다."

문병객이 있으면, 그는 책 수가 늘어난 것을 즐거워하는 목소리로 말하고 마무리로는 "역경에 빠져도 실망하면 안 됩니다"라고 오히려 처음부터 끝까지 상대방을 격려했다.

문학박사인 아베 지로(阿部次郎, 1883~1959)의 《북교잡기(北郊雜記)》라는 글 안에 종교적 명저로서 《은총의 생애》가 실려 있다. 《은총의 생애》라는 것은 가우치 요시다로(好地由太郎)라는 전과자의 자서전이다.

가우치 요시다로는 18세 무렵에 도쿄 시 니혼바시 구에 있는 어느 상점의 주부를 살해한 데다가, 집에 불을 질러 홋카이도의 치료감호소에 보내졌다. 그리고 거기에서 25세가 된 1889년 1월 2일 한밤중에 천사와 같이 아름다운 어린이가 돌연 그의 앞에 나타나서 "나는 당신에게 하나님의 말씀을 전하기 위해서 하늘로부터 보냄을 받고 내려왔습니다"라고 알리고 한 권의 성경을 보여주었다. 그는 깜짝 놀랐다.

그 어린아이는 "이 책에는 어떠한 죄인에게도 영원한 생명을 주시는 하나님의 말씀이 쓰여 있습니다. 이것을 당신에게 줄 테니 반드시 읽으세요. 반드시 내가 말한 것을 잊으면 안 됩니다"라고 말하고 그에게 그 성경을 전해주었다.

이러한 일이 세 번 있었다. 그러자 그의 가슴이 움직이기 시작했다. 그는 교도관에게 부탁해서 성경을 받았다. 그러나 교육을 받지 못했던 그가 한 글자도 읽을 수가 없어서 당혹해하자 교도소장이 사정을 듣고 글자를 가르쳐주었다. 그는 긴장된 마음으로 마태복음 1장의 "아브라함은 이삭을 낳고, 이삭은 야곱을 낳고……"부터 읽기 시작해서 마가복음에 접어들었을 무렵에는 완전히 거듭나고 있었다. 그는 같은 감호소의 죄수들 한 사람 한 사람에게 전도를 하기 시작했다. 욕을 먹어도 박해를 받아도 그는 굴하지 않았다. 한 번은 모두에게 둘러싸여서 흉기를 눈앞에 들이대고 금방이라도 죽일 듯한 위협을 받았지만 그는 무릎을 꿇고 그들을 위해서 기도했다. 그 결과 불가사의하게도 구원을 받았다.

"가우치 요시다로의 생애는 근대의 기적입니다"라고 아베지로는 쓰고 있다.

가우치는 무기징역에 9년의 징역이 더해져 있었지만, 1904년에 가출옥의 은전을 받았다. 히라가나조차 쓸 수 없었던 그가 자서전을 쓸 정도가 되었던 것도 기적이라 해도 좋을 것이다.

1928년 말, 내가 고베에서 신앙 강연을 하고 강당을 떠나자 한 사람의 신사가 뒤쫓아 왔다.

"가가와 씨, 당신에게 하고 싶은 말이 있습니다. 다카바타케 모토유키 씨에 대한 것입니다만, 알고 계십니까? 다카바타케 씨는 이번 달 23일에 죽었습니다. 죽기 일주일 전부터 매일 눈물을 흘리면서 성경을 읽었지요. 찬송가도 불렀습니다. 그 사람은 죽을 때가 되어서 갑자기 하나님을 사랑했던 것입니다"라고 말해주었다.

우리는 다카바타케 모토유키가 다이쇼 시대에는 일본에서 마르크스주의 학자의 제1인자였다는 것을 알고 있다. 그는 마르크스 경제학이 오늘날 정도로 소개되어 있지 않았을 때, 그 방대한 《자본론》을 번역했다. 그러한 그가 병으로 죽을 때에는 도시샤 대학 신학부에서 1년인가 2년인가를 연구했던 성경을 가지고 나와서 읽으며 눈물을 흘렸던 것이다.

법학박사인 후쿠다 도쿠조(福田德三, 1874~1930)는 일본에서 가장 먼저 《자본론》 3권 모두를 통독했던 사람이다. 1920년 초에 그는 어떤 잡지에 종교 무용론을 썼다. 그가 죽은 것은 1930년 5월 8일의 일이었지만, 그도 죽을 때에는 병실에 찾아온 제자에게 "성경을 읽어 주시게"라고 말했다. 마태복음 5장을 읽게 했던 것이다.

"마음이 청결한 자는 복이 있나니, 그들이 하나님을 볼 것이다."

마태복음의 그 구절에는 예수님의 말씀이 기록되어 있다.

내 주위에는 성경을 읽고서 새로운 생활에 들어간 사람들이 무수하게 있지만, 지면이 부족하기 때문에 더 이상 여기에서는 쓰지 않겠다.

3. 성경을 읽는 방법

신약성경은 27권으로 되어 있다. 그중에 처음 네 권, 즉 마태복음, 마가복음, 누가복음, 요한복음은 예수님의 전기다. 하지만 보통의 전기가 아니고, 신앙의 입장에서 쓴 네 개의 복음서라고 불린다.

복음서 다음에는 예수님 제자들의 언행록이 1권 들어 있다.

가장 많은 것은 서신으로, 21통이다. 21통 가운데서 13통까지는 예수님의 간접적인 제자였던 바울이 썼다. 그 뒤의 8통은 예수님의 직접적인 제자인 베드로와 요한, 예수님의 제자에 해당하는 야고보와 유다 등이 썼다고 전해진다. 마지막 권은 묵시록으로, 상징적인 요소가 풍부하다.

성경을 읽을 때는 처음에는 소설을 읽는 것과 같은 기분으로 통독하는 것이 좋다. 즉, 알지 못하는 곳은 건너뛰는 것이다. 누구라도 생선을 먹을 때는 뼈를 골라내고, 머리도 남기고, 부드러운 부분만 먹는다. 성경도 그러한 방법으로 읽어야 한다. 생선의 뼈와 머리는 버리는 사람이 많지만, 국이나 찌개를 할 때 넣으면 국물이 아주 맛이 좋다. 비늘은 그 자체로 먹을 수는 없지만, 끓여서 굳은 상태로 해서 먹는다. 성경의 난해한 부분도 이와 같은 방법으로 읽으면 모두 마음의 양식이 된다.

성경은 몇 번을 읽어도 만족함이 없다. 새싹이 날 때에도, 슬플 때에도, 여행을 할 때에도, 어떠한 경우에도 그리고 언제라도 읽을 만한 것이다. 나는 15세 때 읽기 시작해서 61세가 될 때까지 수백 번도 넘게 읽었다. 싫증난 경우는 한 번도 없다. 성경은 읽으면 읽을수록 우리의 피가 되고, 살이 된다.

성경은 문자 그대로 '생명의 책'이다.

나는 왜 크리스천이 되었는가?

1. 나의 부모

나는 기생의 아들이다.

아버지는 어릴 때 이름이 덴지로이고 도쿠시마 현 히타노 군(板野郡)의 오츠무라(大津村) 다이코(大幸)의 양조장집으로 알려진 유우가의 셋째 아들이었다. 유우가라는 성은 이소베로서, 당주인 유우 고치로는 명주(名酒)인 '기자쿠라'라는 술의 제조에 정력을 집중하고 있었던 것 같다. 나의 아버지는 어릴 때부터 '기자쿠라'와 아주 친했다고 생각이 든다.

15~16세 경에 아버지는 같은 군의 마즈메무라(馬詰村)의 가가와 모리헤이(賀川盛平)의 데릴사위가 되어, 모리헤이의 장녀인 미치를 아내로 맞이했다. 그래서 가가와 준이치(賀川純

一)라고 개명을 했다.

미치는 나의 의붓어머니이시다. 아버지는 의붓어머니와의 사이에 1남 1녀를 두었지만, 둘 다 아주 어렸을 때 죽었다.

아버지는 술을 좋아했지만 한편으로는 향학열이 왕성한 지주였던 것 같고, 도쿠시마의 니루 치쿠스루라든지 오카모토 구시즈와 같은 유명한 학자에게서 한학을 배웠다. "머리가 좋고 의견을 순발력 있게 개진하며 동년배에 비해서 뛰어났다"라고 나의 한문 선생이 평가한 적이 있다.

자유 민권 운동이 활발해지자 아버지는 여기에 가담해서 자조사(自助社)라는 단체를 만들었다. 그리고 여러 번 상경해서 자유 민권 운동의 최고 지도자도 되고, 메이지 정부의 고관이기도 했던 이타가키 타이스케(板垣退助)와 교제했다.

1875년 4월에 원로원(후에 귀족원)이 개설됐을 때, 아버지는 이타가키의 추천으로 서기관으로 발탁되었다.

"돌아가신 우리 아버지는 저녁에 술을 얼큰하게 하셔서 기분이 좋을 때 자주 자신의 형에 해당하는 가가와의 아버지를 칭찬하셨다. 가가와의 아버지는 25세에 월급 백 엔을 받고 원로원의 서기관을 하셨다. 그때 시마다 사부로(島田三郞), 오자키 유키오(尾崎行雄) 등은 곤노(權少) 서기관으로서, 가가와의 아버지보다도 직위가 낮을 정도였다. 가가와의 아버지는 관직에 계속해서 있었다면 대신의 자리를 차지했을 사람이라는 것을 자주 들을 수 있을 정도였지만 그는 관리라는 것은 시시하다고 말하고 1년 만에 원로원을 그만두었다"고 나의 사촌형인 아리이 이타루(新居格)는 쓰고 있다.

사실 아버지가 원로원을 그만둔 것은 자유주의 입장에서 타인의 이름으로 쓴 '추유쇼(通諭書)'라는 문장이 국헌 문란의 죄에 해당하여 문초를 당한 결과였다. 아버지의 성격은 한편으로는 그런 반역 기질이 있었다.

일단 재야로 물러난 아버지는 고향으로 돌아와서, 묘우토 현*의 고마츠(高松) 지청장(지금의 시장)이 되었다. 1876년 8월에 묘우토 현은 폐지되고, 아와 지역은 고치 현에 편입되었다. 그리고 아버지는 이번에도 도쿠시마 지청장이 되었다.

아버지의 관저는 수명루라고 불렸다. 아버지는 도쿠시마에서 아름답기로 유명한 기생 마스에(益榮)를 첩으로 맞아들여 수명루에서 살았다. 이 기생이 나의 어머니시다. 나의 형인 탄이치(端一)는 수명루에서 태어났지만, 내가 태어난 곳은 아버지가 지청장을 그만두고, 요코하마에서 달러 시장에 투자하여 실패하고 고베의 시마우에초 32번지에서 회조점(뱃짐을 다루는

---

* 名東縣: 지금의 고마츠 현과 도쿠시마 현이 합쳐진 옛 이름.

가게)을 열었을 때였다.

아버지는 1892년 11월 19일에, 뇌막염으로 돌아가셨다. 향년 마흔 넷이었다.

아버지가 돌아가시고 나서 60일째에 이번에는 어머니가 돌아가셨다. 그 무렵 어머니는 서른셋이었다. 어머니가 돌아가셨을 때, 나는 겨우 4년 6개월 밖에 되지 않았다. 나는 아버지에 대해서는 물론 어머니에 대해서도 직접적으로는 거의 아무것도 기억하는 것이 없다. 나의 자전 소설《사선을 넘어서》안에, 어머니의 얼굴에 관해 "눈썹에서 콧마루의 모양과 꼭 다문 입 등이 나와 꼭 닮았다"고 쓴 적이 있다. 그러나 회조점의 점장을 하고 있던 남자에게 이런 말을 들었다.

"어머니는 머리가 좋았다. 게다가 아름다운 사람이었다."

어머니의 본명은 켄세이가메였다. 출생지는 분명하지 않지만 도쿠시마 현 출생이었다는 것은 의심의 여지가 없다. 어머니의 묘는 고베의 공동묘지에 있다.

어머니의 성격은 온순하고, 어려운 일을 잘 참았고, 가난한 가정에서 태어났으나 대단히 총명했고, 내가 보관하고 있는 편지에는 글도 분명한 명문이었고 필적도 아름다웠다. 체질은 약했는데 이것이 나에게 유전되었다고 생각한다. 자녀는 다섯 명이 있었고, 나는 차남이었다. 나는 누나와 함께 아와(阿波)에 있는 가가와 가문에서 양육을 받게 되었다.

가가와 가문은 아와에서 처음으로 쪽(藍)을 재배한 가문으로서, 나의 양할아버지*에 해당하는 모리헤이가 돌아가실 때까지는 남옥(藍玉, 쪽잎을 발효시킨 염료)의 제조를 대규모로 하고 있었다. 대대로 19개 마을의 촌장으로 일하고 있었으며, 그 때문에 도시의 무사보다도 집의 격식이 높았다.

모리헤이의 처, 즉 의붓할머니는 그때 아직 살아계셨다. 할머니는 괄괄한 성격으로서, 나의 의붓어머니에게는 아무 일도 맡기지 않고 혼자서 일가를 다스렸다. 나는 자주 할머니로부터 꾸중을 들었다. 그럴 때마다 고양이 앞의 쥐처럼 떨면서 오금을 펴지 못했다.

나는 호적상으로는 본처의 자식이었지만, 호적상의 어머니로부터 유순한 말을 들어본 적이 한 번도 없었다. 나는 어려서부터 몹시 약한 데다가 음식을 가리기로 유명했다. 성격도 지나치게 유순하여 큰어머니에게 돈 5전을 달라고 할 때 세 시간이나 울고 나서 결심을 하고 겨우 타러갈 정도였다.

나는 남보다 외모가 그다지 못난 편은 아니었는데 이상하게도 우울한 생활을 했다. 지방의 미신이 거기에 쓸데없는 어두

---

* 가가와 도요히코의 아버지는 앞에서 말한 대로 이소베 가문에서 가가와 가문으로 데릴사위로 들어갔다. 따라서 할아버지는 의붓할아버지에 해당한다.

운 그림자를 더했다. 땅 위에 침을 뱉으면 벌을 받는다든지, 산에도 강에도 깊은 우물에도 무언가 나쁜 기미가 내재하고 있다고 믿었다. 연못에는 해신이 살고 있으며, 밤이 되면 커다란 창고의 깊숙한 곳에서 요괴가 출현하고, 그 요괴는 하얀 술병으로 꾸벅꾸벅 하면서 나온다고 여자들은 굳게 믿고 있었다. 나는 잘 때 그런 꿈을 꾸었다.

이렇게 나는 두려워하며 소년기를 보냈다. 죽은 사람은 살아 있을 때의 한을 잊지 않고 유령이 되어서 나타난다고 하는 것이 그 지방 사람들의 사생관(死生觀)이었다. 가가와 가문은 신도를 믿고 있었는데 현관 복도에 제단을 만들어놓고 42개의 신을 섬기고 있었다. 이 신들에게 매일 아침 쌀과 향불을 피워 올리는 데 꼬박 한 시간이 걸렸다. 한 사람의 일꾼을 고용해서 이 일을 하게 했다. 정초에는 특히 정성을 들이는 제사가 개최되었다. 나는 대낮에도 어두침침한 제단에 들어가서 여러 신들과 얼굴을 마주치는 것이 무서워서 견딜 수가 없었다.

나는 학교에 가서도 '첩의 자식'이라고 아이들의 놀림을 당했고, 그럴 때면 그냥 울기만 했다. 한번은 여덟 살짜리 학교 관리인의 딸을 우산 끝으로 찔러 죽이려고 했다는 혐의를 받아 모기장 안에서 사흘 밤낮을 울고 지낸 일도 있었다. 나에게 있어서 인생은 너무나 서럽고 어두운 것이었다.

2. 세례를 받다

나는 이런 환경 속에서 자랐다. 그러면서 점점 의식하게 된 것은 우리 집안이 무어라 형언할 수 없는 처절한 분위기에 싸여 있다는 것이었다. 가가와 일가는 4대나 첩의 아들로 계승되었는데, 나 역시 첩의 아들이었다.

"나의 아버지가 방탕했고 어머니가 기생이었다는 것이 확실히 나 자신에게 유전되었을 것이다. 따라서 나도 자칫하면 그런 길에 빠져들 수 있다"고 나는 생각했다.

하얀 술병의 유령이 나오는 창고에는 분카, 분세이(文化, 文政) 시대의 춘화가 아주 많았다.

열한 살 때 나는 선종의 절에 다니면서 논어와 맹자를 배웠다. 그리고 성인이 되라는 교훈도 받았다. 그러나 내 몸 속에는 성인이나 군자의 피는 없었다.

나는 도쿠시마 중학교에 입학했다.

"입학시험을 치를 때, 천신(天神)님, 천신님, 미안하지만 이번 시험에 부디 합격하게 해주세요"라고 나는 기도를 했다.

나의 형님인 탄이치도 아버지 못지않은 술꾼이었다. 도쿠시마에 집이 있으면서도 대부분의 날을 여관에서 생활을 했다. 그리고 아와(阿波)에 있는 얼마 안 되는 토지도 저당 잡아 기생 첩질을 하면서, 첩을 일곱 명까지 두기도 했다. 나는 돈이 떨어지면 기생집으로 형님을 찾아가곤 했다. 때로는 기생의 집에서 등교를 한 적도 있다. 기생의 집에는 불단과 신단이 있었다. 아침마다 소금을 치우고, 오봉(양력 8월 15일 전후의 일본의 추석-역자 주)이 오면 집 안을 장식했다. 그러나 그것은 인생 문제와는 어떠한 관계도 없고, 전통적인 관습에 지나지 않은 것이었다.

'어지간히 주의하지 않으면 나 자신도 이런 생활의 소용돌이 안으로 휩쓸려 들어가고 말겠다'는 생각이 들었다. 그러나 그렇게 생각한다고 해도 어떻게 하면 위기를 이겨나갈 것인가에 대해서는 아무것도 몰랐다.

열네 살이 되면서부터는 감수성이 예민해져 눈물을 흘리는 일이 많았다. 이렇게 감수성이 예민하고 나약한 나에게 인생이란 어둠과 슬픔으로 가득 차 있는 것 같았다.

나는 어느 하숙집에서 중학교를 다니게 되었다. 하숙집 주인은 크리스천으로서 중학교 영어 교사였다. 내가 크리스천과 처음으로 접촉한 것은 그때가 처음이었다. 그러나 그 크리스천은 나에게 아무런 감화를 남기지 않았다.

하숙생 중에는 사촌 형님인 아라이 이타루도 있었다. 어느 날, 나는 사촌 형님을 따라서 영어 공부를 할 목적으로 처음으로 교회에 갔다. 교회라기보다는 작은 전도소로서, 토오리쵸

(通町)에 있었다. 그것을 운영하고 있던 사람은 미국 선교사 로건(Charles Logan)이라는 분이었다. 로건은 영문으로 된 《예수전》을 내게 주기도 했지만 나는 기독교에 대해서 반항심을 가지고 있었다.

'사람은 원숭이와 같은 조상에서 나왔다. 하나님이 다 뭐야?'라고 생각하고 있었다. 나는 그때 다윈의 진화론을 믿고 있었다. 그래서 교회에 가는 것도 두세 번에 불과했다.

그런데 그 교회에 또 한 분의 선교사가 왔다. 그는 마이어스(Harold W. Myers)라는 사람으로서 로건의 처남이었다. 그는 신학박사 학위도 가지고 있었다. 나는 다시 교회에 다니기 시작했다. 역시 영어 공부가 가장 큰 목적이었다.

"가가와 군, 당신은 아직 성경이 없군요. 15전밖에 안 하니 한 권 사시지요"라고 로건 박사가 말했다. 그리고 영어 배우는 데는 영어로 된 성경을 암기하는 것이 제일 좋은 방법이라고 가르쳐주었다.

나는 그대로 해보려고 결심하고 우선 누가복음 12장 27절을 영어로 외웠다.

"백합화를 생각하여 보라 실도 만들지 않고 짜지도 아니하느니라 그러나 내가 너희에게 말하노니 솔로몬의 모든 영광으로도 입은 것이 이 꽃 하나만큼 훌륭하지 못하였느니라"

나는 네 살 때부터 시골에서 자라서, 들의 꽃에 대해서는 특별한 친밀감을 가지고 있었기 때문에, 유난히 이 성경 구절에 매력을 느꼈다. 이때 느낀 감동은 지금도 잊을 수가 없다. 성경 구절의 깊은 곳으로부터 하나님의 음성이 똑똑하게 들려오고, 하나님께서 직접 나에게 말씀해주시는 느낌이 들었다. 나는 점점 영어 공부라는 목적으로부터 벗어나고 있었다.

"너는 순결을 추구하는가? 그렇지 않으면 불량한 소년이 되려는가? 만일 네가 더러운 마음을 깨끗이 씻고 순결한 생애에 들어가겠다고 생각한다면, 들에 피는 백합화와 같은 마음을 가지고 인생을 직시하라"라는 소리가 있었다.

이때부터 나는 눈에 보이지 않는 불가사의한 힘에 완전히 사로잡혔다. 그리고 "우주에 만일 하나님이 없다면 그렇게 아름다운 백합화가 필 수 있을까? 나는 하나님에 의해서 마음속에 저 백합화를 피게 하리라"고 생각했다. 그리하여 다윈의 진화론을 버리고 우주에 단 하나밖에 없는 실재이신 하나님을 굳게 믿어보려고 결심했다.

이런 정신적인 경험을 있는 그대로 남에게 전하는 것은 대단히 어려운 일이다. 무심코 잘못 말하면 '건방지다'고 여겨져 매장되어버렸다. 그래서 나는 누구에게도 나 자신의 심경을 밝히지 않았다. 단지 기도하고 싶을 때 이불을 뒤집어쓰고 혼자서 기도했다. 그것은 아주 단순한 기도로서 "하나님! 내가 착한 아이가 되게 해주세요. 아멘" 하는 정도였다.

아버지가 방종한 생활을 하다가 나를 낳았고, 형님도 그러한 길을 걸었기 때문에 마침내 집안이 망했다. 외갓집도 창고도 헛간도 다 남의 손에 넘어가고, 의붓할머니와 의붓어머니는 사랑방으로 쫓겨나고, 형님은 조선으로 도망을 가버렸다. 땅마저도 근처를 흐르고 있던 요시노가와의 제방을 쌓는 데 퍼가는 바람에 저택에 큰 구덩이가 생겼다. 나는 그것을 보았기 때문에 '무언가 음란한 공기로부터 도망하고 싶다. 나 자신은 그러한 전철을 밟고 싶지 않다'고 생각했다. 그러한 생각이 앞에서 말한 단순한 기도 안에 강하게 들어 있었던 것이다.

나도 숙부의 집으로 가서 살게 되었다. 아저씨는 고액 납세자로서, 여러 회사에 관계를 가지고 있었다. 그리고 예수교를 아주 싫어해서 평소부터 "서양 종교는 사교다"라고 말하면서 내가 교회에 가 있었는데도 9시가 되면 문을 잠그고 들어오지 못하게 했다. 그러나 이런 박해도 나의 마음을 동요하게 할 수 없었다. 나는 하나님을 알았기 때문이었다. 나는 그때까지 세례를 받을 생각은 하지 않았다.

그러다가 1904년 1월 30일, 내게 잊을 수 없는 사건이 일어났다. 그날은 바로 주일이었다. 저녁이 되어서 나는 마이어스 박사의 집에 영어책을 빌리러 갔다.

"가가와 군, 당신은 기독교에 대해서 어떻게 생각하고 있습니까?" 마이어스 박사가 다짜고짜 물었다.

"저는 이미 기독교 신자가 되었습니다. 저는, 저는 이미 믿고 있습니다." 나는 약간 당혹스러웠다.

"하나님이 계시다고 생각합니까?"

"네, 있다고 생각합니다."

"기도를 하십니까?"

"네, 하고 있습니다."

"어디에서 하십니까?"

"이불 속에서 합니다. '하나님, 나를 좋은 사람이 되게 해주십시오. 아멘'이라고."

"그러면 세례를 받지 않겠습니까?"

나는 큰일났다 싶어 과감하게 말했다.

"세례를 받으면 집에서 쫓겨납니다."

"가가와 군, 당신은 비겁하군요." 마이어스 박사가 이렇게 말했을 때, 그 파란 눈에는 하나님과 더불어 사는 사람만이 가질 수 있는 엄숙함이 있었다.

"선생님, 그렇다면 저는 세례를 받겠습니다." 나는 바로 그 자리에서 결심하고 말했다.

2월 21일 주일에, 나는 마침내 토오리쵸의 교회에서 마이어스 박사에게 세례를 받았다. 그리고 그날 밤, 처음으로 교회에 나온 것 같은 20여 명의 사람들을 상대로 해서 설교를 했다. 이것은 나의 첫 설교였다.

팔레스타인의 가나라고 불리는 마을에서 결혼식이 있었다. 예수님도 거기에 초대를 받았다. 그런데, 피로연이 한창일 때 포도주가 다 떨어졌고, 잔칫집 사람들이 염려하기 시작했다. 예수님께서 그것을 알고서 여섯개의 큰 항아리에 물을 가득 넣게 했다. 그리고 말했다.
"이것을 떠서 연회장에 가져다주십시오."
예수님 말씀대로 가지고 가자. 연회장 사람들은 그것을 맛보고서, "음, 이것은 1등 술이다"라고 말했다. 그리고 물이 포도주로 변했다는 것을 알지 못했기 때문에 신랑을 불러 추궁했다.
"어느 집에서나 피로연을 할 때는 좋은 포도주를 먼저 내어 놓고, 취했을 무렵에 나쁜 포도주를 내어놓는데, 당신의 집에서는 어떻게 해서 지금까지 좋은 포도주를 보관하고 있었는가? 이런 일은 잘못된 것이 아닌가?"
이에 대해서 신랑이 무엇이라고 대답했는가는 성경에 쓰여 있지 않다.

나는 이 기적을 첫 설교의 주제로 해서 '시시한 것이라도 하나님의 힘이 더해지면 좋은 것으로 변한다'는 해석을 여기에 추가했다.

"당신의 해석은 좋지 않습니다. 물이 포도주로 변했다는 것은 유쾌한 기적이 아닙니다만 다음부터 기적은 기적으로서 말해주세요. 기적을 우화적으로 설명하는 것은 좋지 않습니다."

집회를 마친 뒤 사람들이 해산하고 나자 마이어스 박사는 나를 불러 이렇고 논평을 했다. 나는 기분이 좀 상했다. 그래도 그날 밤이 얼마나 기쁜 밤이었는가! 집에 돌아와서도 나는 지나친 흥분으로 잠을 이루지 못했다.

사모하고 싶은 것은 자연 속에 숨어 있는 하나님의 자취다! 어떤 종류의 신학에 있어서는 신과 자연을 분리해서 생각하는 경향이 있지만, 나는 고아여서 설움에 운다든지 죄로 인해 겁을 낼 때, 하나님께서는 나를 붙들어 올려 "너를 꽃이 되게 하리라"고 약속해주신 것이다. 이것은 나에게 새로운 약속이었다.

3. 나의 은인

크리스천으로서의 내 생활은 이때부터 시작되었다. 나는 이때부터 고독하지도 불안하지도 않았다. 나의 마음에 있는 것은 '나는 하나님의 아들이 되었다'라는 자각이었다.

하나님의 아들이라면 창녀의 집에 출입하거나, 술에 취하거나 싸움을 해서는 안 될 것이다. 그리고 하나님의 아들이라면 지성이 예민해지고, 감정이 풍부해지고, 게다가 매일의 생활이 예술적이 되어야 할 것이다.

나의 아버지는 메이지 시대에 유행했던 후소교(扶桑敎)라는 신도의 분파를 믿었다. 나의 이름도 그 종교의 대교주가 후지산에서 머물고 있는 '조화 3신(造化三神)'으로부터 영감을 받아서 붙인 것이라고 들은 적이 있다. '도요(豊)'는 도요우케 오카미(豊受大神)의 '도요(豊)', '히코(彦)'는 일본 건국 신화에 나오는 사루타히코(猿田彦)의 '히코(彦)'라는 것이다. 일본의 신화에 의하면, 도요우케 오카미(豊受大神)는 오곡의 신이고, 사루타히코(猿田彦)는 코의 길이가 7척이나 되는 모습이 이상한 신이다. 아버지는 그러한 신들을 믿고 있었던 것이다. 아버지의 장례식 때도 아버지가 신이 되었다고 모두가 즐거워했다. 하지만 어린 나의 마음에는 '인간은 죽지 않으면 신이 되지 않는 것인가?'라는 의문이 생겼다.

기독교는 살면서 하나님의 자녀가 된다. 살아 있는 육체를 가지고 하나님의 자녀가 되는 것이다.

숙부는 나를 법대에 보내서 관리나 변호사를 시키려고 생각했던 모양이다. 그러나 나는 나의 소질이 종교와 철학에 있다는 것을 알고, 하나님으로부터 받은 소명은 전도자로서 서는 것이라고 믿었다. 그리하여 도쿄의 메이지 학원에 들어갈 결심을 했다. 하지만 내가 이 결심을 말씀드리자 숙부는 노발대발하여 말했다.

"이젠 더 이상 너에게 도움을 줄 수 없다. 어서 이 집에서 나가버려." 할 수 없이 나는 얼마 되지 않는 짐을 꾸려서 2년 동안 신세 진 숙부의 집을 나왔다. 물론 갈 곳이 없었다. 선조로부터 내려온 집은 망했고, 방탕아이긴 하지만 이럴 때 다소 의지할 만한 형님은 조선의 인천에서 병사했다.

아닌 게 아니라 나는 마음을 의지할 데가 없어서 불안해졌다. 크리스천이 되고 나서 최초의 박해였다. 예수님께서 "네 원수는 네 집안에 있느니라"라고 하신 말씀은 정말 진리라고 생각했다. 만일 내가 과감하게 기독교를 버린다면 숙부는 다시 나를 맞아주었을 것이다. 실제로 어쩐지 '숙부에게 사과를 하고 관리나 변호사가 되겠다고 약속할까? 그 편이 출세하는 길이 아닌가?'라는 마음의 소리가 끊임없이 들려왔다.

언젠가 미국에서 '지난 19세기 동안에 19명의 위대한 크리스천'을 선정했을 때, 그 가운데 한 사람인 2세기의 철학자 유스티니아누스(Justinianus)는 로마 황제 앞에 불려가서, 그리스의 신들을 위해서 향을 올리고 절을 하라는 명령을 받았다. 유스티니아누스는 등이 굽은 노인이었지만 그것을 거절하면서 말했다.

"어림도 없는 말입니다. 나는 오랫동안 예수님을 믿어온 사람입니다. 그것을 버리고 그리스의 우상에게 절을 하라는 말은 가당치도 않습니다. 나는 최후까지 예수님을 따라가렵니다."

얼마나 대담한 말인가! 그는 그 자리에서 사형에 처해졌다. 그러나 마지막 숨을 쉴 때까지 그의 얼굴에는 순교의 기쁨이 넘쳤다고 한다.

이러한 순교자는 1세기부터 4세기에 걸쳐서 무수히 나타났다. 그들이 받은 박해와 비교하면, 나의 것은 아직 박해에도 들어갈 수 없는 것이다. '그렇다. 아무리 괴롭더라도 나는 끝까지 예수님을 따라가리라.' 나는 마음을 고쳐서 결심했다.

내가 가는 길
언제 어찌 될지
잘 모르지만
주님은 거룩하시므로
몸 바쳐 모실 주의 길을 따라가련다.
한결같이.

'주님'은 하나님이시다. 모든 것을 하나님께 맡기고 일편단심의 길을 걸어가는 자의 강한 마음이 이 찬송가의 주제다.

나는 과감하게 마이어스 박사의 집에 의뢰하러 갔다. 그리고 그날부터 박사의 집에 있게 되었다. 나를 내가 희망하는 메이지 학원에 들어가게 해주신 분도 마이어스 박사다. "마이어스 박사는 나의 신앙의 아버지이시다"라고 나는 쓴 적이 있다. 나의 성격과 생애에 큰 감화를 끼친 이가 있다면, 그는 마이어스 박사다.

마이어스 박사의 부인은 나에게 '잃었던 내 아들'이라는 별명을 주었다. 내가 번민할 때마다 같이 울어준 사람이 마이어스 부인이었고, 고아인 나를 위해서 특별한 의자와 냅킨을 준비해서 위로해준 이도 마이어스 부인이었다.

나는 어두웠던 내 소년기를 되돌아보면서 마이어스 부부의 애정과 보호를 마음으로부터 감사하고 있다.

마이어스 박사는 여러 가지 방법으로 나를 가르쳐주었다. 박사는 식물학도 자세히 알고, 그리스어 학자이기도 했다. 일본을 위해 이렇게 훌륭한 분을 보내준 미국에 대해 나는 진심으로 감사한다.

종교란 어떤 것인가?

1. 하나님의 섭리

나는 나 자신의 불가사의한 운명에 대해서 경의의 눈으로 눈을 크게 뜨고 들여다보는 때가 있다. 나는 내 일생의 종점이 어디서 끝날 것인지를 알지 못한다. 마치 대포의 구멍을 빠져나간 탄환과 같다. 언젠가 어딘가에 떨어질 것이지만 나는 아직 그 마지막 끝을 알 수가 없다.

나는 시간 가운데를 날고 있다. 시간의 속력이 나의 속력이다. 따라서 내가 가고 있는 길이 하나님께서 정해주신 길이고, 내가 도착해야만 하는 종점도 하나님께서 정해주신 종점이라는 것을 믿어 의심치 않는다. 내 자신의 가늘고 긴 탄도가 쉼없이 날아가고 있다. 탈선하지 않고 가늘고 길게 날아가고 있다.

순간순간 자신의 사명을 자각하면서, 날아가는 길에 오류가 없다는 것을 믿고서 날아가고 있다. 그것은 감사한 나그네 길이다.

나에게 있어서 종교란 이 탄도에 대한 신뢰 그 자체다. 나를 이 세상에 보낸 크신 능력의 존재를 나는 마음속에 의식하고 있다. 그 의식이 없다면 종교는 성립되지 않는다.

2. 영원에 대한 동경

진화론의 창시자 찰스 다윈(Charles Darwin, 1809~1882)은 케임브리지 대학 신학부에 들어가서 공부한 사람이지만, 점점 자연과학을 동경하면서 2학년 때 '비글호'라는 군함을 타고 남아프리카로 탐험을 가게 되었다.

남아프리카 서해안에 있는 어떤 섬에는 동물과 사람의 잡종 같은 종족이 살고 있었다. 다윈은 그것을 보고 이들에게는 아마 종교가 없을 것이라고 탐험기에 썼다. 이 세상에는 종교를 가지고 있지 않은 민족이 있다고 그는 단정했던 것이다.

그런데, 그 후 선교사가 그 섬에 가서 본 즉 그 종족이 가장 진보된 형태의, 눈에 보이지 않는 종교를 가지고 있다는 것을 알게 되었다. 다윈은 그 사실을 알고서 그 선교사에게 사과문을 쓰고 헌금까지 했다고 한다.

지구상의 모든 민족은 종교를 가지고 있다. 종교란 취미가 아니고 오락도 아니다. 종교를 취미나 오락으로 생각하고 있는 한 그는 아직 종교의 본질을 붙잡지 못하고 있는 것이다.

종교란 한마디로 말하면 이상(理想)을 가지고 사는 것이다. 나는 그것을 '생명의 예술'이라고 부른다. 그러므로 누구든지 생명의 내용을 풍부하게 하고 싶어 하는 사람은 반드시 종교라는 것을 생각하지 않을 수 없다.

하루하루의 생활에 만족하고 육체적인 감각과 감정을 추구하는 이에게는 종교가 필요 없을 것이다. 생명이라는 것을 생각하지 않고 단순하게 일생을 보내려고 하는 인간에게는 종교가 무슨 의미가 있을 것인가, 전혀 알 수 없을 것이다. 그러나 자기가 이 세상에 태어나게 된 사명을 가장 유효하고, 가장 진지하게 다해보려고 생각하는 사람은 종교적인 생활에 들어가지 않을 수 없다.

인간의 운명이라는 것을 생각하지 않고서는 종교를 생각할 수 없다. 인간은 어디서 왔고 어떤 방향으로 움직이고 있는가? 이런 문제를 생각할 때 우리는 비로소 이 우주에서 자기가 차지하는 위치를 알 수 있다. 우리들은 인간만을 위한 일을 하도록 되어 있는 것이 아니다. 우주의 생명이 인간을 통해서 인간

이상의 일을 하려고 한 것이다. 우리들은 그러한 일에 참여하지 않으면 안 된다.

우주의 생명이 인간에게 일을 하게 할 때, 그것은 '착함[善]'과 '아름다움[美]'을 의식하게 한다. 그리고 종교는 이 우주 생명과 자기와의 관계를 분명히 정해서 우주 생명이 진행해나가는 방향으로 틀림이 없이 자신의 길을 나아가게 한다. 이러한 종교는 미신이 아니라 가장 과학적이다.

참된 종교는 인간 이상의 존재인 우주 생명을 자신의 마음에 의식하면서 사는 것이다. 자기 이상의 힘이 마음에 작동해 자신의 생활을 관철하고 있다는 것을 믿는 것이다.

여기까지 오면 자신을 둘러싸고 있는 자연만을 생각하지 않고 초자연적인 것을 생각하게 된다. 자연은 좁을지라도 우주의 생명이 일하는 영역은 광대하고도 크다. 이런 방면으로부터 조망하면 자기의 존재와 자기를 둘러싸고 있는 자연 그 자체의 존재가 벌써 기적적이다. 여기에 종교가 있다.

종교는 영원에 대한 동경이며, 영원히 살고 싶은 마음이다.

"우리는 유한으로 만족한다. 먹고 마시고 웃고 이성과 놀면서, 마음대로 살면서 현재에 만족한다. 이 순간만이 좋다. 순간순간 본능을 만족시킨다면 그것으로 충분하다"고 방자한 말을 하는 사람들이 있다.

그들은 영원한 것을 파괴하려고 하지만 도대체 어느 시대에 그러한 파괴적 운동이 성공한 적이 있는가?

인간은 유한한 것, 물질적인 것만으로 만족하는 존재가 아니다. 우리들은 목숨이 살아 있는 동안 영원에 대한 동경과 사모를 가지지 않고 끝낼 수가 없다. 그래서 영원에 대한 동경이란 하나님에 대한 동경이고, 하나님과 같이 되고 싶다는 마음이다.

러시아에서는 공산 혁명의 시대에 540개의 교회를 파괴했다. 그러나 이런 것으로 종교를 말살할 수는 없다. 종교는 반드시 솟아나온다.*

종교는 인간의 생명과 함께 존재하는 것이기 때문에 영원히 계속된다. 설사 하나님을 믿지 않는다고 해도 영원에 대한 동경을 부정하는 것은 불가능하다. 극단적으로 말하면 하나님을 부정한다고 해도 종교는 남는다.

영원에 대한 동경, 즉 물질적인 것에 만족하지 않고 정신의 자유와 존재성을 가지고 싶다는 마음이 종교의 본질이다.

---

* 가가와 도요히코 목사가 이 글을 쓴 것은 중국 대륙마저 공산화된 시점의 일이다. 공산 혁명, 사적 유물론이 한창 전성기를 누리려고 하던 시점이고 비판적 지식인들 대부분이 마르크시즘의 영향을 강하게 받고 있던 시점이다. 역사적 필연 법칙에 따라 '인민의 아편'인 종교는 사라지고 공산주의 세상이 곧 올 것 같던 때였으며 그러면서 순진한(?) 기독교 사회주의자들의 대부분이 마르크시즘으로 넘어가던 시절이었다. 그 시절을 염두에 두면 그리고 그가 반공주의자가 아닌 진보적 지식인이자 실천가였다는 것을 염두에 둔다면, 가가와 도요히코의 이러한 진단은 그야말로 예언자적이다.

3. 기쁜 소식

대부분의 동양인은 대개 엄숙하기만 한 부정적 심경, 즉 웃음도 없고, 기쁨도 없고, 단지 소극적인 고독감으로 충만한 심정을 가리켜서 종교의 본질이라고 부르고 있지만, 참된 종교는 결코 그러한 것이 아니다.

기독교는 '기쁜 해[喜年]에 대한 소식'이다. 큰 종을 울리는 소리와도 같이 환희와 희망을 쳐서 울리는 '해방의 해'의 도래다.

그래서 예수님은 자신의 종교를 '기쁜 소식(복음)'이라고 했다. 그것은 신랑이 신부를 맞는 기쁨이다. 잃어버렸던 것을 찾아낸 기쁨이다. 잔치에 사람을 청하는 것과 같은 눈부신 기쁨이다.

기독교의 이러한 특징은 다른 어떤 종교에서도 볼 수 없는 것이다. 기독교의 중심이 되는 것은 하나님의 사랑을 상징하는 십자가지만, 십자가는 예수님의 피로 물들어 있기 때문에 무언가 무시무시한 느낌을 주기도 한다. 그러나 하나님이 일단 우리 마음에 들어오시면 우리는 순식간에 변하여 새로운 사람이 되어 눈부시고도 명랑한 마음이 된다. 이것은 결코 이론이나 교리가 아니다. 생생한 경험으로서의 체험이다.

참된 종교는 우리에게 '기쁜 소식'을 가져오는 것이 아니면 안 된다.

하나님

1. 젖가슴이 있는 하나님

유대인의 선조이자 목동이었던 아브라함은 '엘 샤다이(El Shaddai)'라고 불리는 전능하신 하나님을 믿고 있었다.

전능하신 하나님을 의미하는 엘 샤다이는 본래는 젖가슴을 가진 하나님이라는 의미다. 아브라함은 여러 가지 곤란을 만났고, 그 결과 하나님이 젖가슴을 가진 전능하신 존재라는 것을 발견했던 것이다.

하나님은 젖가슴을 가진 주님이시다. 우리들은 그분의 아기다. 하나님은 영원히 우리들에게 젖을 떼지 않게 해주신다. 광대한 하늘에도 젖가슴이 매달려 있다. 목자와 같이 하나님을 바라보는 방법일 것이다. 나는 원시적인 하나님을 바라보는 방법이 마음으로부터 즐겁다. 실제로 하나님은 우리들을 위해서도 영원히 떨어지지 않는 모유를 저축하고 계신다. 나는 무조건적으로 엘 샤다이 하나님을 믿는다.

젖가슴의 신! 전능하신 엘 샤다이! 나는 어떠한 곤란을 만나더라도 결국은 눈이 퉁퉁 붓도록 울면서 하나님의 두 개의 젖가슴 사이에 내 얼굴을 파묻게 될 것이다.

> 하나님의 젖가슴은 굵고 크다.
> 그것은 언제나 잘 부풀어 있다.
> 아브라함 한 사람이
> 아무리 젖을 빨아도
> 떨어지는 일은 없었다.
> 슬플 때, 걱정스러울 때
> 젖은 유일한 위안이 되었다.
> 방랑의 여행에서 마음이 울적할 때,
> 하나님의 젖가슴은 어두운 밤의 잠자리에서도 유일한 위안이 되었다.
> 아버지 데라가 죽었을 때,
> 조카 롯이 포로가 되었을 때,
> 사랑하던 아내 사라가 외아들을 남기고 저 세상에 갔을 때,

아브라함에게는

하나님의 젖가슴이 전부였다.

큰 눈에 눈물을 가득 담고,

그저 하나님의 젖가슴에 입술을 대고 잠들었다.

그리고 하나님의 젖가슴은 그를 실망시킨 일이 없다.

아브라함이 빨던 젖가슴은 내가 빤 젖가슴이다.

나의 위에, 옆에,

하나님의 젖가슴이 무수히 매달려 있다.

나 같은 고아가 강가에서 자란 것도,

전적으로 하나님의 젖가슴 덕분이다.

기생의 자식으로 태어나

쓰레기 상자의 곁에서 자란 내가

겨우 혼자 걷게 된 것도

전적으로 하나님의 젖가슴 덕분이다.

젖이 흐른다, 하나님의 젖이.

저 하늘의 은하에도 젖이 솟아 흐른다.

밀크웨이(젖의 길)라고 자주 말했다.

나의 영혼은 이제 굶주리는 일은 없을 것이다.

영원한 젖가슴이 나를 기다리고 있으니.

영원한 젖가슴! 영원한 젖가슴!

2. 생명의 하나님

어느 날, 나는 A라는 기계 기사와 하나님에 대하여 이야기한 일이 있다. 서로 말했다기보다 회의심이 강한 A가 질문을 하고, 그것에 대해 내가 대답을 한 것이다.

A: 나도 17~18세 때에는 종교에 열심이었습니다. 기도도 해 보았지만 지금 생각해보면 모든 것이 미신 같다는 생각이 듭니다. 숙부가 기독교 전도자였던 관계로 종교적인 분위기 속에서 자랐습니다만 지금은 신앙 같은 것은 조금도 없습니다. 하나님이란 말까지도 어리석어 보입니다. 이러한 것이 좋다고 생각하지는 않지만 나는 하나님이란 존재를 알지 못하는지도 모릅니다.

나: 하나님을 인간의 바깥에서 찾으려고 하기 때문에 알지 못하는 것입니다. 안에서 찾으십시오.

A: 안에서 찾는다는 것은 어떠한 것을 가리키는 것입니까?

나: 생명, 그 자체를 보는 것입니다.

A: 그렇다면 결국 생명이 하나님이라는 것입니까?

나: 그렇습니다. 생명, 그것이 하나님입니다.

A: 나에게는 신앙이라는 것은 아무리 노력해도 생기지 않습니다. 어떻게 된 것입니까?

나: '나'는 의심할 수 없는 자기라는 것에서부터 출발합니다.

자기의 존재는 의심할 수 없겠지요. 그리고 자기가 '살고 있다'는 것도 의심할 수 없지요. 자기를 낳은 것은 내가 아니고, 자기를 살게 해주는 것은 전적으로 생명 그 자체라는 것도 생각하지 않을 수 없습니다. 당신은 생명의 존재는 인정하겠지요?

A: 네! 그것은 인정합니다.

나: 바로 그것입니다. 나는 생명을 섬기고 있고, 당신은 생명을 섬기지 않고 있는 것입니다.

A: 나에게는 섬긴다는 마음은 전혀 생기지 않습니다. 왜 그렇습니까?

나: 섬긴다고 하는 감각을 잃어버렸기 때문입니다.

A: 나는 원래 교회의 예배에도 열심히 참석했었습니다. 그러나 지금은 아이들 장난 같아서 교회 앞에서 그냥 지나칩니다.

나: 하나님께 요구만 하고, 하나님을 섬기지 않기 때문에 그렇게 된 것입니다. 섬기는 마음은 내부의 생명에 강력하게 눈이 뜨이지 않으면 생기지 않습니다. 이것은 모든 사람에게 다 주어진 것이지만 대부분의 사람은 어렸을 때 그것을 가지고 있다가도 청년기에 잃어버리고 맙니다. 마치 눈앞에 칼날을 갖다 대면 빛이 보이지 않는 것처럼, 믿을 수밖에 없는 하나님, 생명의 하나님이 존재하셔도 섬길 마음이 없으면 하나님이 보이지 않습니다.

A: 그러면 도대체 어떻게 하면 섬기는 마음이 생길까요?

나: 한번 더 어린아이의 마음으로 돌아가는 것입니다. 경건하고 순진한 감각을 도로 찾는 것입니다.

A: 그것이 내게 생기지 않습니다. 큰 병을 앓는다든지 무엇을 하게 되면 그러한 마음이 생기지 않는다고 할 수는 없지만, 어쩐지 미신처럼 생각되니 별 도리가 없습니다.

나: 하나님이라고 하면 단지 정적인 것으로 생각하고, 약동하는 생명의 하나님을 보지 못하기 때문에 그렇게 되는 것입니다. 내가 바라보는 하나님은 인간을 살리고 움직이게 해주시는 하나님, 내부에서부터 생명으로서 폭발시켜주시는 하나님, 인간을 성장시키시는 하나님, 성장이 멎은 것을 재생시켜주시는 하나님이시기 때문에 그분을 섬기는 것은 결코 미신이 아닙니다. 생명을 믿는 것이 미신이라면 이 세상에 어느 하나도 미신 아닌 것이 없습니다.

A: 그렇다면 당신은 왜 예수를 믿고 있는 것입니까?

나: 그것은 예수께서 사랑에 의한 하나님의 인식이라는 것을 가르쳐주었기 때문입니다. 즉 사랑의 행동 가운데서 하나님이 가장 자신을 잘 나타내시는 것을 예수께서 가르쳐주었기 때문입니다. 예수의 종교는 사랑의 행동 가운데서 하나님을 발견하는 종교입니다.

A: 그렇다면 내가 17~18세 때 열심히 다녔던 기독교도 미신은 아니었겠군요. 한번 더 잘 생각해보겠습니다.

나: 나는 하나님을 섬기는 신앙을 남에게 강요하고 싶지는 않습니다. 그러나 나는 지금 말한 것과 같은 기분으로 언제나 하나님을 섬기고 있습니다. 나는 하나님을 섬기지 않고는 살 수 없는 사람입니다.

3. 하나님을 발견하는 방법

'하나님은 계신 것일까? 안 계신 것일까?' 어떤 사람은 늘 이러한 의문을 가지고 있다.

"하나님이 계신다면 실물을 보여주세요. 나는 육안으로 하나님을 보고 싶습니다"라고 말한 청년도 있었다. 이 청년은 진실한 구도심을 가지고 있지만, 하나님을 발견하는 방법이 잘못되었다.

하나님은 우리의 육안으로는 보이지 않는다. 눈으로 볼 수 있는 신은 대체로 나무나 돌이나 종이로 만든 것이다. 예수님이 믿은 하나님은 우주에 단 한 분밖에 없는 영의 하나님이시다. 그러한 하나님이 실재하신다는 것은 육안에 의해서 증명을 필요로 하지 않는 종교적인 진실이다. 직접적으로 볼 수는 없지만 마음에 느껴진다. 전선에 전기가 통하는지 통하지 않는지는 소켓에 손을 대어보는 것이 가장 좋다. 손가락을 소켓에 대면 찌르르 하고 전기를 느낀다. 이것과 마찬가지로 마음의 소켓에 손을 대면 하나님을 느끼는 것이 가능하다. 마음의 소켓을 나는 양심이라고 부른다. 양심에 하나님의 능력이 찌르르 전해온다. 가슴에 손을 대고 조용히 양심의 소리에 귀를 기울이면 "너는 요즘 차차 게을러지고 있어", "어리석은 일을 너무 하고 있어" 하는 하나님의 음성을 확실히 들을 수 있을 것이다. 무엇보다도 내가 이런 말을 하면 어떤 사람은 이렇게 반박할지도 모른다.

"나는 조금도 양심에 하나님을 느낄 수가 없습니다."

이렇게 말하는 것은 중요한 퓨즈가 끊어졌기 때문이다. 양심 소켓은 있지만 퓨즈가 끊어졌기 때문에 하나님의 음성이 통하지 않는 것이다. 그러면 양심이라는 소켓에 하나님의 음성을 통하게 하는 퓨즈라는 것은 도대체 무엇일까? 그것은 사랑이다. 사랑이 없으면 절대 하나님을 알 수가 없다.

오카야마 고아원의 이시이 주지(石井十次)는 메이지 시대에 크리스천으로서도 사회사업가로서도 대단히 유명한 사람이다. 그 이시이 선생이 있는 곳에 어느 날 시각장애인 한 명이 찾아왔다.

"나도 종교에 들어가 밝은 생활을 하고 싶습니다. 어떻게 하면 하나님을 알 수 있겠습니까?"

그러자 이시이 선생은 "당신은 점자 성경을 읽을 수 있습니까?"라고 반문했다.

"아니요, 전혀 읽을 수 없습니다."

"그렇다면 당신에게는 무엇이 가능합니까?"

"안마가 가능합니다."

"안마는 몇 년간 하고 있습니까?"

"7~8년 하고 있습니다. 이것만은 자신이 있습니다."

"그럼 이렇게 해보세요. 지금부터 당신이 안마로 땀과 혼을 들여 번 돈을 반드시 하루에 한 번, 조금이라도 좋으니까 당신과 같은 시각장애를 가진 친구 중에 어려움에 처한 사람에게 주는 것입니다. 이것을 3주간만 계속해서 하면 반드시 하나님을 알 수 있습니다."

그 시각장애인은 여우에게 홀린 듯한 얼굴을 하고서 돌아갔다. 하나님을 발견하는 방법으로서 신학적인 것은 한마디도 하지 않고 갑자기 가장 소박한 사랑의 실행을 강권하는 것은 전례가 없는 일이라 하겠다. 아마 지금까지 일본에는 없었을 것이다.

약속한 3주가 되었을 때, 그 시각장애인이 다시 이시이 선생을 찾아왔다. 그리고 말했다.

"말씀하신대로 해보니 나와 같은 장애인마저도 하나님의 모습을 확실히 볼 수가 있었습니다. 하나님은 분명히 계십니다."

이렇게 말할 때, 그의 얼굴은 아름답게 빛났다. 그리고 그날부터 그는 경건한 크리스천이 되었다.

"사랑은 하나님께로부터 오는 것입니다. 사랑하는 사람은 누구나 하나님께로부터 났으며 하나님을 압니다. 사랑하지 않는 사람은 하나님을 알지 못합니다. 하나님은 사랑이시기 때문입니다."

이탈리아령인 밧모 섬에서 유배 생활을 했고, 기름이 끓는 가마에 던져져서 순교한 예수님의 제자인 요한은 이렇게 기록했다(물론 다른 요한이 썼다고 하는 설도 있다).

이 요한에 대해서는 아름다운 일화가 전해지고 있다. 요한이 일찍이 돌봐준 적이 있는 소년이 사소한 일로 인해 잘못된 마음을 가지게 되어 타락해 산적의 무리에 들어갔다. 요한은 걷는 것도 자연스럽지 않을 정도의 늙은 몸이었지만, 이 사실을 듣자 험한 산길을 더듬어 산적의 소굴을 방문해서는 그 소년을 구해 나왔다고 한다. 사랑의 실행에는 이런 모험적인 면도 있는 것이다.

"하나님은 사랑이시다"라는 말은 신약성경 27권 가운데 요한이 쓴 편지에 처음으로 나오지만, 사랑으로서의 하나님을 자기 자신의 모든 행동에 표현한 분은 예수님이셨다.

그 예수님이 이렇게 말씀하셨다.

"마음이 청결한 자는 복이 있나니 저가 하나님을 볼 것이요."

청결한 마음이란 예민하고 맑은 양심을 말하는 것이다. 양심이 흐리든지, 더럽든지, 마비되어 있으면 사랑도 없기 때문에 하나님을 볼 수 없게 될 뿐이다.

인간은 유한하다. 그리고 무한, 절대, 전능의 하나님이 우리를 둘러싸고 계시다. 둘러싸여 있는 자는 둘러싸고 계시는 하나님의 전체를 보는 것이 가능하지 않다. 마치 엄마의 뱃속에 있는 아기가 엄마의 얼굴을 볼 수 없는 것과 같다. 뱃속에서 9개월 정도 된 아기가 만약에 '9개월 동안 우리 엄마는 한 번도 얼굴을 보여주지 않았다. 만일 엄마가 정말로 계신다면 한 번쯤은 얼굴을 보여줄 수도 있을 것이다. 한 번도 보여주지 않는 것을 보면 엄마는 존재하지 않는다'라고 생각한다면 어떨까. 건방진 아기라는 소리를 듣지 않을 수 있겠는가?

인간이 절대자이고 전능하신 하나님 속에 둘러 싸여 있으면서도 "하나님이 보이지 않으니 하나님은 존재하지 않는다"라고 주장하는 것은 건방진 아기의 말과 다를 바가 없다.

또 뱃속의 아기가 눈앞에 있는 엄마의 뱃속을 보고서 "만일

어머니가 있다면, 이 뱃속임이 틀림없다. 어머니란 벽이다"라고 말한다면 이것은 유물론이 된다. 유물론자는 눈앞에 있는 물질의 벽만 보고서 그 깊은 곳에 있는 하나님을 보지 못하는 것이다.

메이지 시대의 사상가인 츠나시마 료센(綱島梁川, 1873~1907)은 '내가 보는 하나님의 실험'이라는 문장을 써서 남겼다. "1904년 7월 어느 날 밤에, 침상에 앉아 있자 마음이 별빛이 맑은 하늘과 같이 맑아졌고, 갑자기 '귀의에 취한 마음이라고 할 수밖에 없는 환희'가 용솟음쳐 나왔다. 그 적막하고 쓸쓸한, 게다가 고독하기 비길 데 없는 환희는 대략 15분 동안 계속되었다"고 료센은 썼다.

두 달 뒤인 9월 말에도 그 사건이 일어났다. 그는 오래간만에, 집에서 멀리 떨어진 목욕탕에 갈까 생각하고 문을 나섰다. 맑은 가을 하늘 아래 거리는 나란한 수풀들이 멀리까지 석양을 드리우고 있었다. 그 경치를 바라보자 그의 마음은 뛰기 시작했다. 그 순간 돌연히 "나 자신은 천지의 하나님과 함께, 그리고 하나님과 동시에 나무가 빽빽이 들어차 있는 이 경치를 보고 있는 것이다"라는 의식이 들었다. 그것은 번뇌로 인한 망상이나 환영이 아니라 이성과 지혜를 끊어버린 새로운 계시로서 깨달아졌다.

료센은 사실상 하나님을 보았던 것이다. 철학적 입장으로 말하면 그것은 가치가 없는 것이지만 종교적 경험으로서는 빼앗길 수 없는 존엄함을 지니고 있다.

나는 뉴욕의 고가철도 아래에서 이 같은 경험을 한 적이 있다. 지상에 있으면서도 지상에 없는 듯한 기분, 눈을 감고 빛 가운데 담긴 것과 같은 기분이었다. 눈이 나쁠 때, 한밤중에 혼자 일어나 앉아서 그러한 기분에 빠져 있을 때도 있었다. 직관적으로 하나님의 계심이 느껴지는 것은 얼마나 불가사의한 것인가. 마음이 맑으면 맑을수록 더욱 더 가깝게 하나님을 볼 수 있다. 맑은 마음이 있다면 물질의 배후에 있는 우주의 마음, 즉 하나님이 계신 것을 느낄 수 있다. 맑은 마음이 없으면 우주는 물질과 기계와 무법칙의 우연으로 된 것 같은 느낌이 든다.

"인간의 눈은 하나님의 눈이다"라고 말한 사람은 독일의 철학자 에크하르트(Johannes Meister Eckhart, 1260?~1327)다. 이런 방법으로 생각해가면, 인간의 마음은 하나님의 마음이 인간의 가슴속에 스며들어 된 것이라 할 수 있다.

어떤 사람이 바닷가에서 시계를 주웠다고 한다. 시계가 가고 있었다. 그것은 혼자서 된 것이 아니다. 그것을 만든 사람이 어딘가에 반드시 있을 것이다. 인간을 하나의 기계라고 해도 시계보다는 훨씬 더 정교하게 만들어진 것이다.

"우주에는 단지 하나의 전당(殿堂)밖에 없다. 그것은 인간의 육체다"라고 독일의 종교가인 노발리스(Friedrich von Hardenberg Novalis 1772~1801)는 말했다. 토머스 칼라일(Thomas Carlyle, 1795~1881)은 여기에 화답하여 "인간이야말로 기적 중의 기적이다"라고 말했다.

그 기적 가운데에서도 기적 중의 기적인 인간이, 바닷가에 버려진 시계와 같이, 지구 위에 수십억 명이나 있다. 인간을 창조하신 분이 어딘가에 계신다고 생각한다면 불가사의한 것은 없다. 그 창조자가 하나님이시다.

그 시계의 비유는 '페일리의 비유'라고 불리는 유명한 것이다.

4. 하나님의 성품

"예수님은 하나님을 표상하고 있다. 예수님을 본 사람은 하나님을 본 사람과 같다. 하나님이란 예수님과 같은 사람이다."

독일의 리츨(Albrecht Ritschl, 1822~1889)이라는 학자가 이렇게 말했다. 나도 같은 의견이다. 그러나 리츨의 그러한 의견을 의거했다고 생각되는 말씀이 성경에 있다.

"주여, 우리에게 하나님을 보여주소서. 그러면 만족하리이다."

"빌립아, 네가 그렇게 나와 오랫동안 같이 있으면서 나를 알지 못하느냐? 나를 본 자는 아버지를 본 자이거늘 어찌하여 아버지를 보여달라 하느냐?"

요한복음을 보면 예수님과 그의 제자인 빌립 사이에 이러한 대화가 있었다.

"아버지께서 만물을 내 손에 주셨으니 아버지 외에는 아들을 아는 이가 없고 아버지를 아는 자는 아들과 아들의 뜻대로 나타내시는 이 외에는 없다"고 예수님은 말씀하셨다.

아버지가 하나님이시다. 예수님은 당당하게 자기 자신을 가리키면서, "나의 양심적인 생활을 본 자는 하나님을 본 것이다"라고 말씀하셨다. 예수님이 나타내 보이신 하나님의 성품을 열거하면 다음과 같다.

1) 하나님은 창조주시다.
2) 하나님은 한 분이시다.
3) 하나님은 영이시다.
4) 하나님은 전능하시다.
5) 하나님은 전지하시다.
6) 하나님은 아버지시다.
7) 하나님은 사랑이시다.
8) 하나님은 거룩하시다.

9) 하나님은 의로우시다.

10) 하나님은 선하시다.

11) 하나님은 내재하신다.

12) 하나님은 안 계신 곳이 없으시다.

13) 하나님은 초월하신다.

　어떤 사람들은 하나님이 창조주시라는 것을 아무래도 알 수 없다고 말하지만 생명이라는 것에서 출발하는 종교는 반드시 하나님을 창조주로 하지 않을 수 없다.

　하나님이 한 분이시라는 것을 어떻게 알 수 있는가? 한마디로 말하면 양심이 하나이기 때문에 하나님은 하나인 것이다. 예수님의 양심을 통해서 계시되어진 하나님은 한 분이었다. 양심의 책임을 중하게 생각하는 사람은 하나님이 한 분이시라는 것을 명확하게 안다. 양심이 분열되면 돌이나 나무나 종이로 만든 신을 신앙의 대상으로 한 이른바 우상 종교가 나온다.

　하나님이 전능하시다는 것은 "아버지에게는 능치 못할 것이 없다"라고 예수님께서 말씀하신 것에 확실하게 나타난다.

　예수님에게 있어서 하나님은 뒤에 붙어 있는 부록과 같은 하나님이 아니고, 태어나는 것과 동시에 마음 가운데 들어오신 아버지가 되신 하나님이시다. 마치 어린이가 잘 돌지 않는 혀로 아버지를 부르는 것과 같은 친밀감으로 예수님은 "아바 아버지여"라고 말씀하신 적도 있다. '아바'라는 것은 당시의 유대인들이 일반적으로 사용하던 아람어의 '아버지'란 말을 한층 더 강조한 단어다.

가수인 요사노 아키코(與謝野晶子)가 어느 날 어떤 교회에 갔는데 그 교회의 목사가 '하나님이여'라고 부르며 기도하는 것을 들었다. 나중에 나를 만났을 때 "그 목사의 하나님은 매우 차가우신 하나님입니다"라고 말한 적이 있다. 목사가 '아버지여' 또는 '아바 아버지여'라고 부르지 않은 것이 마음에 들지 않았던 것이다.

하나님이 의로우신 분이라는 것은 예수님이 '정의로우신 아버지여'라고 부른 것에 나타나 있다.

"선한 이는 단지 한 분뿐이시다."

예수님은 하나님을 가리켜 이렇게 말씀하셨다. 여기에는 하나님이 선하시다는 것이 명확하게 나타나 있다. 다만, 선함이 선함으로 그친다면 하나님의 속성으로서 충분하다고 말할 수 없다. 악인을 변화시켜 선한 사람이 되게 하는 힘이 있으므로 하나님의 선하심은 존귀한 것이다.

하나님은 저 높은 하늘에만 계신 것이 아니다. 예수님의 하나님은 내재하시는 하나님이시다. 또한 어느 곳에나 편재하시기 때문에 교회에 가지 않고 예배를 드리지 않으면 두려운 그런 갑갑한 하나님이 아니시다. 예수님의 하나님은 초월의 하나님이시다. 내가 부처가 된다는 것과는 달리, 우리들 위에 계신 하나님이시다.

5. 인격의 하나님

'아바 아버지'라고 부를 수 있는 하나님은 인격의 하나님이시다. 만일 하나님이 단지 물리적인 힘과 같은 것이라면, 공기나 물이나 불과 마찬가지로 인격을 가질 수가 없다.

하나님이 인격의 하나님이라고 하는 것을 나는 이론적으로 증명한 뒤에 믿고 있는 것이 아니다. 가장 실재적인 것이 가장 인격적이고, 가장 인격적인 것이 가장 실재적이라고 생각하고 있는 것이다.

어떤 사람들은 "하나님을 인격적으로 보는 것은 하나님을 인간화하기 때문에 나는 싫다"고 말하지만 나는 그렇게 생각하지 않는다. 우주로부터 인격을 빼어 없앨 필요가 조금도 없다.

하나님은 가장 완성된 사람과도 같은 분이다. 하나님은 예수님과 같이 웃고, 울고, 괴로워하고, 슬퍼하신다. 그렇기 때문에 인격적인 하나님이시다. 우주의 생명이 비인격적이라면 어떻게 해서 나와 같은 인격이 만들어질 수 있겠는가?

"당신은 인형과 같은 하나님을 섬기고 있습니까?"라고 놀리는 사람도 있을지 모르겠으나, 나는 비인격적인 하나님이 나와 같은 인격을 창조하신 분이라고는 아무래도 생각할 수가 없다.

불교에 있어서도 모든 진리가 인격화되어 있다. 그것은 인격을 무시해서는 '불법'의 세계를 체험할 수 없기 때문이다.

"인간의 인격은 완성된 것이 아니라 쉽게 가감되는 것이다"라고 독일의 신이상주의 철학자 로체(Rudolf Hermann Lotze, 1817~1887)는 말했다.

첫 번째 사람은 귀만, 두 번째 사람은 눈만, 세 번째 사람은 손가락만 완성된 것과 같은 모양으로 우리의 인격은 부분 부분 나뉘어 있다. 몇 개라도 합하지 않으면 완전한 인격이 되지 못한다.

그런데 참된 하나님은 만물을 통일하시고 모든 인간에 내재하실 수 있는 완전하신 인격의 하나님이시다.

우리의 인격이 완성됨에 따라, 즉 인격이 순수하게 됨에 따라 인격의 하나님이 나타나는 것이다. 만일 자아가 분열하여 인격이 둘이 된다든지, 셋이 된다든지 한다면 하나님은 드러나지 않는다.

달 위에는 달보다 더 큰 존재가 있다.
해 위에는 해보다 더 강한 존재가 있다.
이 깊은 비밀을 분별하여 아는 것을 신앙이라고 한다.
귀 속의 귀, 눈 속의 눈으로 듣고 보지 않으면 안 된다.
우주에 퍼져 있는 거대한 눈을 보는 눈은,
영원을 생각하는 것을 가능하게 하는 마음이다.
주의 세미한 음성을 듣고 이치를 깨닫는 귀는,
항상 깨끗하고 아름다운 것만을 듣는 귀다.
다른 것이 섞여 있지 않은 사랑의 마음을 가진 사람은
순금의 음률을 듣고 이치를 깨우친다.
하늘의 음색을 지상에서 수여 받음에는
의지와 이해력에 탁월한 열 개의 귀 백 개의 눈이 아니면
안 된다.

나의 친구인, 뛰어난 기독교 시인인 사이토 기요시(齊藤潔)가 이렇게 노래했다.

병의 극복

1. 죽음을 선고 받았을 때

병상은 하나의 수도장이다. 여섯 자도 안 되는 침상은 결코 넓지 않다. 그러나 사랑의 하나님께서 위에서 아래에서 나를 보호해주신다고 생각하면 좁은 침상도 하나님의 옥좌라고 느껴진다.

모든 재난을 초월해서, 모든 병마를 헤치고 나아가서, 하나님은 엄연하게 우주를 지배하고 계신다. 이 부동의 절대자는 우주의 창조자이시고 회복의 원리를 갖추고 계신다. 따라서 우리의 병이 낫고 피로가 회복되는 것이다.

나는 결코 건강한 사람이라고 말할 수 없다. 내 몸에는 단골 의사가 아니면 이해할 수 없을 만큼 파손된 곳이 많다.

폐가 나쁘고 심장도 나쁘다. 신장염은 벌써 25년 동안이나 계속되고 있다. 눈은 양쪽이 모두 44일 동안 안 보인 적이 있다. 지금도 주기적으로 판누스(눈의 각막이 혈관 등의 증식에 의해 비정상적으로 두꺼워지는 일)가 심하게 찾아온다. 그러한 경우에는 양손을 눈앞에 가져다 댄다고 해도 분별할 수가 없다.

코는 19세 때 수술을 했지만 그때뿐이었고, 21세 때는 축농증으로 죽을 고비를 넘기는 대수술을 받았다. 결핵성 치질 수술을 했던 것도 그해였다. 치아도 치조농루로 셋 중 둘이 못쓰게 되었다. 귀는 탄고(지금 교토 북부 지방)의 대지진 무렵, 구조 활동을 하러 갔다가 중이염에 걸렸고, 그때는 치료가 되었지만 가끔씩 재발해서 자주 자리에 눕는다. 왼팔은 중학교 2학년 때 부러져 지금도 15킬로그램 이상은 들지 못한다.

잊을 수도 없지만 1925년 9월 9일 내가 탔던 오토바이가 지금 내가 살고 있는 집으로부터 조금 떨어진 미야노자카 건널목에서 전차와 충돌해 두 번째 요추가 부러졌다. 그러나 이상하게도 신경이 꺾인 채로 나왔다. 단지 그 때문에 척추가 조금 굽었고, 겨울이 되면 화로를 품고 있지 않으면 안 될 정도로 추위를 탄다. 폐가 나빠진 것은 왼팔이 부러졌던 중학교 2학년 때부터다. 그때 의사는 나에게 말했다.

"폐가 나쁘기 때문에 학교는 그만둬야 해요. 공부하는 것이

제일 나쁩니다."

 나는 슬펐다. 그리고 당시는 아직 기독교를 믿지 않았기 때문에 무척 고민했지만 억척스러운 나는 어떻게 해든 그것을 무릅쓰고 계속 학교에 다녔다. 그 후 크리스천이 되었고, 도쿠시마 중학교를 졸업할 때까지 이상하게도 몸이 건강했다.

 1905년 3월에 중학교를 졸업하고, 도쿄의 메이지 학교 고등학부에 입학했다. 그때 나의 보호자는 나의 신앙의 아버지 마이어스 박사였다.

 고등학교 2학년이 되던 해의 겨울부터 혈담이 나오기 시작했다. 그리고 이듬해 여름에는 폐괴저와 같은 증상이 나타났다. 40도를 오르내리는 열이 열흘 가까이 계속되어 의사는 사망선고를 내렸다. 그때의 일은 지금도 똑똑히 기억하고 있다.

 당시에 나는 여름 전도를 위해서 도요바시 시(豊橋市)의 히가시 8번가에 있는 교회*에 파견되었다. 이 교회에서 내가 맡은 일은 노방전도였다. 나는 사쓰기라는 번화가에서 40일 동안 노방전도를 했다. 제3자로서는 상상도 할 수 없는 힘든 일이었다.

 41일째 되던 날부터 열이 나기 시작해, 마침내 기침할 때마다 폐의 혈관이 터져서 피를 쏟게 되었다. 한 번에 많은 출혈을 한

---
* 이 교회가 바로 나가노 목사가 시무하던 교회. 나가노 목사 가족이 쓰러진 가가와를 간호하면서 나가노 목사 가족과 아주 친밀한 관계를 유지했지만, 우리나라에 알려진 것과 같이 나가노 목사가 가가와를 전도한 것은 아니다.

것은 아니지만 종이가 빨갛게 물들 만큼 매일 각혈이 계속되었다. 발열이 격렬해져서 고열이 10여 일간 계속되었다.

그러나 나는 죽음에 대한 공포를 조금도 느끼지 않았다. '자칫하면 죽을지도 모른다'고 생각은 했지만, 죽으면 하나님 품으로 간다는 확신이 있었다.

호흡은 점점 곤란해졌다. 나는 자리에 누운 채로, 손도 발도 머리도 눈동자도 어느 것 하나 꼼짝도 못한 채, 마치 어머니 태반에서 호흡하고 있는 것과 같은 모습을 하고 있었다. 말하자면 정신상태도 하나님의 젖가슴을 빨고 있는 것과 같은 기분이었다. 그러나 외관상으로는 위험한 상태였다.

"부모나 친척이 있으면 전보나 쳐두시오." 의사가 하숙집 주인에게 이런 말을 하고 사망 선고를 한 것은 가을의 쓸쓸한 바람이 불고 있는 날의 낮이 지나고 있을 때였다.

죽음의 공포는 전혀 솟아오르지 않았다. 나는 하나님을 절대적으로 의지하고 있었다. 그것과 동시에 나의 영혼이 영원히 살 것을 믿고 있었다.

하늘은 아주 맑았고, 서산에 지는 태양의 광선이 침상에 반사되었다. 그 반사되는 빛을 나는 눈 하나 깜빡이지 않고서 한 시간 정도 바라보고 있었다. 물론 손발을 전혀 움직일 수 없었다. 피가 나의 몸을 순환하는 것을 똑똑히 느낄 수 있을 정도로 감각이 예민해져 있었다. 나는 그것을 불가사의한 일이었다고 생각한다. 갑자기 온몸이 마비된 것처럼 되었다. 그때 갑자기 나는 광명이 전신을 두르고, 지상에 있으면서도 침상으로부터 붕 떠서 훨훨 공중으로 날아오르는 듯한 느낌이 들었다. 사도 바울이 "내가 제3층천으로 올라갔다"라고 쓴 것은 아마 이런 느낌을 경험한 것이 아닐까? 나는 호흡이 곤란한 것도 잊어버리고, 무엇이라 형언할 수 없는 환희에 빠졌다.

이윽고 해가 졌다. 방안의 빛도 사라졌다. 그러나 잔상이 희미하게 눈의 망막 속에 남아 있었다. 그것은 의미가 깊은 종교적 표상과 같은 느낌이 들었다.

'츠나시마 료센이 보았던 신의 경험이라는 것이 이런 것일지도 모른다'고 나는 생각했다.

뜻밖에 기침이 나오려고 했다. 사실은 기침하는 것을 아주 무서워했지만 과감하게 기침을 하자 피 섞인 가래가 한 모금이나 나왔다. 그때의 좋은 기분은 지금도 잊을 수 없다. 호흡이 곤란하던 것이 갑자기 해소되었다. 그리고 코에서 숨을 쉬는 것이 편안해졌다. 가슴을 내리누르는 듯한 압박감도 없어졌다. 그리고 머리가 아주 가벼워졌다. 이틀 동안 아무것도 먹지 못해서 식욕이 생겼다.

'과일이 먹고 싶다'고 생각했다. 하지만 한 시간 반 정도 계속된 그 불가사의한 환희가 아직 사라지지 않았기 때문에, 나는 두 손을 모으고 하나님께 기도하는 마음으로 가만히 누워 있었다. 열은 급속히 내려갔다. 조금 전까지만 해도 40도 이상 되었던 열이 37.5도로 내려갔다.

오후 9시쯤, 다시 의사가 찾아왔다. 의사는 열이 내린 것을 보고 깜짝 놀라며 "그것 참 불가사의한데?"라며 머리를 갸웃거렸다. 사망 진단서를 쓸 예정이었기 때문에 내가 죽기는 고사하고 열이 내린 것을 보고 너무나 놀랐던 모양이다.

2. 신앙의 힘

1907년 9월에 나는 메이지 학원을 중도에서 그만두고 새로 생긴 고베 신학교로 전학했다. 마이어스 박사께서 이 신학교의 교수가 된 것이 전학의 가장 중요한 원인이었다.

폐에서의 각혈이 멈추지 않았다. 기침할 때마다 폐의 깊은 곳에서부터 피가 나왔다. 열은 오후가 되면 38도가 넘어갔다.

나는 마이어스 박사의 도움으로 병원에 입원하게 되었다. 그러나 병원 생활은 비용이 많이 들고 마이어스 박사도 넉넉한 형편은 아니어서 1908년 1월에 아이치 현의 가마고오리라는 어촌에서 셋집을 얻어 자취하면서 요양하게 되었다.

나는 어떤 어부의 집 방 한 칸을 빌렸다. 집세는 한 달에 1원이었지만 연기로 방이 시커먼 데다가 뱀과 거미가 마음대로 드나드는 음산한 방이었다. 나는 쓸쓸함을 잊기 위해서 매일 거미 싸움을 붙이면서 놀았다.

어느 날 거미 싸움에 열중하고 있을 때, 문득 마이어스 박사가 나타났다.

"쓸쓸하지요?"하고 박사가 물었다.

"아니요, 쓸쓸하지 않습니다"라고 나는 서슴지 않고 이렇게 대답했지만 약간의 거짓말이 섞여 있었다.

"선생님, 저의 병이 무섭지 않습니까?" 이번에는 내가 물었다.

"아니요, 조금도 무섭지 않습니다."

박사의 이러한 대답은 거짓말이 아니었다. 그 증거로 박사는 이러한 컴컴하고 좁은 방에서 3일이나 머물렀다. 주무실 때도 나와 한 이불 속에서 주무시면서 나를 안아주셨다. 나는 박사님께 두부만 대접했지만, 박사님은 조금도 싫어하는 기색이 없이 "일본 두부는 참 맛있습니다"라고 하면서 얼마든지 잡수셨다.

나는 마이어스 박사의 사랑에 강한 감동을 받았다. 이것이야말로 인종의 차이를 넘고, 국경을 넘은 하나님의 사랑이라고 생각했다.

'하나님께 대한 신앙으로부터 이러한 사랑이 솟아 나온다면 기독교는 참된 것이다.' 나는 최후에는 이렇게 생각했다. 그 순간, 콜레라나 장티푸스보다 더 강한 전염력을 가지고 있는 하나님의 사랑이 나를 움직였다. '이제부터 나도 전력을 다해 사람을 사랑하리라'고 나는 결심했다.

병에 차도가 생기면서 나는 고베 신학교로 돌아왔다. 그리고 여기서 1909년 정월을 맞았다.

한동안 병이 다시 악화되어 매일 발열을 경험했다. 나는 고민했다. 이때의 고민은 나의 일생에서 가장 심각한 것이었는지도 모른다. 그때의 일기를 몇 개 인용해보기로 한다.

1월 18일(월요일)
독일어 수업에서 돌아와서 피곤하여 누워 있었다. 일어나서 또 독일어를 공부했다. 저녁 기도회에서 울고 또 울었다.

1월 22일(금요일)
독일어 수업에 갔다가 와서 《플루타르크 영웅전》을 읽었다. 재미있었다. 자살의 꿈!

1월 23일(토요일)
서양인 의사 데니스 콤 씨는 아직 완쾌하지 못했다고 말했다. 자살을 하고 싶다. 자살!

1월 25일(월요일)
괴로운 것을 참고 교실에 갔다.

1월 29일(금요일)

소설 《사선을 넘어서》의 제7장을 반나절에 걸쳐 교정했다.

4월 11일(일요일)

슬프다. 슬프다. 발광? 자살?
아아! 언제까지나 압박이 떠나지 않는 이 자식!
울고 울다, 이 약한 몸을 보전하기 위해서.

4월 13일(화요일)

꼭 한 달을 누워 있었다. 병으로 한 달 동안을 시달렸다.
오늘은 울다가 종일 잤다. 병원에도 가지 않았다.

4월 14일 (수요일)

오늘도 울었다. 이다지마 군(급우)이 2원을 빌려주었다. 하나님의 섭리다. 사랑이다.
아! 욥의 인내! 역경의 은총!

5월 30일(일요일)

나는 완전히 절망이다. 절망이다. 인생의 가치를 완전히 의심해버렸다.

내가 이 일기를 쓴 때는 스물한 살이었다. 나는 빛과 어두움, 하나님과 악마 사이를 시계추 같이 왔다 갔다 하면서 고민했다.

'아아 욥의 인내!'라고 하는 것은 구약성경에 나오는 욥기에 대해서 생각한 것이었다. 욥이라는 신앙이 돈독한 사람은 천재지변으로 사랑하는 아이들을 잃고, 전 재산을 다 잃어버리고, 나병에 걸리고, 아내는 집을 나갈 정도의 역경에 빠졌음에도 불구하고 끝까지 인내하여 하나님으로부터 아주 큰 은혜를 받았다.

이 욥과 같은 심정으로 나는 역경을 돌파하리라고 생각했다. 그것이 불가능했다면 크리스천으로서의 나의 생애는 거기서 끝났을 것이다.

고난을 통과하지 않은 신앙은 진실성을 가지고 있지 않다. 하나님 앞에서 살아가려고 하는 이에게 있어서는 고난의 피를 토함이 보석보다도 귀한 것이다.

그러나 나의 이 고난 시대는 길었다.

폐가 일진일퇴의 상태를 계속하고 있을 때에 이번에는 축농증으로 대수술을 하지 않으면 안 되게 되었다. 이 축농증도 결핵성이라는 말을 들었다. 윗잇몸을 자르고, 뼈에 구멍을 뚫고 고름을 빼내었지만 수술을 받은 지 5일째가 되는 날부터 출혈이 심해, 한 되 정도 되는 피를 쏟았다. 나는 또 다시 위독한 상태에 빠졌다.

"드디어 가가와도 끝인가!"

신학교 급우들은 이렇게 말하고, 한 사람도 남기지 않고 나의 병실에 모여서 내가 정신을 차리지 못하고 누워 있는 자리 옆에서 고별 기도회를 드렸다.

주가 맡긴 모든 역사

힘을 다해 마치고

밝고 밝은 그 아침을 맞이할 때

요단 강을 건너가서 주의 손을 붙잡고

기쁨으로 주의 얼굴 뵈오리.

나의 주를, 나의 주를

내가 그의 곁에 서서 뵈오며

나의 주를, 나의 주를

손에 못 자국을 보아 알겠네.

고별식이었기 때문에, 이러한 찬송가를 다 같이 불렀을 것이다. 그러나 이때도 나는 하나님 가슴에 안긴 것 같았다. 따라서 한밤중, 희미하게 꺼져가는 것과 같은 느낌으로 죽음에 직면했지만 아침이 되면 이상하게도 위기상태로부터 벗어나게 되었다.

"기적이야. 기적"이라고 급우들은 말했다. 하나님 앞에서 살고, 하나님의 품속에서 호흡하는 자에게는 상식으로는 판단할 수 없는 기적이 나타나는 것이다.

한 달 후에 나는 퇴원했다. 그때까지도 폐결핵은 여전히 일진일퇴의 상태였다. 절망스러울 정도의 심각한 고민이 더 이상 생기지는 않았지만, 그래도 어쩐지 어두운 기분이었다.

"어차피 죽을 바에는 빈민굴에서 죽자. 먹을 것이 없고, 입을 것이나 덮을 것도 없어서 어렵게 살고 있는 사람들을 위해서 전력을 다하고, 그들에게 조금이라도 하나님의 사랑을 보여줄 수 있다면 더 이상 바랄 것이 없다."

나는 갑자기 이렇게 결심을 했다. 신학교에 적을 둔 채, 손수 짐수레를 끌고, 기타혼쵸 6쵸매 2553번지로 이사를 했다. 1909년 12월 24일, 크리스마스 전날의 일이었다.

내가 이런 대담한 행동을 한 원인으로는 영국의 사상가인 아널드 토인비(Arnold Toynbee, 1852~1883)에게서 받은 감화도 있었다. 옥스퍼드 대학 출신인 토인비는 26세 때 런던 빈민굴에 들어가 살면서, 31세에 병사할 때까지 빈민의 친구가 되어 빈민들과 함께 생활했다.

그 무렵 고베에는 빈민굴이 일곱 곳이 있었다. 그중에서 가장 큰 곳이 아시아이구의 빈민굴인데, 1평 반 쯤 되는 집들이 기타혼쵸와 미나미혼쵸에 성냥갑을 나란히 놓은 것과 같이 이어져 있었고, 거기에 8,000명 이상의 빈민들이 살고 있었다.

나는 거기에 14년 동안 있으면서 빈민을 위해 진력하고 빈민의 벗이 되었다. 나의 자전적 소설인 《사선을 넘어서》의 후반은 그곳에 대한 기록이다.

나는 빈민굴의 인쇄소에서 일하던 여성 노동자 시바 하루코(芝春子)와 결혼했다. 빈민굴에 들어온 지 3년 6개월 후의 일이었다. 그 3년 6개월 동안에 그때까지 일진일퇴를 하던 폐병은 거의 완쾌되었다. 10년 이상 계속되던 고질병이 빈민을 위해서 진력하는 동안에 이상하게도 완치된 것이다.

물론 빈민굴에 들어갔을 때는 아직 오후가 되면 열이 났었다. 열이 나면 나는 아이들과 같이 놀고, 피곤하면 다다미 위에 누워서 쉬었다. 빼빼 마르고, 체중은 얼마 나가지 않았지만 각혈을 전혀 하지 않게 되었다.

이렇게 해서 체력에 자신이 생기게 되자, 나는 빈민굴에서도 가장 가련한 결핵 환자들을 돌보기 시작했다. 하나님의 사랑을 알게 된 자는 그러한 섬김의 일을 하지 않을 수 없다는 것을 나는 마이어스 박사에게서 몸소 배웠던 것이다.

결핵 환자 중에서도 가장 비참한 것은 장결핵(腸結核) 환자다. 나는 일부러 이런 환자를 골라가며 돌보아주었다. 내가 세 들었던 집에는 환자들이 많을 때에는 열여섯 사람까지 나란히 누워 있을 때도 있었다.

"병원이 아닌데도 환자들만 모여 있는 것은 곤란합니다."

대청소의 날에 경찰관이 나에게 큰소리를 치며 나무랐다. 그 경찰관은 법률만 알고 하나님의 사랑은 몰랐던 것이다.

지금까지 환자이던 내가 거꾸로 환자들을 돌볼 수 있는 몸이 되어 나는 정말 기뻤다.

3. 병을 극복한 사람들

"내가 만일 병에 걸리지 않았다면 아마도 국회의원이 되어서 죄가 많은 생활을 하고 있었을 것이다. 하지만 폐결핵에 걸린 덕분에 은총을 받았다"라고 말한 사람은 메이지 시대의 유명한 크리스천인 도쿠나가 기쿠(德永規短)다. 그의 저서인《역경의 은총》은 폐결핵 환자가 하나님을 믿게 됨으로써 어떠한 은총을 받았는가를 있는 그대로 고백한 기록으로서, 지금도 많은 사람들에게 애독되고 있다.

그 책 2장 2절에, 성경을 읽고서 구원받은 실례로서 든 우치야마 유우는 병을 이긴 사람으로서도 훌륭한 존재였다. 그의 병은 불치병이었지만 그는 미소를 지으면서 소천했다.

나의 친구인 스기야마 겐지로(杉山元治郎)는 와카야마 현에서 농업 기사로 일할 때, 폐결핵에 걸려서 2년 동안 병원에 입원했다. 병원장이 "앞으로 열흘 정도만 더 살 수 있습니다. 준비해주세요"라고 간호를 하던 사람에게 작은 소리로 말해서 숟가락을 던져버렸다.

그런데 열흘이 지나서도 스기야마는 죽지 않았다. 오히려 병세가 날이 갈수록 호전되어 퇴원할 정도까지 되었다. 중학생 시절에 크리스천이 되어서 강한 신앙을 가지고 있던 결과였다고 말하지 않을 수 없다.

이렇게 완전하게 건강을 회복하게 된 스기야마는 1922년 4월, 일본에서 처음으로 전국적인 규모의 농민조합이 결성되었을 때 그곳의 중앙위원장이 되었고, 1926년 3월에는 최초의 근대적인 사회당이라고 말할 수 있는 노동농민당의 중앙집행위원장이 되었다. 나는 그를 만날 때 기적의 사람을 보는 것과 같은 느낌을 받는다.

도쿄의 우시고메(牛込)에서 무산자 진료소를 운영했던 도노무라 요시로(外村義郞)는 자신도 폐결핵 환자로서, 각혈을 서른 번이나 했지만 각혈을 하는 중에도 여러 날을 병상에 꼼짝하지 않고 누워 있으면서 위기를 극복했다. 그것도 신앙의 힘에 의해서였다.

폐결핵 환자에게 가장 필요한 것은 공포심을 없애는 것이다. 공포심에 사로잡히면 끝에 가서는 아주 심한 신경쇠약이 된다. 아무 근거도 없는 심리 작용을 물리칠 수 있다면 폐병은 반드시 낫는다.

공포심을 없애는 방법으로는 신앙을 가지는 것이 가장 효과적인 길이다. 신앙을 가지면 자기 자신의 육체 안에 준비되어 있는 재생력이 활발하게 작용하기 때문에 병이 낫는 것이다.

외국에도 신앙의 힘으로 병을 고친 사람이 무수하게 많다. 영국의 종교 개혁가 존 웨슬리(John Wesley, 1703~1791) 프랑스의 사상가 파스칼(Blaise Pascal, 1623~1662)과 같은 사람들도 그러한 경험을 한 가장 대표적인 사람들이다.

헬렌 켈러(Helen Keller, 1880~1968)가 일본에 왔을 때, 통역을 한 이와바시 다케오(岩橋武夫)는 와세다 대학에 재학 중에, 갑자기 두 눈이 멀어 아무것도 볼 수 없게 되었다. 그는 매일 번민을 했으며, 몇 번이나 자살을 하려고 시도했는지 모르지만, 하나님을 알게 된 후부터 완전히 딴 사람이 되었다. 그는 에든버러 대학을 졸업했는데, 맹인의 몸으로 외국 대학의 학위를 얻는다는 것은 그리 쉬운 일이 아니다. 헬렌 켈러는 현대의 기적이지만 이와바시 다케오도 기적의 사람이다.

병이 났을 때는 성경을 읽는 것이 가장 좋다.

"영원하신 하나님 여호와, 땅 끝까지 창조하신 자는 피곤치 아니하시며 곤비치 아니하시며 명철이 한이 없으시며, 피곤한 자에게는 능력을 주시며 무능한 자에게는 힘을 더하시나니 소년이라도 피곤하며 곤비하며 장정이라도 넘어지며 자빠지되 오직 여호와를 앙망하는 자는 새 힘을 얻으리니 독수리의 날

개 치며 올라감 같을 것이요 달음박질하여도 곤비치 아니하겠고 걸어가도 피곤치 아니하리로다."

구약성경 이사야서 40장에 나오는 구절이다. '여호와'는 유대인이 믿고 있던 신이다.

쓸쓸하게 병에 걸렸을 때 이러한 성경 구절을 읽으면 가장 큰 위로를 받을 수 있다.

가난할 때

1. 무소유의 소유

구약성경에 나오는 욥이란 사람은 재난을 만나서 모든 재산을 한꺼번에 잃어버렸을 때 "하나님이 주시고 하나님이 찾아가신다"라고 태연하게 말했다. 하나님을 믿는 사람은 가난할 때도 그런 말을 할 수 있는 것이다.

"여우도 굴이 있고 공중에 나는 새도 깃들일 곳이 있으되 인자는 머리 둘 곳이 없다"고 하신 분은 예수님이시다.

예수님은 그 정도로 가난했다. 그러나 성경의 어디에도 예수님이 돈을 벌기 위해서 땀을 흘렸다는 기록은 없다. 도리어 예수님은 "가난한 자는 복이 있다"고 말씀을 하셨다.

어느 날 밤, 홀아비가 아이들을 안고 자는데 갑자기 친구가 찾아와서 문 밖에서 말했다.

"늦은 밤이지만, 빵을 세 개만 빌려주지 않으려나? 손님이 찾아왔는데 긴 여행을 한 것으로 보여. 배가 너무 고픈데도 공교롭게 우리 집에는 빵이 없어서 말일세."

"시끄럽네. 우리는 벌써 다 치워버리고 아이들과 함께 잠이 들었네. 일어나는 것은 안 돼"라고 홀아비가 잠자리에서 눈을 찡그리고 말했다.

"그렇게 말을 하지 말고 빌려주시게. 부탁하네"라고 문 밖에서 큰 소리로 간청했다. 귀찮았지만 아주 간절히 부탁을 했기 때문에, 홀아비는 어쩔 수 없이 일어나서 빵을 주었다.

이 이야기는 신약성경의 누가복음에 있다. 예수님은 이것을 하나의 비유로 사용했지만, 빵을 빌리러 갈 정도로 가난했던 경험이 없으면 이러한 이야기의 맛을 알지 못한다. 예수님은 가난을 경험했기 때문에 비유가 실감 넘치는 것이다.

예수님의 비유 가운데는 돈을 빌리는 이야기가 종종 나온다. 이런 것으로부터 유추해서 생각해보면, 예수님의 친척이나 친지들 가운데는 빚으로 인해서 어려운 경험을 가지고 있던 사람이 많이 있는 것 같다. 가장 심각한 것은 주인의 돈을 횡령한 지배인의 이야기다. 기근을 만나서 돼지의 사료인 쥐엄 열매를 먹었던 청년의 이야기도 나온다. 예수님은 언제나 사회의 가장 어두운 면을 보았다. 거지의 존재는 특히 그분의 주목을 끌었다.

나는 예수님처럼 철저히 무(無)의 생활을 한 사람은 없다고 생각한다. 그분이 가난의 맛을 잘 씹어서 음미했던 것은 바로 비움의 생활 때문이다. 가난은 무로 돌아가는 것이다. 가난한 때는 무로부터의 출발을 각오하면 좋다.

"꽃보다 떡", "금강산도 식후경"이란 아주 현실적인 속담이 있다. 즉, 극도로 배가 고플 때에는 밥만 있으면 종교의 문제 같은 것은 어떻게 되어도 좋다고 생각하는 경향이 강하다. 이것은 무서운 유혹이다. 예수님도 한 번, 30세 때 이것과 똑같은 유혹에 빠졌던 때가 있었다.

유대 지방의 광야는 아주 황무하여 먹을 만한 것은 아무것도 없었다. 예수님은 그 광야에서 40일 동안 틀어박혀서 사색했기 때문에 배가 고팠다. 물은 있었지만 빵은 없었다. 거기에는 데굴데굴 구르는 돌만 있었다. 예수님은 그런 곳에 앉아서, "빵이냐? 하나님이냐? 하나님이냐? 빵이냐?"라고 마음속에서 말을 했다.

그때 당신과 똑같은 복장을 한 남자가 갑자기 나타나서 그분 옆으로 다가왔다.

"무척 창백한 얼굴입니다. 몹시 시장하시지요?"

"그렇소, 배가 고파 죽을 지경이오."

"그렇다면, 이 돌로 빵을 만들면 어떨까요? 당신이 만일 하나님의 아들이라면 그 정도는 할 수 있을 게 아니요?"

예수님은 곧 바로는 대답할 수 없었다. 눈을 감으면 그 남자의 모습은 보이지 않았지만, 눈을 뜨면 바로 앞에 앉아 있었다. 그리고 예수님의 귓속에서 끈질기게 속삭이는 것이었다.

"왜 사람은 굶주리는 것인가? 굶주리지 않으면 안 된다면, 하나님은 사랑이라고 말하는데 그것이 무엇이 되는가? 예루살렘에는 왜 그렇게 빈민이 많은가? 인간에게 가장 필요한 것은 빵이다. 빵만 있으면 하나님도 아무것도 필요가 없다. 주린 자에게는 단지 큰 빵 한 덩어리면 된다. 빵이다! 빵이다!"

이것은 악마의 속삭임이었다.

물론 살기 위해서는 빵이 필요하다. 그러나 그것이 삶의 전부는 아니다. 삶의 목적이 아니다. 생활상 하나의 예비 행동에 불과한 것이다. 결코 그 이상의 것을 의미하지 않는다. 예수님은 이것을 깨닫고 단호하게 대답하셨다.

"사람은 빵으로만 사는 것이 아니다."

악마는 마침내 패배하고 부끄러운 모습으로 물러갔다.

생명은 빵 이상이다. 빵에 대한 요구를 다 채우고 난 후 인간은 무엇을 구하는가? 그것은 정신적 자유다. 빵이 없어서 굶주릴 때 인간은 무엇으로 사는가? 그것은 하나님의 힘에 의해서다!

정신의 자유를 위해서 산다는 인간이 빵만 있으면 된다는 관념에 사로잡힌다는 것은 착각이다. 하나님의 능력으로 살아가는 자에게는 비록 한 조각의 빵이 없을 때조차도 정신의 자유가 있다. 그리고 이러한 경지에 있는 것은 살아가는 그 자체가 기쁨이요, 승리다.

사도 바울이 남긴 편지 안에 이상한 문장이 있다.

"만물은 다 주의 것입니다. 장래 일이나 어제 일이나 다 주의 것입니다." "우리들은 아무것도 가지지 못한 것처럼 보이지만, 모든 것을 가지고 있는 자입니다."

이것은 무소유의 소유다. 바울은 진정으로 무(無)의 생활을 하고 있었으므로 우주 만물이 모두 자기의 것이라는 것을 깨달아 알 수 있었던 것이다. 소유권의 참된 뜻이 여기에 있다.

오랫동안 오사카의 덴만 교회에서 목회를 했던 기무라 세이마츠(木村淸松)가 미국에 갔을 때의 일이다. 어느 날, 기무라가 나이아가라 폭포를 보러 가서 폭포를 넋을 읽고 보자 어느 미국인이 다가와서 "어때요, 멋지지요"라고 자랑했다. 아주 자랑스러운 것이지만 기무라는 조금 배가 아팠다. 그래서 이렇게 말했다.

"뭐, 이것은 우리 아버지 것인데요."

그 미국인은 기무라를 아메리카 인디언이라고 생각했을지도 모른다. 실제로 나이아가라라는 이름도 아메리카 인디언이 붙인 이름이다.

"당신의 아버지라고요, 도대체 누굽니까?" 미국인은 이상하다는 듯이 기무라의 얼굴을 빤히 쳐다보며 물었다.

"우리 아버지요? 그분은 하늘의 아버지입니다."

그 대답에 미국인마저도 놀라버렸다.

며칠 후 기무라는 나이아가라 폭포에서 가까운 버팔로라는 마을에서 강연을 부탁받았다. 그리고 강연의 선전 문구에는 "오늘 오후 8시부터 세이마츠 기무라의 강연이 있습니다. 그의 아버지는 나이아가라 폭포의 소유주입니다"라고 씌어 있었다.

두 사람 모두 유머가 풍부해서, 꽤 재미있는 응수라고 생각한다. 무소유의 소유라는 관념에 철저하면 이러한 유머를 발휘하는 것이 가능하다.

2. 무로부터의 출발

최근 자살자의 수가 급격하게 증가했다. 자살의 원인은 여러 가지가 있겠으나, 생활고에서 오는 자살이 아주 많은 모양이다. 즉 "빵이 없다"고 말하고 청산가리나 쥐약을 먹는다.

하지만 나는 이렇게 말하고 싶다. "빵은 없지만 생명의 하나님은 있다."

생명의 하나님이 있으므로 무로부터의 출발이 가능한 것이다.

주미 대사를 역임했던 영국의 존 프라이스(John Price)는 그의 명저인《미국의 민주주의》에서 미국의 역대 대통령을 비평하면서, 인간은 가난의 맛을 보지 않으면 안 된다고 했다. 그의 말대로 미국의 대통령 중에는 가난한 가정에서 태어난 사람이 여러 명 있다. 제3대 대통령인 제퍼슨(Thomas Jefferson, 1743~1826)은 성년이 될 때까지 ABC를 배우지 못했고, 제16대 대통령인 링컨은 가난한 농가에서 태어나서 정규 교육을 받지 못하고, 20세가 될 때까지 목수 일과 젖을 짜는 일을 했다. 제20대 대통령인 가필드도 가난한 농가에서 태어났다. 이러한 사람들과 비교하면, 처음부터 환한 길을 걸었던 제29대 하딩(Warren Harding, 1865~1923)이나 제30대 쿨리지(Calvin Coolidge, 1872~1933) 같은 이는 별로 훌륭하지 않다고 프라이스는 논했다.

가난은 상대적인 것이다. 바울이 가졌던 것과 같은 무의 정신이 철저하면 가난은 단번에 소멸한다. 반대로 탐심이 타오르면 언제나 자기가 가난하다는 의식에 사로잡혀 행복한 생활을 할 수 없다.

고베의 빈민굴에 상습 도박꾼 한 사람이 있었다. 어느 날 내가 그의 집 앞을 지나가는데 그가 신단에 불을 밝히고 절을 하고 있었다. 나는 이상하게 생각하고 창문을 들여다보았다.

"이 신주 그릇 안에 있는 신령님의 '힘'이 잔뜩 들어가기를 간청하고 있소." 그가 이렇게 말하면서 도박에 사용하는 신주 그릇을 가리켰다. 그 안에는 주사위가 들어 있었다.

4~5일이 지나서 나는 또 그의 집 앞을 지나갔다. 그 집을 들여다보자 그가 봉당에 신주 그릇도 신단도 내팽개치고 있었다.

"선생, 이런 것은 아무 소용이 없습니다. 때려 치워버려야 해요." 그는 이렇게 말하면서 그야말로 불평불만에 가득한 표정을 하고 있었다.

이 상습 도박꾼의 신은 생명의 신과는 전혀 다른 신이었다. 그것은 도박장에서 돈을 벌게 해달라고만 하는 신이다. 그러나 그러한 신은 진정한 신이 아니기 때문에 봉당에 내팽개쳐지는 것이다.

탐심은 기하급수적으로 증가해간다. 이탈리아 아시시라는 도시에 살았던 프란체스코(San Francesco d'Assisi, 1181~1126)라는 성자가 이러한 말을 했다.

"책장이 손에 들어오면 이번에는 책상이 갖고 싶고, 그다음에는 의자가 갖고 싶어진다. 의자와 책상과 책장이 갖추어지면, 서재에 대한 욕심이 생길 것이다. 그렇게 되면 집을 건축하지 않으면 안 된다. 집을 건축하기 위해서는 집터가 필요하다. 이렇게 해서 훌륭한 집이 생기면 마을을 갖고 싶을 것이다. 마을이 손에 들어오면 나라를 갖고 싶을 것이다. 나라가 손에 들어오면 왕이 되고 싶을 것이다. 그렇게 해서 하나님께 반항하기까지 하는 군주는 아주 넓은 영토를 욕심낼 것이다. 만일 소유욕에서 출발한다면 전 세계를 혼자서 소유해도 만족하지 않을 것이다."

이렇게까지 말하는 것은 좀 극단적인지도 모르겠다. 그러나 극단적이 된 것은 프란체스코 자신이 순수한 무의 생활을 하고 있었기 때문이다. 일본의 군인이 한때 북으로는 아츠 섬(미국 알래스카 주에 있는 얼루션 열도의 하나-편집자)으로부터 남으로 오스트레일리아까지 손을 뻗쳤던 것을 생각하면 나는 가슴이 오싹해진다.

탐심을 버리지 않는 한 무에서 출발하려고 해도 그 나아가는 방향이 비뚤어진다. 가장 옳은 방향은 하나님이 손을 이끌어 인도해주시는 방향이다.

무에서 출발해서 아직 조금이라도 무엇이 남아 있는 생활을 바라보면 대단히 흥미가 있다. 조금이라도 무엇이 남아 있는 생활은 아무것도 없는 생활에 비하면 이익인 것이다. 나의 두 눈이 다 멀었다고 해도 아직 귀가 남아 있다. 나의 귀가 멀었다고 해도 아직 코가 남아 있다. 조금이라도 남아 있는 동안은 아무것도 없는 생활에 비하면 훨씬 풍부하다. 이것을 생각하면 나는 바늘방석에 앉은 듯이 괴로운 때에도 나 자신이 축복받지 않았다고 생각할 수는 없다.

"이렇게 괴로운 세상에서라면 빨리 죽는 편이 낫다"고 생각한 적도 있었지만, 괴로움도 그것이 없는 때와 비교하면 희극적이다. 슬픈 눈물도 때로는 있는 편이 좋다. 무의 입장에서 희극적인 변화가 있는 세계를 즐길 수 있게 된다면 모든 것은 이익이 된다.

"가난한 자는 복이 있다"고 예수님이 말씀하신 것은 전적으로 진리다. 빵은 없을지라도, 거기에는 생명의 하나님이 계시다.

하나님의 인도함을 받아서 사랑과 아름다움과 선함의 세계에 들어갈 수 있다면 우리의 인생은 호화판이다.

죄에서의 해방

1. 죄를 지은 경험

나에게도 죄를 짓고 번민한 경험이 있다.

아직 메이지 학원 재학 시절의 일이다. 어느 날, 나는 영어로 된 《플라톤 전집》을 읽고 싶어서, 도서관에 찾으러 갔다. 당시에 메이지 학원의 도서관은 다양한 책을 상당히 갖추고 있어서 학교의 당사자들은 이것을 자랑으로 여길 정도였지만, 아무리 찾아도 《플라톤 전집》은 보이지 않았다. 나는 실망했다. 그러나 플라톤의 이상주의를 연구하고 싶다는 욕망은 점점 더 간절해만 갔다.

학교의 도서관에 없으면 서점으로 사러 가는 것이 순서이지만 가난한 나는 그것을 살 돈이 없었다.

'그래, 마이어스 선생님께 염치없는 말을 하자.' 나는 이렇게 결심을 하고, 곧 도쿠시마로 편지를 보냈다.

며칠 뒤에 소액환을 넣은 등기 우편이 도착했다. 나는 가슴을 설레면서 우체국으로 달려가서 현금을 찾아왔다.

그러나 갑자기 기분이 변해버렸다. 나는 그 돈으로 《플라톤 전집》을 사지 않고, 양복을 해 입었다.

평일 교실에서도, 일요일 교회에서도 새로 해 입은 양복은 말쑥한 주름 자국이 있었기 때문에 아주 눈에 띄었다. 나는 그것이 자랑스러웠다.

하지만 이런 어리석은 기분은 오래 가지 않았다. 금방 양심의 가책이 느껴져서 나는 기숙사 북쪽에 붙어 있는 나의 방 구석에 틀어박혀 고민했다.

"나는 마이어스 선생을 속였다. 나는 죄인이다. 나는 크리스천으로서의 자격을 완전히 잃어버렸다."

나는 소리쳐 울지는 않았지만, 양심의 가책이 심해짐에 따라 고통은 더 심해졌다.

어떻게 하면 이 괴로움을 올바르게 해결할 수 있을까?

가장 먼저 생각이 떠오른 것은 자살이라는 방법이었다. 그러나 자살한다고 해도 마이어스 선생을 만나서 나 자신이 범한 죄를 사과할 필요가 있다고 생각했다.

나는 책상, 책, 이부자리, 세면도구, 그 밖에 조금이라도 돈이 되는 것은 있는 대로 모두 팔아 돈을 만들어서 아무에게도 말하지 않고 몰래 밤차를 탔다.

다음 날 아침 날이 밝자 기숙사에서는 "가가와가 행방불명이다"라며 소동이 일어났다.

나는 기차 안에서 죽는 방법과 죽을 장소까지 생각해두었다.

효고의 아사바 시에서부터는 배를 갈아타고, 밤이 다 되어서야 고마츠 섬에 도착했다. 거기에서부터 도쿠시마까지는 4킬로미터였다.

의외의 방문에 마이어스 박사는 깜짝 놀랐다.

"선생님 용서해주십시오. 저는 선생님을 속였습니다."

나는 풀이 죽은 마음에 채찍으로 때리면서 용기를 내어 갑자기 찾아온 이유를 말씀드렸다. 그리고 책상 위에 엎드려 울었다. 나는 마이어스 박사에게 어떤 형벌이라도 달게 받을 각오가 되어 있다고 말씀을 드렸다.

"가가와 씨, 지금 당장 학교로 돌아가시오!" 마이어스 박사는 엄한 어조로 말했다.

"그렇게 울지 말아요. 벌써 당신의 죄는 다 용서를 받았어요" 마이어스 부인은 이렇게 말하면서 온화하게 나를 쓰다듬어주셨다. 나는 죄를 용서받았다. 나는 마이어스 박사 부부의 사랑이 얼마나 깊고 큰 것인지를 다시 한 번 알 수 있었다. 부부의 배후에는 하나님이 계셨다.

> 죄의 깊은 못에 빠져
> 떠내려가는 형제에게
> 구원의 줄을 던져라.
> 비 오는 날, 바람 부는 밤
> 한 생명이 멸망하는 것이
> 어이 하나님 뜻이랴
> 형제를 구원하라.
> 형제를 구원하라.

나는 이 찬송가를 부를 때마다 그 감사함이 육신에 스며드는 것과 같은 기분이 된다.

2. 죄란 무엇인가?

어느 날 조지 휫필드(George Whitefield, 1714~1770)라는 사람이 마차 위에 올라서서 거리의 사람들에게 설교를 했다. 그때 화려한 옷을 입은 어느 백작이 커다란 우산을 펴 들고 지나갔다. 휫필드는 그것을 보고 소리를 질렀다.

"보십시오. 지금 악마의 경매가 시작되었습니다. 어느 백작은 아름다운 옷에 낙찰될 것 같습니다"라고 소리쳤다. 의미심장한 말이다. 부인 중에는 장식용 깃 하나, 브로치 하나에 낙찰되는 사람이 있었다.

토머스 칼라일의 《프랑스 혁명》 가운데는 '목걸이'라는 제목을 가진 소설적인 에피소드가 있다. 루이 16세(Louis XVI, 1754~1793)의 왕비인 마리 앙투아네트(Marie Antoinette, 1755~1793)는 비싼 목걸이 하나를 가지고 싶은 욕심 때문에 오스트리아에 조국을 팔려고 했다. 그 일이 의회에 탄로가 나서 그녀의 목이 달아났다는 이야기다. 마리 앙투아네트는 목걸이 때문에 국가에 대해서 반역죄를 저질렀다는 것이다.

"기독교에서는 걸핏하면 죄를 문제 삼는다. 20세기 종교는 좀 더 너그러워도 좋지 않는가?"라고 말하는 사람도 있지만, 죄를 문제 삼지 않으면 인간은 정신적 의미에서만이 아니라 육체적으로도 결국 파멸해버리고 마는 것이다.

그러면 죄란 무엇인가? 하나님을 떠난 생활, 행동, 감정은 모두가 죄다. 살인이 죄인 이유는 생명의 존재와 가치를 부정하기 때문이다. 간음이 죄인 이유는 사랑의 영구성을 부정하기 때문이다. 도둑질이 죄인 이유는 허락을 받지 않고 남의 노력에 붙어먹기 때문이다. 탐내는 것이 죄인 이유는 물질적인 것을 생명 이상으로 존중하기 때문이다. 거짓말이 죄인 이유는 진리의 절대성을 얕보기 때문이다. 따라서 모든 죄는 인간의 생명이 무엇 때문에 있는가를 잊어버릴 때에 발생한다.

"모든 사람이 다 죄를 범했다"고 사도 바울은 말했다. 이 땅 위에 죄인이 아닌 사람은 한 사람도 없다고 하는 것이다. 도덕적으로 이 얼마나 엄격한 판단인가?

예수님은 '하나님과 같은 완전'을 표준으로 해서 인간을 보았다. 가령 100미터 가야 할 곳을 30미터밖에 가지 않고 멈추었다고 하면, 남은 70미터가 죄가 된다는 것이다. 한 나라의 대통령이 될 만한 사람이 촌장에 머물러 있다면 대통령에서 촌장을 뺀 나머지가 죄다.

3. 예수님은 죄를 용서해주셨다

형식주의 종교를 숭상하는 바리새인들이 어느 날 간통죄를 범한 연약한 여자를 예수님이 있는 곳에 끌고 왔다. 그리고 말했다.

"보시오, 예수라는 양반. 이 여자는 간통하다가 현장에서 잡힌 여자입니다. 돌로 칠까요? 어떻게 할까요?"

바리새인은 유대의 상류 계급에 속한 사람들이었다. 그 바리새인이 난폭한 어투로 이렇게 말한 것은 새로운 종교를 선전하고 있는 예수님을 시험하여 책잡으려고 했던 것이다. 만일 예수님이 "돌로 치라"고 대답하면 예수님은 바리새인들에게 굴복하는 것이 되고, 종교 혁명은 실패한다. 그렇다고 해서 또 "돌로 치지 마라"라고 대답하면, 예수님은 국법인 모세의 법을 위반하는 것이 되는 셈이다. 왜냐하면 유대의 법률에 간통죄는 사형에 해당하기 때문이다.

예수님은 땅 위에 글을 쓰시면서 묵묵히 앉아 계셨다. 이 침착한 태도가 더욱 바리새인의 감정을 자극했다.

"자, 빨리 대답을 하지 않을 거요?"

예수님은 비로소 얼굴을 들고 모두를 돌아보면서 말씀하셨다.

"여러분 중에 누구든지 죄가 없는 자가 먼저 돌로 치시오!"

"뭐, 죄가 없는 자라고?"

바리새인들은 술렁거리면서 보기 좋게 예봉이 꺾였다. 그들에게는 아직 자기를 반성할 정도의 양심은 있었던 듯하다.

"자네가 쳐봐." "난 싫네. 그럼 자네가 돌을 던지게"라고 서로에게 미루면서, 한 사람, 두 사람 자리를 떴고 드디어 아무도 남지 않았다.

남아 있던 여자는 초조하여 벌개진 얼굴에 산발한 머리칼을 늘어뜨리고 고개를 떨구고 가만히 있었다. 예수님은 조용하게 이 여자를 향하여 고개를 돌려 말했다.

"당신을 고발했던 사람들은 다 어디 갔습니까? 당신을 심판하던 사람은 이제 없습니까?" "네, 아무도 없습니다." 여자는 겁에 질린 얼굴을 들고서 말했다.

"그러면 나도 당신을 심판하지 않습니다. 안심하고 돌아가시오!"

이와 같이 예수님은 바리새인의 함정에 빠지지 않고 여자를 구해주었다. 어떠한 생활로 인해 남자와 관계했는가라고 질문할 상황이었지만 예수님은 그러한 질문은 하지 않았다. 예수님은 여자의 감정을 잘 알고 있었다. 예수님의 감정은 다각적이었다. 율법의 일획을 확대 해석하지도 않고, 건드리지도 않았다. 나는 그러한 예수님의 감정을 아주 좋아한다.

예수님은 다만 한 가지의 경우, 성령을 더럽히는 죄를 제외하고는 모든 죄를 용서해주셨다. 성령을 더럽힌다는 것은 선을 무시하고 악을 선의 자리에 놓는 것이다. 선이 존재하는 것을 알고 있으면서도 고의로 악의 방향을 향하여 가는 죄는 용서받지 못한다.

"선생님, 만일 형제가 내게 죄를 범한다면 몇 번까지 용서해야 합니까? 일곱 번까지입니까?"

어느 날 제자인 베드로가 예수님에게 이렇게 물었다. '형제'라고 하는 것은 육신의 형제를 가리키는 것이 아니라 그것보다도 한층 더 광범위한 의미를 가지고 있다.

"아니다, 나는 일곱 번까지라고 말한 기억이 없다. 일곱 번을 일흔 번이라도 하라"라고 예수님은 말했다. 그것은 최후까지 용서하라는 의미이다.

예수님은 악 자체에 대해서는 한 걸음도 양보하지 않았지만, 그것과 동시에 최후까지 죄를 용서해주었다. 형제자매가 죄를 범한 경우에는 몰래 가서 충고하고, 그래도 회개하지 않으면 증인이 될 자를 두세 명 데리고 가서 충고했다. 충고해도 회개하지 않는다면 격리하는 것이 예수님의 방침이었다. 죄인의 격리는 최후의 수단이었다.

예수님은 죄를 엄격하게 들추어내었지만 또한 죄를 용서하셨다. 죄의 용서야말로 우리들에게 있어서는 기쁜 소식이 되는 것이다.

4. 속죄의 사랑

예수님은 죄를 용서해주셨다. '기쁜 소식'은 속죄에 의해서 절정에 달한다. 나는 이것을 '속죄의 사랑'이라고 부르고 있다.

예수님이 한 번은 팔레스타인의 북부 지방으로 여행한 적이 있다. 그 무렵 예수님이 제자들에게 물으셨다.

"너희는 나를 누구라고 생각하느냐?"

이 질문에 대해서 "당신은 나사렛의 목수인 요셉의 장남입니다"고 대답했다면 낙제다. 따라서 그들은 잠시 얼굴을 서로 쳐다보았다. 드디어 수제자인 베드로가 "당신은 그리스도입니다"라고 대담하게 말했다. 예수님은 그 총명한 대답에 아주 만족하셨다.

신약성경의 원서는 그리스어로 쓰여 있다. '그리스도'라는 단어는 '크리스토스(Kristos)'였다. 그리스도는 '메시아'라고 하는 히브리어의 번역말로서, '구세주'라는 의미다. 영어로는 '크라이스트(Christ)'라고 불리고 있다. '크리스토' 또는 '그리스도'는 일본화되어 불리는 방법이다.

예수님을 그리스도로 보는가 부정하는가에 의해서, 같은 기독교에서도 그 내용에 큰 차이가 나타난다. 1887년에 일본에 온 '유니테리언' 교파에서는 예수님을 단순히 인간으로 보고 위인으로 본다. 그래서 이 교파는 속죄를 설교하지 않는다.

나는 사도 바울과 마찬가지로 예수님을 그리스도로 보고 있다. 보고 있을 뿐만 아니라 장엄한 종교적 진실로써 나 자신의 생활에서 그것을 체험하고 있다.

바울은 '예수 그리스도' 또는 '그리스도 예수'라고 불렀다. 이 경우에 '그리스도'는 인간 예수님에게 특별히 부가된 신성을 상징하는 공적인 이름이라고 볼 수 있다. 인간 예수님은 '사람의 아들'이지만, 그리스도로서의 예수님은 '하나님의 아들'이다. 물론 성경에는 '사람의 아들-인자'라는 단어도 '메시아'의 의미로 사용되고 있다.

예수님이 그리스도 즉 구세주로서 져야 할 궁극적인 운명은 십자가에 달려서 죽는 것이었다. 예수님이 조금이라도 이기적이라면 피할 수 있었지만, 예수님은 피하지 않았다. 대담하게 십자가를 향해 전진했다.

어느 날, 나는 B라는 청년에게서 한 가지 질문을 받았다.

"옛날 일본에 사쿠라 소고(佐倉宗吳)라는 의인이 호리다 마사모리(堀田正盛)라는 영주에게 고통을 당하는 백성들 대신 희생되어 책형(磔刑:기둥에 묶어 창으로 찔러 죽이던 형벌)에 처해졌잖아요. 그것과 예수의 십자가와는 어떤 차이가 있습니까?"

아직 기독교에 대한 기초적인 지식이 없는 사람으로서는 이것은 당연한 질문이다. 그래서 내가 대답했다.

"예수님의 십자가는 소작 쟁의와 같은 것을 위해서가 아니라 역사적으로 예정되어 있는 지고의 목적이었습니다. 사쿠라 소고는 목적으로서 십자가를 선택한 것이 아닙니다."

"그렇다면 예수님의 희생은 어쩔 수 없으니까 죽은 것이 아니라 적극성을 가지고 있었던 것이네요."

"그렇습니다."

"제가 이해할 수 없는 것은 '역사적으로 예정되어 있다'라는 말의 의미입니다. 그것은 무엇을 가리키는 것입니까?"

"이것은 조금 어려운 문제입니다. 하나님은 공의의 하나님인 동시에 사랑의 하나님이십니다. 공의의 하나님으로서는 인류의 죄를 용서해줄 수가 없습니다. 그러나 사랑의 하나님으로서는 용서해주고 싶고, 용서했다는 것을 역사적으로 표현하고 싶은 것입니다. 그래서 하나님의 독생자를 이 세상에 보낸 것입니다. 그분이 곧 예수님입니다. 우리들은 그 사실을 '인간 예수, 사람의 아들로서의 예수가 하나님을 품고 있다'는 식으로 해석해도 괜찮습니다. 예수님의 행동은 하나하나가 하나님의 사랑의 역사적 표현이었습니다. 따라서 그것이 마침내 절정을 이루어서 십자가의 죽음이 되었던 것입니다. 이 희생은 '무마의 제물'의 의미가 포함되어 있습니다. 유대교에서는 양의 피로써 의로우신 하나님을 무마했지만 양의 피는 형식적이 되어버려서 도움이 안 되는 시대가 된 것입니다. 인간의 피가 필요하게 되었던 것입니다. 예수님이 십자가에서 흘린 피는 이처럼 귀한 것입니다. 그 피를 보고서 하나님께서는 인간의 죄를 용서해주셨습니다."

"그렇다면 예수님은 모든 죄인을 대신하여 자신의 몸을 주신 셈이군요."

"그렇습니다. 기독교에서는 죄인의 몸을 대신한 예수님의 사건을 중보자라고 부릅니다. 다른 말로 하면 중개자입니다. 중개자가 없으면 하나님과 인간의 화해는 절대로 성립되지 않습니다. 하나님으로부터 떨어져서 어두운 가운데서 방황하는 인간이, 예수님의 중개로 말미암아 다시 한 번 하나님께로 돌아가서 하나님께서 원하셨던 옳은 생활에 들어가게 되는 것입니다. 게다가 중보자 예수님조차도 하나님이 하늘로부터 보내신 것이기 때문에 하나님의 사랑은 완전히 절대적인 것입니다."

"예수님이 십자가에서 죽은 것은 역사적으로 예정되어 있던 사실이라고 하면 예수님을 죽인 유대인은 죄가 있다고 할 수 없을 것 같은데, 실제로는 어떻습니까?"

"역사적으로 예정되어 있었다는 것은 사랑의 하나님 입장에서 말할 수 있는 일이고, 공의의 하나님의 입장으로부터 말하면 예수님을 죽인 유대인은 사형에 해당하는 죄를 범한 것이 됩니다. 따라서 예수님은 중보자로서 '아버지여, 저들을 불쌍히 여겨주옵소서. 저들은 저들이 하는 말을 알지 못합니다'라고 기도를 했습니다."

"사쿠라 소고는 책형이 되었을 때 '너희들과 너희 집안이 8대까지 저주를 받아라'고 말했다고 합니다."

"사쿠라 소고는 의인으로 죽었지만 중보자로서 죽은 것은 아니기 때문에 그러한 원한의 말을 하게 된 것입니다. 예수님의 속죄의 사랑과는 전혀 다른 것입니다."

예수님의 속죄로 말미암아 모든 인간에게 재생의 길이 열렸다는 것이 증명된 것이다. 재생의 형식에 대해서 바울은 아주 독창적인 생각을 했다.

"나는 그리스도와 함께 십자가에 달려 죽었습니다. 이제는 내가 사는 것이 아니라 그리스도가 내 안에서 사시는 것입니다"라고 쓰고 있는 것이 바로 그것이다. 크리스천을 박해했던 적이 있는 바울로서는 재생의 경험이 아주 깊이 박혀 있는 것이 당연하다.

> 약한 자여
> 나에게 모두 맡겨라
> 주님이 주신다.
> 주님에 의해 속죄를 받으면
> 나의 행복은 모두 주님께 있다.

속죄를 주장한 찬송가로는 이것이 일반에게 가장 애창되고 있다.

5. 죄에서 구원받은 사람들

"한 알의 밀이 땅에 떨어져 죽지 아니하면 한 알 그대로 있고 죽으면 많은 열매를 맺느니라."

죽으실 때가 가까워졌을 때, 예수님은 제자들에게 이렇게 말씀하셨다. 실제로 예수님은 한 알의 밀알이셨다. 인류의 죄를 본 사람은 죽지 않으면 안 된다는 자각에서 출발한 예수님의 비장한 십자가 죽음으로 말미암아 얼마나 많은 사람들이 속량을 받고 또 구원을 받았는가.

아시시의 프란체스코는 어려서 부터 집에서 큰 비단 도매상을 했기 때문에 매일 마음대로 먹고 놀면서 호화생활을 했다. 이대로 일생을 마쳤으면 방탕아가 되는 수밖에 없었을 것이지만, 그 무렵 이웃 나라와 전쟁이 시작되었다. 프란체스코도 출정하여 포로가 되었다. 그리고 영양실조로 폐결핵에 걸려 1년이 넘도록 병상에 있게 되었다. 그는 병상에서 지금까지의 생활이 무의미하고 죄로 가득 찬 생활이었다는 것을 깨닫고 예수님의 교훈을 실행할 결심을 하고 집으로 돌아왔다. 아버지는 가업을 계속하게 하려고 했지만 프란체스코는 그것을 거절하고, 청빈, 순결, 복종의 생활에 들어가서 아시시의 거리거리에서 설교를 했다. 나중에는 참새들도 그의 설교를 듣게끔 되었다. 그의 명상의 대상은 우주에서 가장 크고, 가장 깊은 사랑의 표상으로서의 십자가였다. 그는 아침에 잠자리에서 일어날 때도, 낮에 하나님께 예배를 드릴 때도 십자가만을 생각했다. 그 때문에 마침내 그의 가슴에 십자가의 흔적이 생겼다. 그를 따르는 사람들은 그것을 성흔(聖痕)이라고 부르고 있다.

나는 1925년 봄에 밀라노와 로마의 거리들을 걸으면서 프란체스코에 대한 것을 생각했다. 밀라노 성당은 전부 회색 대리석으로 되어 있었는데, 예배당에는 평생 종교화만 그렸던 조토(Giotto di Bondone, 1267?~1337)가 그린 것이라고 전해지는 프란체스코의 초상이 정면에 걸려 있었다. 로마의 성당에도 마찬가지로 십자가 건너편에는 프란체스코의 초상이 있었다. 턱이 뾰족하고, 눈이 큰 그의 얼굴을 나는 감동 깊게 바라보았다.

'지금도 이탈리아에 이 성자의 높은 정신이 흘러넘쳤다면 무솔리니(Benito Mussolini, 1883~1945)와 같은 폭력적인 정치가가 출현할 여지가 없었을 것인데'라고 나는 생각을 했다.

예수님 사후에 인류 역사에서 프란체스코처럼 깊은 하나님의 사랑을 체험한 사람은 없다고 해도 과언이 아닐 것이다. 프란체스코의 존재야말로 가톨릭 교회의 자랑이다.

프란체스코보다 9세기 전에 생존했던 아우구스티누스 (Aurelius Augustinus, 354~430)도, 젊었을 때 방탕한 생활을 했다. 일찍이 16세 때 동갑인 소녀와 동거했으며 32세 때는 내연의 처와 이별하고 다른 소녀와 약혼했다. 내연의 처는 그것을 비통하게 여기고 아프리카 사막에 들어가서 수도승이 되었다고 한다.

"밤이 깊고 낮이 가까웠으니 우리가 어둠의 일을 벗고 빛의 갑옷을 입자. 낮과 같이 단정히 행하고 방탕하거나 술 취하지 말며 음란하거나 호색하지 말며 다투거나 시기하지 말고, 오직 주 예수 그리스도로 옷 입고 정욕을 위하여 육신의 일을 도모하지 말라."

바울이 써서 남긴 편지 가운데 이런 구절이 있다. "그리스도로 옷 입으라"는 것은 "그리스도가 내 속에서 살고 있다"고 말할 수 있는 상태에 들어가야 하는 것을 가리키는 것이다. 아우구스티누스는 이 구절을 읽고 대단히 감동하여 바로 암브로시우스(Ambrosius, 340~397)라는 성인에게 세례를 받았다. 암브로시우스는 찬송가 작사자로도 알려져 있다.

찬란한 주의 영광은 영원히 빛날 광채요,

빛을 비춘 예수는 생명의 빛이 되신다.
올바른 일을 힘쓰며 마음의 탐욕 버리고
불같은 믿음 되살려 늘 주를 사랑하리라.
아 즐거워라 지난 날 아침 빛 같은 밝은 밤
순전한 믿음 품으니 이 마음에 어둠이 없어라.
온 천지 만물 성부께 온 성도 모두 성자님께
보혜사 성령 힘입어 영원히 찬양합니다.

아우구스티누스의 어머니 모니카는 그가 어렸을 때, 그리스도의 십자가가 어떤 의미를 가지고 있는지를 가르쳐주었다. 결국 그것이 그를 구원한 것이다.

아우구스티누스는 구약성경의 시편 51편을 모두 큰 글자로 써서 침대 위에 걸어두고 죽을 때까지 그것을 아침저녁으로 외워 반성했다.

"우슬초로 나를 정결하게 하소서. 내가 정하리이다. 나의 죄를 씻어 주소서. 내가 눈보다 희리이다"(시 51:7).

시편 51편에는 이러한 구절이 있다. 우슬초란 절벽 같은데서 생겨나는 풀의 한 종류인데, 유대에서는 종교 의식에 사용되는 식물이다.

아우구스티누스의 《참회록》은 모두 장중한 문장으로 되어 있는데, 기도문을 읽는 것과 같은 느낌이 든다. 이《참회록》과 루소(Jean-Jacques Rousseau, 1712~1778)의《참회록》그리고 톨스토이(Lev Nikolayevich Tolstoy, 1818~1910)의《참회록》세 개가, 세계의 3대 참회록이다. 세 개 중에서는 루소의《참회록》이 가장 비종교적이다.

러시아의 '야스나야 폴랴나'라는 마을의 대지주이며 백작이었던 톨스토이는《전쟁과 평화》,《안나 카레리나》,《부활》과 같은 세계적 명작의 작가이지만, 청년 시절에 여러 가지 죄를 많이 지었다. 전쟁에 나가서 살인도 했다고 한다. 그런데 50세가 되어 불현듯이 깨닫고, 어렸을 때 배운 하나님께로 돌아갔다. 그리하여 82세 때는 재산의 소유까지도 죄악으로 생각하고 집을 떠나, 행려병자와 같은 모습으로 죽었다. 그의《참회록》에서 우리는 배울 것이 많다.

> 하나님을 발견할 수 있다는 가느다란 희망을 가지고 않았다면 나는 벌써 오래 전에 죽었을 것이다. 나는 하나님을 생각하고, 하나님을 찾을 때만 진실하게 살아 있다. 그러나 나는 그 이상 무엇을 찾고 있는가? 그때, 하나의 음성이 내 속에서 소리치는 것을 깨달았다. "그것은 하나님이시다. 그것 없이는 존재하지 않는 하나님이다. 하나님을 아는 것과 살아가는 것은 하나다. 하나님은 생명이다."

이러한 경험이 톨스토이 생활의 기초가 되었다. 하지만 그는 그리스도의 십자가를 부정했다. 예수님의 죽음은 그에게 있어서는 순교에 지나지 않았다. "사랑은 하나님이시다"라고 말했지만, 그 사랑이 역사적으로 속죄의 사랑으로 표현된 것을 그는 믿지 않았다. 이것이 원인이 되어 그의 종교는 윤리에 기울어져 차가운 것이 되어버렸다. 그의 두 번째 종교 서적《나의 종교》는 윤리적 선언이라는 범위를 벗어나지 못했다.

이탈리아의 엔리코 페리(Enrico Ferri, 1856~1929)라는 범죄학자는 여성의 범죄에 대해서 상당히 자세하게 연구를 하고 있다. 그의 저서인《부인의 범죄》를 읽어보면, 창녀는 27세 정도가 될 때까지 죄를 자각하지 않으면 갱생은 어렵다고 쓰고 있다. 그러나 나는 그렇게 생각하지 않는다.

내가 알고 있는 어느 실업가의 부인은 교토의 기온(祇園)에서 기생 생활을 했었지만, 30세가 넘어서 회심하고 남편의 사업을 도왔다. 메이지 시대에 오카야마 사람들로부터 성녀라고 추앙을 받던 스미야 고우메(住谷小梅)도 그 지역의 이름난 기생이었지만 30세가 넘어 십자가의 그리스도에게 구속을 받아 성결과 기쁨의 생활에 들어갔다. 그리하여 다른 많은 기생들을 회개시켰다. 의지할 곳 없는 수천 명의 고아들의 아버지였던 이시이 주지도 만일 그녀의 지지가 없었다면 신앙생활로부터 떠났을지도 모른다.

나의 주위에는 십자가의 그리스도에게 구속을 받은 사람이 많이 있다. 도요시마에 있는 우리의 농장에서 지금 조용하게 땅을 갈고 있는 어느 노부인의 반생은 죄의 역사였다. 그녀는 12세 때 시골의 요릿집에 팔려서 대만에서 창녀가 되었다. 그리고 어느 대만인에게 팔려서 첩이 되었지만, 그 양친에게 몰래 독을 타 죽게 했다. 그녀는 대만인의 집을 도망 나와서 경찰과 결혼을 했다. 그러나 이번에는 남편의 방탕에 몹시 괴로움을 당했다. 그녀가 낳은 아이들은 만주로 가서 마적이 되었다.

그곳에 도쿄로부터 전도대가 왔다. 그중의 한 사람은 미국인이었다. 그녀는 열흘간 하루도 결석하지 않고 설교를 들으러 갔고, 처음으로 십자가의 그리스도를 알았다. 내가 그 후에 대만 전도 집회에 갔을 때 그녀는 벌써 한 사람의 크리스천이 되었고, 참회 봉사의 생활을 하고 있었다.

그녀가 나의 동지가 되어 준 것은 내가 1923년 9월 도쿄에서 대지진이 일어나 구호운동을 할 때이다.

그녀는 매일 밤 아사쿠사 공원에 가서 십자가를 붉게 염색한 제등의 빛을 비추면서 사람들에게 '기쁜 소식'을 알렸다.

그녀의 맑은 언어에 감동해서 도쿄의 유명한 유곽인 요시하라(吉原)로 가려고 생각했던 한 중년의 노동자는 "이것을 당신의 선생님에게 기부해주십시오." 이렇게 말하고 그녀의 앞에 5엔짜리 지폐 한 장을 내어놓았다. 어느 날은 기둥서방 차림의 남자가 그녀 앞에 뛰어와서 모든 것을 회개했다. 그는 주인의 돈을 횡령하여 도망다니다가 어딘가에서 자살을 하려고 생각하고 있었던 것이다.

이렇게 그녀는 많은 사람들을 죄에서부터 해방시켜 밝고 자유로운 생활로 인도했다. 그리스도의 속죄의 사랑은 그 정도로 큰 힘을 가지고 있는 것이다.

1936년의 일이다. 정밀기계 기술자로 일하고 있던 남자가 50전 은화를 위조하다가 잡혀서 3년의 징역형을 언도받았다. 그때 그는 아내에게 이혼장을 써서 건네주면서 "오늘부터 나에 대한 것은 잊어버리고 착실한 사람을 만나 새 가정을 꾸려주게"라고 슬픈 어조로 말했다. 그러나 죄수의 아내는 남편을 버릴 마음이 없어서, 어느 날 우리 집에 찾아왔다. 내가 출타중이었기 때문에 내 아내를 만났다.

"그리스도가 죄인을 대신하여 죽었다는 것이 정말입니까?" 죄수의 부인이 다짜고짜 이렇게 물었다.

"정말입니다."

"그것에는 증거가 있습니까?"

"있습니다. 이것이 증거입니다."

아내는 10전짜리 신약성경을 꺼내었다. 그리고 그것과 나의 저서인 《하나님으로 말미암는 새 삶》 한 권과 함께 이 두 책을 주어서 보냈다.

일주일이 지난 후에 《하나님으로 말미암는 새 삶》을 읽은 그녀의 남편으로부터 나에게 회개의 편지가 왔다.

"지금에서야 저는 정말로 눈을 떴습니다. 나는 새로운 사람이 되어 올바르고 마음이 깨끗한 사람이 되고 싶은 생각으로 가득합니다."

아주 바른 글씨로 쓴 편지였다. 그리고 만기가 되어 출소하자, 그는 가장 먼저 우리 집에 찾아와서 "지금도 그리스도는 살아계십니다"라고 눈물을 흘리며 말했다. 그리고 자기 아내와 함께 세례를 받고 새로운 생활의 첫발을 내디뎠다.

죽음의 극복

1. 죽음은 파멸을 의미하지 않는다

어느 날 대학생 한 명이 나를 찾아와서 "저는 죽고 싶습니다. 제가 죽어도 괜찮겠습니까?"라고 말했다.

"당신은 죽음에 대해서 어떻게 이해하고 있습니까?"라고 내가 물었다.

"아무것도 이해를 하고 있는 것은 없습니다. 단지 죽고 싶을 뿐입니다. 죽고 싶어서 견딜 수가 없습니다. 이 세상에 살고 있어도 즐거운 생활이 가능하다는 소망이 없고, 인생이 어리석게만 보여 어찌할 수가 없습니다. 다만 죽음의 세계, 아름답고, 맑고, 고요한 안식의 세계에 가는 것 외에 다른 길이 없습니다."

이렇게 되면 삶과 죽음에 대한 가치 판단이 완전히 거꾸로 되어버렸기 때문에 아무리 자살이 문제의 해결책으로서는 부자연스럽고 추악한 것이라고 설명할지라도 곧바로 머리에 들어가지 않는다.

그 학생은 아마 실연을 당한 모양이었지만, 그 이유가 어떤 것이라고 해도 인생의 본연의 자세에 대한 사색이 부족했던 것이 틀림없다.

인간은 언제까지라도 살고 싶은 본능을 가지고 있는 것이 보통이다. 정상적인 본능은 죽음이 아니라 삶을 구하는 것이다. 사형 선고를 받아본 사람이나 물에 빠져 거의 죽을 뻔한 경험이 있는 사람의 고백에 의하면, 이제 죽는구나 하는 순간에는 영화의 필름이 돌아가는 것처럼 과거 생활 경험이 전부 눈앞에 전개되어 말할 수 없이 고통스럽다고 한다. 중병에 정신적인 번민이 따르는 것도 대부분은 어두운 죽음의 그늘에 위협을 받고 있기 때문이다.

하지만 모든 인간은 최후에는 죽지 않으면 안 된다. 인간은 태어나는 것과 동시에 생의 대립물로서의 죽음을 약속받은 것이다.

"인생의 한 걸음 한 걸음은 나를 절벽으로 끌고 가서 내 앞에 있는 최후의 파멸을 나에게 보여준다."

종교적인 생활로 들어가기 전에 죄의 문제로 번민한 톨스토이는 이러한 죽음의 환상을 가지고 말할 수 없이 괴로워했다. 죽음은 땅 위에 있어서 일체의 파멸이다.

"비록 내가 작가로서 푸시킨(Aleksandr Sergeevich Pushkin, 1799~1837)이나 셰익스피어(William Shakespeare, 1564~1616)를 능가한다 할지라도 무슨 의미가 있는가?"라고 그는 자문했다.

이런 문제는 직접적인 대답을 요구한다. 그것이 안 되면 살아갈 수가 없는 것이지만 그럼에도 불구하고 그에게 있어서는 죽음의 그림자가 깊어질 뿐, 아무런 광명도 없었다.

이렇게 해서 톨스토이는 오랫동안 고민하다가 최후에 생명의 하나님을 발견한 것이다. 그러나 그 하나님이 그리스도의 십자가를 필요로 하지 않는 하나님이었다는 것은 그의 과오였다.

예수님은 십자가에 달려서 최후의 숨을 쉴 때 "아버지여, 나의 영혼을 당신에게 부탁합니다"라고 소리 높여 부르짖었다.

예수님에게 있어서 죽음은 파멸을 의미하지 않았다. 아버지의 품으로 돌아가는 것이었다. 거기에는 슬픔도 없고, 불안도 없었다. 죽음이란 하나의 변화에 불과했다. 그렇기 때문에 예수님은 대담한 발걸음으로 사선을 넘었다.

"나는 지금 전제와 같이 부어지고 나의 떠날 시각이 가까웠도다. 나는 선한 싸움을 싸우고 나의 달려갈 길을 마치고 믿음을 지켰다."

사도 바울은 노년에 들어갔을 때 이렇게 썼다.

"전제와 같이 부어지고"라는 것은 순교를 의미한다. 바울의 순교가 성경에는 나오지 않는다. 그러나 우리는 다른 문헌에서 그것이 사실이라는 것을 증명할 수 있다.

2. 천국으로의 개선문

1920년 가을의 일이다. 고베의 빈민가 가까이에 효고 현의 사무관이 살고 있었는데, 그 사람의 장녀가 불과 4일 동안 병을 앓다가 죽었다. 사무관의 부인은 딸의 죽음이 가까웠다는 것을 알았을 때 하염없이 울었다. 그런데 딸은 어렸을 때부터 주일학교에 다녔고, 하나님이 하늘과 땅을 창조하신 분이며, 자기의 아버지라는 것과 죽음은 슬퍼할 것만이 아니라 아버지의 품에 돌아가는 문이라는 것을 배웠다. 그리고 동시에 그것을 깊이 믿고 있었기 때문에 한 방울의 눈물도 흘리지 않고서 이렇게 말했다.

"엄마, 이 근처에 가가와 도요히코라는 목사님이 살고 있다고 들은 적이 있어요. 나는 그 목사님에게 부탁해서 세례를 받고 싶어요. 지금 곧 여기로 오시게 해서 세례를 받고 싶습니다. 나는 곧 엄마와 헤어져야 하지만 결코 죽는 것이 아닙니다. 부디 안심해주세요. 그리고 엄마도 그렇게 울지 말고 어서 세례를 받으세요."

이 말을 듣고서 엄마는 내가 있는 곳으로 뛰어왔다. 내가 급하게 달려가자 15세 소녀는 하얀 침대 위에서 편안하게 잠을 자고 있었다. 마치 천사와 같았다. 나는 그녀의 머리맡에 무릎을 꿇고서 하나님께 기도를 드렸다. 기도를 마치자 그녀는 눈을 뜨고서 "아멘"이라고 말했다.

나는 그 자리에서 임종을 앞둔 그녀에게 세례를 주었다.

> 죽음의 길의 어둠을 넘어서
> 저편 기슭의 밝게 보이는
> 고향
> 고향
> 그리운 고향
> 아주 가까운.

그 소녀는 나와 함께 작은 목소리로 찬송가를 부르면서 조용하게 천국으로 올라갔다.

그 후 얼마 지나지 않아 뒤에 그녀의 어머니도 나의 인도를 받아 죽음을 이긴 신앙생활에 들어갔다.

죽음은 크리스천에게 있어서 하나님께 이르는 통로다. 크리스천은 하나님으로 말미암아 산다. 사는 것이 하나님의 손에 의한 것이라면, 죽음도 하나님의 손에 의해서라고 말하지 않을 수 없다. 삶을 감사하면 죽음도 감사할 수밖에 없다. 죽음은 승리자에게는 있을 수 없다. 크리스천은 죽음의 통로를 더듬어서 하나님의 품으로 개선하는 것이다. 하나님은 죽음을 짓밟으시는 분이시다.

나는 소년 시절 도쿠시마에서 로건 선교사의 사모님으로부터 은혜를 많이 받았기 때문에, 사모님의 죽음을 알았을 때는 아주 마음이 아팠다. 병명은 급성 폐렴이었다. 그분이 죽기 하루 전에 의사는 포기했다. 사모님은 그것을 알고서 조용히 용모를 깨끗하게 하고 이별의 찬송가를 불렀다. 그러고는 남편을 향해서 "당신도, 당신이 가장 좋아하는 찬송가를 불러주세요"라고 부탁했다. 그리고 찬송이 끝나자 20년간 이 선교사 부부를 위해 일해온 일본인 부인을 불러서 "내가 소천한 뒤에는 우리 남편을 부탁합니다. 음식이 부자연스럽지 않도록 신경을 써주세요. 당신은 어째서 울고 있는 것입니까? 울면 안 됩니다. 다음에 천국에서 만나도록 합시다"라고 말했다. 그리고 다음 날 아침, 아주 편안하게 숨을 거두었다. 죽음의 승리가 아니라, 승리의 죽음이다. 그것을 보고서 가장 마음에 감동을 받은 것은 의사였다.

"나도 오늘부터 크리스천이 되겠습니다."

인간의 죽음을 사무적으로 취급하는 것밖에 몰랐기 때문에 한 번도 인생 본연의 자세에 대해서 생각한 적이 없던 그 의사는 차분한 어조로 이렇게 말했다. 그리고 다음 일요일에 세례를 받았다.

3. 승천*이라는 문자

나는 고베의 빈민굴에 살 무렵, 염색공장의 직공을 하고 있던 남자를 데리고 와서 신세를 지게 한 적이 있다. 그 남자는 방탕해서 내가 있는 곳 외에는 갈 곳이 없었던 것이지만 악성 질병으로 죽을 때 "저는 오늘 천국에 갑니다"라고 웃으면서 말하고 숨을 거두었다. 나는 그때부터 천국에 대한 여로가 확실히 마음의 눈에 보이게 되었다.

죽음은 감겨진 필름과 같은 것이다. 스크린은 아무것도 없는 백지 상태다. 필름은 존재하고 있다. 나의 아버지는 1892년 11월 19일에 돌아가셨지만, 우주의 어디에도 없다고는 생각하

---

* 가가와 목사는 승천(昇天)이라고 했지만, 한국 그리스도인들에게는 승천은 오직 예수님에게만 사용하고 소천(김天)이라는 표현을 사용하기 때문에, 예수님과 관련된 사항이 아니면 모두 소천으로 바꾸어서 번역했다.

지 않는다. 하나님이 제작하신 필름 가운데에서 끝나버렸다고 나는 믿고 있다. 스크린 상에서의 역할은 끝났지만 사라져버린 것은 아니다. 필요하면 또 필름이 돌아갈 것이다. 그것을 생각할 때, 내 마음에 아버지의 모습이 생생히 떠올랐다. 죽은 것이 아니다. 그 위에 또 하나의 세상으로 옮겨간 것이다.

나무 끝의 이슬과 꺼져버린 사랑과 같은 아기, 먼저 떠나버린 그리운 부모, 슬픈 이별을 고하고 이 세상을 떠난 사랑하는 사람, 영원히 이별하지 말자고 서로 맹세를 해두었는데도 돌연히 심장마비로 말을 못하게 되어버린 친구, 그들은 모두 죽은 것이 아니다. 나의 부모와 마찬가지로 그 위에 또 하나의 세상으로 옮겨간 것이다.

미국의 시인인 롱펠로(Henry Wadsworth Longfellow, 1807~1882)는 〈천사의 발소리〉라는 시를 썼다.

"해가 져서 난로의 흔들리는 불빛의 그림자가 응접실의 벽에서 춤출 때, 천국에 있는 사랑하는 아내가 조용하게 발소리를 내면서 출입구로 들어온다. 그리고 빈자리에 앉아서 부드러운 손을 나의 손 위에 놓고, 깊고 부드러운 눈으로 나를 지켜본다. 두 개의 눈은 공중에서 내려다보는 조용하고 성스러운 별과 같다"라고 하는 것이 그 시의 개요다.

아득하게 바라보는 천국의 저쪽에서, 육체적 관계를 떠나서 영원한 모습이 되어버린 그리운 자녀를, 아내를, 남편을, 부모님을, 형제자매를 우리들은 서로 만날 수 있다. 그들은 죽은 것이 아니다.

영혼불멸은 하나님의 영원성을 떠나서는 생각할 수 없다. 영원하신 하나님께 안겨 있기 때문에 우리가 사랑하는 사람들은 불멸이 되는 것이다. 하나님을 부정하면 사랑하는 사람의 영생은 생각할 수 없다. 하나님의 존재를 믿는 사람만이 영생이라고 하는 종교적 진실을 얻게 되는 것이다.

"아버지여, 나의 영혼을 당신에게 맡기나이다."

예수님이 십자가 위에서 이렇게 울부짖고 돌아가셨기 때문에 죽음에 대한 사고방식이 변해버렸다. 죽음은 승리의 표상이 되고, 무덤은 개선의 기념비가 되었다.

이집트의 피라미드는 왕의 무덤이다. 나는 1925년 6월에 낙타를 타고 그것을 둘러보았다. 무서운 마귀가 맞으러 나온다든가, 지옥에 간다면 거짓말을 토한다든가 하는 등의 슬픈 일이 돌에 쓰여 있었다.

그렇지만 예수님의 사후, 세계 각국의 묘지에 '소천'이라고 쓰이고, '아버지의 품으로 돌아가다'라고 쓰이게 된 것이다. '사거(死去)'라든지 '죽다(殁す)' 등과 같은 슬픈 문자는 폐기되었다.

4. 인격의 영원성

나의 친구 중에 평화주의자였던 다카하시 모토이치로(高橋元一郎)는 폐결핵으로 죽을 때, 사람들을 물리치고 침상에서 일어나서 병실의 벽에 묵으로 "소천, 다카하시 모토이치로"라고 스스로 썼다. 그리고 글 쓰는 것을 마침과 동시에 숨을 거두었다. 1933년 11월 23일의 일이다. 그리고 그날은 몇 년 전에 죽은 그의 약혼자의 기일이었다.

그는 자신의 사랑하는 약혼자가 천국에 있다는 것을 믿고 있었기 때문에 최후까지 다른 여자와 결혼을 하지 않았다. 이렇게 순결한 사람에게는 숨을 거두는 순간 또 하나의 세계가 보일 것이라고 나는 믿고 있다.

맑고, 강하고, 아름답게 인생을 사는 사람에게는 죽음이란 조금도 방해가 되지 않는다. 죽음은 교향악의 한 구절이다. 삶이 있기 때문에 죽음이 있는 것이다. 그러나 죽음은 생명의 대립물은 아니다. 생리적 생명은 흙으로 돌아가지만 우주적 생명은 파괴할 수 없다.

"자네가 죽으면 자네의 생명, 즉 하나님도 죽는 것이 아닌가? 다시 말하면 자네는 죽을 수밖에 없는 하나님을 믿는 것이 아닌가?" 이런 질문을 하는 사람이 있을지도 모른다.

그러나 이러한 논리는 성립될 수 없다. 크리스천이 믿고 있는 하나님은 예수님의 하나님이다. 예수님의 하나님은 죽지 않는다. 생리적 생명이 아니라 우주적 생명이기 때문이다.

나는 이제 벌써 61세이지만, '나'라는 개체는 머지않아 죽을 것이다. 죽는 것은 개체일 뿐이다. 내가 당분간 이 땅에서 산 후에 하나님이 나를 다른 세상으로 옮기시는 것일 뿐이다. 하나님에 의해서 유지되고, 살고, 움직이고, 존재했던 기간이 나의 일생이었다. 나는 필름의 한 토막을 연기하는 것에 지나지 않는다. 필름은 영원히 계속될 것이다.

과거의 생활이 기억 속에 재현되는 것과 같이, 육체의 죽음과 동시에 사라진 듯이 보이는 인격도 우주 어딘가에 보전된다고 생각해도 좋다. 나는 과감하게, 우주적 생명의 기억 가운데에 새겨졌다고 생각하고 싶다. 우주적 생명에 기억이 있다는 것은 인간 자신의 기억이 존재하는 것에 의해서 증명된다.

기억의 법칙과 육체의 법칙은 같지 않다. 기억은 시간 가운데 확대되고, 육체는 공간을 점령한다. 육체를 전지(電池)라고 한다면, 기억은 전류(電流)다. 전지가 못쓰게 되면 전류는 통하지 않는다. 그러나 그에 의해서 전기 그 자체가 소멸했다고는 아무도 생각하지 않는다. 따라서 육체의 소멸과 동시에 인격이 소멸한다고는 결코 생각할 수 없는 것이다.

우리의 생애에 있어서 미래는 하나의 무(無)다. 그러나 살아 있는 사람에게 있어서 그 무는 성장을 위해 남아 있는 영역이다. 이와 같이 인격은 죽음과 동시에 소멸하는 것이 아니고, 죽은 후에도 또한 일종의 성장을 계속 얻는다고 생각한다. 과거, 현재, 미래를 통해 우주적 생명이 존재하는 이상 인격은 생전과 사후를 통해 하나의 연속성을 가질 수 있다.

인간의 영혼은 하나님을 떠나서 존재할 수 없다. 하나님이 인격이신 까닭에, 인격의 성질을 가진 인간의 영혼은 죽음과 함께 소멸되지 않는다.

5. 죽은 자의 부활

4월 어느 날 두 남자가 예루살렘에서 엠마오라는 마을로 통하는 길을 이야기하면서 걷고 있었다.

"큰일이 났구먼, 이 나라를 구해줄 사람은 예수라고 생각했는데 저 모양으로 십자가에 달려서 돌아가시다니, 모든 것이 끝나버렸어"라고 글로바가 말했다.

그때 돌연 새로운 사람이 나타나서 "너희가 서로 주고 받고 하는 이야기가 무엇이냐?"라고 물었다.

"당신은 예루살렘에서 일어난 사건을 알지 못합니까?"

"어떤 사건 말이냐?"

"나사렛의 목수 예수가 십자가에서 죽임을 당한 일입니다. 죽은 지 벌써 사흘째입니다. 우리들은 모두 그 사람에게 희망을 걸고 있었습니다."

그러자 새로운 사람이 말했다.

"의인은 죽임을 당한다고 성경에 기록되어 있지 않느냐?"

"그리고 또 한 가지 이상한 사건이 있습니다. 오늘 아침 일찍 여자들이 예수님의 무덤에 가서 보니 시체가 없어졌다는 것입니다. 다시 살아난 것 같다고 하지만, 그런 일이 있을 수 있을까요?"

"너희의 마음이 둔하구나. 그리스도는 고난을 당한 후에 하늘로 올라간다고 성경에 기록되어 있지 않느냐?"

이렇게 세 사람이 이야기하면서 걷는 동안 봄날의 해가 저물었다. 아직 엠마오까지는 조금 거리가 남았다. 새로운 사람이 그 마을을 그냥 지나치려고 하자 글로바가 만류하면서 "날도 이미 저물었으니, 여기에서 우리와 함께 숙박하십시다. 함께 식사라도 하지 않겠습니까?"라고 말했다.

그래서 세 사람은 함께 여관으로 들어갔다. 식탁에 앉을 때, 성경 이야기를 한 새로운 사람은 빵을 찢으면서 "이것은 나의 몸이다. 먹는 것이 좋다."

이렇게 말하면서 찢어진 빵을 두 사람에게 주었다. 그 손바

닥에 못 자국이 있는 것을 알아보고 두 사람은 "악!"하고 소리를 질렀다. 그러나 그 순간 그 사람의 모습이 사라졌다.

예수님은 부활한 것이다.

나는 팔레스타인을 여행할 때, 유대인의 무덤을 자세히 조사해보았다. 팔레스타인은 석회층의 땅이 많으므로 땅을 파기가 쉽다. 단층이 된 곳에 사방 50센티미터 가량 되는 구멍이 파여 있다. 기어서 안으로 들어가면 꽤 넓은 방이 있다. 거기에 시체를 간직해둔다. 입구에는 둥근 돌을 문으로 했다.

예수님이 부활하신 날 아침, 예수님을 장사한 무덤의 입구에 있어야 하는 둥근 돌이 굴러 옆에 있었다. 예수님의 시체는 어디에도 보이지 않고, 무덤 안은 비어 있었다.

부활하신 예수님은 누구보다도 먼저 막달라 마리아에게 나타났다. 그때 마리아는 비어있는 무덤 밖에 서서 울고 있었다.

"여자여! 왜 우는 것인가? 누구를 찾고 있는가?"라고 예수님이 말씀하셨다.

마리아는 그분이 예수님이라는 사실을 전혀 알아차리지 못했다. 아마도 무덤지기라고 생각하고 "예수님의 시체를 다른 곳으로 운반한 분이 당신입니까? 만일 그렇다면, 어디에 두었는지 가르쳐주세요. 제가 인수하겠습니다"라고 말했다.

"마리아야!"

예수님은 이번에는 분명하게 이름을 불렀다.

"라보니."

마리아는 처음으로 예수님을 알아보고, 갑자기 예수님의 다리를 안으려고 했다.

'라보니'란 말은 창녀들이 흔히 쓰는 말이다. 보통은 '랍비(선생)'라고 불러야만 하지만 그녀는 너무도 기쁜 나머지 무의식적으로 옛 습관대로 부른 것이다.

"나에게 손을 대지 마라. 왜냐하면 나는 아직 아버지께 올라가지 못했기 때문이다. 지금부터 나의 형제들이 있는 곳으로 가서 나의 말을 전하라. '나는 나의 아버지, 다른 말로 하면 너희들의 아버지, 나의 하나님 다시 말하면 너희들의 하나님이 계신 곳으로 올라간다'고." 예수님은 조금 몸을 피하면서 말씀하셨다.

아주 아름답고 인상적인 광경이다.

예수님의 부활에 의해서 죽음은 완전히 극복되었다. 부활의 형식은 어떤 것이었을까? 그에 대해서는 여러 가지 설명이 있지만, 바울의 말과 같이 '영체'로 되살아나셨다고 해석하는 것이 가장 타당하다. 하나님이 보내신 예수님이 지상에서 그리스도(구주)로서의 역할을 다한 후에 부활하여 하나님의 자리에 되돌아가는 것은 당연하다. 이런 점에서 말하면 수천억의 사람 가운데 예수님만이 죽음을 이기고 부활한 것이 되지만, 죽음이 있는 세상에 예수님에 의해서 부활의 선례가 열렸다고 해석해도 결코 틀리지 않는다. 왜냐하면 예수님은 하나님의 아들인 동시에 사람의 아들이었기 때문이다.

여하튼 제자들은 부활의 예수님을 본 것이다. 절망의 구덩이에 빠져 있던 그들은 갑자기 기운을 얻고서, '기쁜 소식'을 세상에 전파하기 시작했다. 기독교는 이때부터 시작된다. 부활로 인해 세계의 역사가 새롭게 쓰였다.

만일 예수님의 부활을 믿는 것이 미신이라면, 2,000여 년 동안에 있었던 세계 역사의 가장 순수한 부분은 미신에 의해서 운전되어온 셈이다.

종교와 연애

1. 연애는 불결하지 않다

인류가 아직 양심적인 생활을 시작하기 이전 시대에는 연애라는 것이 없었다. 종족의 보존을 위한 성욕 행위가 있었을 뿐이다. 여자는 매매되었는데 이와 같은 비인간적인 습관이 지금도 미개국에는 남아 있다.

그런데 시대가 지나가면서 인간의 양심이 싹트며 성의 도태(淘汰: 물건을 물에 넣고 일어서 좋은 것만 골라내고 불필요한 것을 가려서 버림-역자 주)가 시작되었다. 연애는 이 무렵부터 발생했다.

연애는 상대를 찾는 것에 의해서 발생한다. 거기에는 반드시 선택이 있다. 그리고 선택은 도태다.

자기의 지성이나 감정에 합치되는 상대를 찾는 것이 연애라고 한다면, 연애는 역사학적으로는 비교적 최근의 일이다. 가장 신성한 연애는 예수님의 종교가 뿌리 내릴 때 처음으로 인간이 경험하게 되었다.

"'하나님은 처음부터 인간을 남과 여로 만들고, 인간은 부모를 떠나 만난 남녀가 한 몸이 되어야 한다'고 성경에도 기록되어 있다. 이미 두 사람이 아니고 한 몸이다. 따라서 하나님이 맺어주신 두 사람을 인간이 떼어놓을 수 없다."

예수님은 이렇게 말씀하셨다. 이 말씀은 예수님의 연애관과 결혼관이 가장 솔직하게 표현된 말로서, 2,000년간 열정적으로 애독되어왔다.

중세에는 예수님의 정신에 따라 낭만적인 연애가 성행했고, 여성은 하나님 다음의 위치에 놓여 있었다. 이러한 현상은 다른 어느 시대에서도 볼 수 없다.

연애를 나쁜 것, 더러운 것으로 생각해서는 안 된다. 남녀가 서로 인격을 존중하고 결합하려고 할 때 연애는 대단히 깨끗한 것이 된다.

연애에도 근본적으로는 성행위가 따르지만 이미 연애인 이상 그것은 단순한 성행위가 아니다. 성욕 이상의 것이다. 따라서 플라토닉 러브 즉 정신적인 연애, 성행위를 전혀 하지 않은 중세적 연애도 존재할 수 있었다.

성 프란체스코와 성 클라라와의 연애는 중세 시대 플라토닉 러브의 전형으로 사람들에게 잘 알려져 있다. 두 사람은 부부 이상의 친밀한 사이로 깨끗한 꿈과 같은 사랑에 흠뻑 빠졌다.

《신곡》의 저자 단테도 아내가 있었음에도 불구하고 자기 처에 대한 것은 한마디도 쓰지 않고, 젊은 날에 만났던 소녀인 베아트리체를 사랑의 대상으로 삼고, 그녀를 천사 이상의 지위를 차지하게 했다.

이와 같은 연애는 현대에도 가능하다. 따라서 연애라는 것이 더러운 것은 버리고 깨끗한 것을 취하여, 그것에 의해서 인간의 생활을 높여주는 기능을 다하게 할 수 있도록 하자는 것이다.

2. 진정한 연애

연애가 지니고 있는 자웅도태의 힘에 의해 변태, 발광, 저능, 백치, 음탕, 범죄성 등의 경향이 있는 인간은 제외하고 우수한 종자를 얻을 수 있는 공부를 해야 한다. 연애 유희에 빠져서 육체적 감각을 만족시키려는 것이 아니고 빼어난 자손, 정신이 고상한 인간을 얻기 위한 연애를 해야 한다.

연애의 힘은 개조의 힘이다. 진정한 연애는 병을 치유하고 고난을 극복하며 사선(死線)을 넘어 사물(死物)을 소생시킬 만한 힘이 있다. 그래서 남자에게는 동정을 여자에게는 처녀를 요구한다.

애인을 위해서는 속죄하고 죽음을 싫어하지 않을 정도의 감정을 가지게 된다. 이 같은 연애는 종교적이기도 하다.

그것은 보수를 받고 싶다는 공리적인 관념에서 온 것이 아니다. 단순한 동정에서 온 것도 아니다. 이것은 인간의 생활을 향상시키고 정신 문화를 한층 깊이 있게 하려는 소망을 숨겨놓은 신기한 연애다.

"사랑은 하나님께 속한 것이니 사랑하는 자마다 하나님께로 나서 하나님을 알고 사랑하지 아니하는 자는 하나님을 알지 못하나니 이는 하나님은 사랑이심이라"(요일 4:7~8)라고 예수님의 제자 요한은 말했다. 사랑하는 자는 언제든지 하나님과 접할 수 있다. 생명의 하나님의 품에 안기지 않고는 진정한 사랑을 발휘할 수 없다.

연애의 실천에 있어서 여성의 사명은 후손을 얻는 데 있다. 남성은 개인적이 되기 쉬우나 여성의 지위는 민족적 지위를 점한다. 여성이 희생을 요구당하는 이유가 거기에 있다.

여성은 자기 개성을 깨달으면 종교적이 되며 한층 성화되어 가는 경향이 있다. 여성이 선거권을 행사하는 것도 필요하지만 경제적으로 독립하는 것도 필요하다. 그렇다고 해서 여자가 남자가 되어서는 안 된다.

여자는 착한 딸, 착한 아내, 착한 어머니가 되지 않으면 안 된다. 그럼으로써 착한 딸, 착한 아내, 착한 어머니는 여성 의원, 여성 공무원보다 한층 크게 공헌할 수 있다. 자기 자신에 대해서 그리고 또 사회에 대해서.

여자가 자신에 대해, 사회에 대해 강해진다는 것은 남자가 된다는 것이 아니다. 연애하면서 남자의 잘못을 시정해주고, 남자의 저속한 이상을 높여주어 강하게 만들어주는 것이 여성 본래의 강한 힘이다. 이것은 또한 생명의 힘이며, 여성이 남성보다 훨씬 종교적이 될 수 있는 이유이기도 하다.

종교와 생명을 별개의 것으로 생각하는 사람이 있다고 해도 상관없다. 그러나 나는 그런 사람의 종교를 신뢰하지 않는다. 크리스천은 강한 생명의 하나님을 믿음의 대상으로 했던 예수님의 종교를 믿는 것이다. 그 예수님의 종교가 도태의 힘이 되어 연애의 향기 속에서 인간을 보다 높이 끌어올리는 것이다.

빵을 먹지 않아도 견딜 수 있다. 그러나 생명을 버릴 수는 없다. 연애는 항상 생명의 내용을 형성하고 생활을 윤택하게 한다.

우주적 생명이 도태의 힘이 되어 우리의 마음을 움직여줄 때 연애가 발생한다. 진정한 연애란 그러한 성질의 것이다.

나는 하나님을 떠난 진정한 연애를 생각할 수 없다. 진정한 연애는 영원히 하나님의 길을 걷는다.

3. 신천지의 창조

만일 내가 기생과 팔짱을 끼고 도쿄의 긴자 거리를 걸어간다면 사람들은 내가 타락했다고 조롱할 것이다. 그런데 예수님은 과거가 있는 여자를 선택하여 함께 이야기하고, 함께 걸었다. 그래서 형식주의에 치우친 사람들에게는 경멸의 대상이었다.

어느 날 예수님이 시몬이라는 바리새인 집에 초대되었을 때, 유대의 습관대로 옆으로 길게 앉아서 향연이 진행되던 중 머리가 흐트러진 한 여자가 들어와 값비싼 향유를 예수의 발에 뿌리고 자기의 머리카락으로 닦아주고 발에 키스를 했다. 그것은 주어진 환경에서 그녀에게 허락된 최고의 행위이며 사랑의 표현이었다. 그러나 이것을 본 시몬은 불평을 하면서 "이 사람이 만일 선지자라면 자기를 만지는 이 여자가 누구이며 어떠한 자 곧 죄인인 줄을 알았으리라"라고 중얼거렸다.

예수님이 이 말을 듣고 말씀하셨다.

"시몬아 내가 네게 이를 말이 있다."

"선생님 어서 말씀하십시오."

"빚 주는 사람에게 빚진 자가 둘이 있어 하나는 오백 데나리온을 졌고 하나는 오십 데나리온을 졌는데 갚을 것이 없으므로 둘 다 탕감해주었으니 둘 중에 누가 그를 더 사랑하겠느냐?"

"내 생각에는 많이 탕감함을 받은 자니이다."

"네 판단이 옳다" 하시고 그 여자를 돌아보시며 시몬에게 이르시되 "이 여자를 보았느냐 내가 네 집에 들어올 때 너는 내게 발 씻을 물도 주지 아니하였으되 이 여자는 눈물로 내 발을 적시고 그 머리털로 닦았으며 너는 내게 입 맞추지 아니하였으되 그는 내가 들어올 때로부터 내 발에 입 맞추기를 그치지 아니하였으며, 너는 내 머리에 감람유도 붓지 아니하였으되 그는 향유를 내 발에 부었느니라."

형식주의의 시몬은 아무 말도 하지 못했다.

나는 예수님의 이때의 기분을 아주 좋아한다. 예수님은 결코 여자의 애정을 헤아리지 못하는 사람이 아니었다. 거리 여자들의 애정도 받아들이는 남성으로서의 태도가 분명히 나타났다.

물론 거기에는 아무런 조건도 없었다. 예수님에게 바치는 사랑은 깨끗한 것이어야 한다. 예수님은 여자의 애정이 깨끗해지기를 소극적으로 기다리고만 있지는 않았다. 예수님은 항상 먼저 적극적으로 대했고, 어떤 여자에게든 정신적으로 정화된 맑은 사랑을 베풀었으므로 기뻐했다.

예수님이야 말로 진정한 연애의 최고의 경험자였다. 연애의 세계는 충분히 개성에 눈을 뜬 사람들이 창의적인 마음가짐으로 만들어가는 신천지가 되어야 한다. 불순한 인간이 침입할 장소가 아니다. 불결한 충동은 연애의 신천지를 만들 수 없다. 그것은 가장 장엄한 경지이므로 육체적 쾌락만을 추구하고 있다면 진행 방향이 잘못된 것이다. 신천지의 창조인 이상 때로는 고통도 감수해야 한다. 사랑은 인간에게 있어서 가장 성스러운 것이다.

사랑이 있는 곳에 하나님이 계신다. 사랑은 세계 최고의 종교이며 최후의 종교다.

종교와 결혼 생활

1. 아내의 복종은 예속이 아니다

부부의 인연으로 이룬 가정에

나의 주님도 함께 있으니

아버지이신 하나님의 가슴 뿌듯하다.

축하를 받으며

당신 앞에 나란히 서서

맺은 인연은 변치 않고

긴 세월 도와가며

진심으로 서로를 섬기리라.

교회의 결혼식에서 가끔 이 찬송가가 제창된다.

"아내 되는 자는 남편을 따르라. 이것이 남편에게 대하여 할 일이다. 남편 되는 자는 그 아내를 사랑하라. 쓰다고 뱉지 말라."

주례가 신랑 신부에게 변하지 않겠다는 서약을 시킬 때 힘주어 낭독하는 성구는 이런 것이다.

"쓰다고 뱉지 말라"는 것은 "괴롭히지 말라"는 의미다.

이 성구를 남긴 사람은 사도 바울이다. 이것은 바울이 어두운 감옥에서 소아시아의 골로새라는 마을에 있는 형제자매에게 보낸 서신에 있는 것이다.

"남편에게 복종하라"는 권고는 봉건적이라고 비난하는 자도 있겠으나 진정한 애정으로 맺어진 부부 사이에는 복종이 결코 맹목적인 예속을 의미하지 않는다. 이것은 인격을 보장하는 애정의 한 양식이다.

나는 바울을 봉건적 인물이라고 생각하지 않는다.

2. 이상으로서의 일부일처주의

예수님의 시대에는 우리가 상상할 수 없을 정도의 가족 제도가 존재했었다.

"어떤 가정에 일곱 형제가 있었는데 장자가 아내를 취했다가 자식이 없이 죽고 그 둘째와 셋째가 저를 취하고 일곱이 다 그와 같이 자식이 없이 죽고 그 후에 여자도 죽었나이다"라고 바리새인이 말한 것을 보아도 알 수 있는 것과 같이 당시에는 남자도 여자도 모두 가족을 위해서 결혼한다는 것을 알 수 있다. 형이 죽으면 그의 아내를 동생이 싫든 좋든 취해야 하는 의무가 있었다.

이 같은 극단적인 가족 제도가 엄연히 존재한 시대에 예수님이 출현하셨다.

예수님은 높은 이상 위에 서서, 그 시대에 아무도 생각하지 못한 새로운 결혼관을 설파하셨다. 현재의 사회보다도 한층 앞선 새로운 사회를 창조하기 위해서는 좋은 씨앗을 다음 시대에 전해줄 사명을 띤 진정한 연애와 결혼을 기초로 하지 않으면 안 된다는 생각을 한 것이다.

하나님은 처음부터 사람을 남과 여로 창조하셨다. "사람은 부모를 떠나 아내(또는 남편)를 만나 두 사람은 일체가 되어야만 한다"고 성경에도 기록되어 있다. "이제는 두 사람이 아니고 한 몸이다"라고 예수님이 말한 것은 분명히 이러한 새 출발을 의미한다.

예수님은 가족 중심의 결혼제도에 반대하고, 개인과 개인으로서의 결혼을 주장했고, 보다 더 인격적 결합이 아니면 안 된다고 주장하셨다. 인격적 결합을 기초로 하지 않는 결혼은 진정한 결혼이라고 할 수 없다.

결혼의 예비 행동이 연애이며, 연애를 영구히 계속하기 위해서 사회적으로 또한 법률적으로 인정을 받은 조직을 갖는 것이 결혼이다. 다시 말하면 결혼은 연애의 조직화다.

물론 연애라는 예비 행동을 생략한 결혼도 있을 수 있다. 이런 경우에는 결혼까지의 과정이 사무적으로 진행된다. 그러나 결혼이 단순한 육체적 결합이 되어도 좋다는 말은 아니다. 연애로부터 출발하지 않은 결혼은 연애로부터 출발한 결혼에 뒤지지 않을 정도의 인격적 결합이 되지 않으면 안 된다. 그리고 인격적 결합은 정신적인 애정을 기초로 해야만 한다.

인격이 존중되면 반드시 일부일처의 형태가 된다. 예수님은 일부일처주의를 주장했다.

"나는 너희에게 이르노니 누구든지 음행한 이유 없이 아내를 버리면 이는 그로 간음하게 함이요 또 누구든지 버림받은 여자에게 장가드는 자도 간음함이니라"라고 예수님은 말씀하셨다. 일부일처주의자가 아니면 그처럼 이혼에 반대할 수 없을 것이다.

진정한 결혼이 인격과 인격의 결합인 이상 이혼은 생각할 수도 없다. 생각할 수 없을 뿐만 아니라 있을 수도 없다.

그런데 예수님은 단 한 가지 경우에는 이혼을 허락하셨다. 아내가 간음을 했을 경우다. 여자 입장에서는 남편이 간음을 범한 경우다.

간음은 자아의 분열에서 온다. 무엇보다도 가족 제도에 희생이 된 남녀가, 새로운 대상을 구하여 다시 결혼을 하는 것은 간음이라 할 수 없을지도 모르겠다. 그러나 자기의 양심에서 출발하여 일단 하나님 앞에서 '맺어진 인연은 변하지 않겠다'고 맹세한 부부가 자아의 분열을 종교적으로 처리하지 못하고, 중도에서 제멋대로 헤어지고 새로운 대상을 구하는 것은 분명히 간음이다. 그리고 부부의 어느 한쪽 편에서 그 같은 간음을 범했을 경우에 한해, 예수님은 이혼을 인정하셨다. 단, 여기서 주의하지 않으면 안 되는 것은 예수님이 간음을 범한 여자를 용서하신 것이다. 거기에 예수님의 참된 정신이 있다.

4세기의 성자 아우구스티누스는 예수님의 이러한 정신을 받들어 "아내가 간음을 해도 그것을 용서하지 않으면 진정한 크리스천이 아니다"라고 말했다.

나의 어떤 친구는 아내가 다른 남자와 육체적 관계를 맺었을 때, 고민에 고민을 거듭한 끝에 결국에는 용서했다. 그리고 한 편의 긴 시를 썼다. 나는 그 종교적인 그 시를 읽고 울어버린 기억이 있다.

나는 일부일처주의가 어렵다고 생각하지 않는다. 어렵다고 생각하는 것은 남자 쪽인 경우가 많지만, 나의 경험으로는 결코 그렇지 않다.

남편이 걸어야 하는 길과 아내가 걸어야 하는 길은 본질적으로 하나다. 쌍방의 인격이 확립되고, 정신적인 애정이 깊다면 육체적으로도 하나다. 불순한 것이 스며들 여지가 거기에는 없다. 그렇기 때문에 일부일처가 가능한 것이다.

일부일처주의는 영구히 새로운 도덕이다. 극단적으로 육체적인 미를 추구한다든지, 정신적 애정을 배반하고 사욕에 빠진다든지 하는 자는 일부일처주의에 반대할 것이다. 그러나 부부 사이에 인격적 결합이 보장되는 한 남편이 여러 명의 아내를 가진다거나, 부인이 여러 명의 남편을 가지는 것은 심리적으로 불가능하다. 왜냐하면 인격의 확립은 자아의 통일을 의미하기 때문이다.

일부일처주의는 이론에서 나오는 것이 아니다. 그것은 남자와 여자의 인격 의식에서 나오는 것이다. 인격 의식이 소멸되면 일부일처주의는 붕괴된다.

이런 점에서 볼 때 결혼 생활은 애정의 순화에 의한 인격적 완성이 되지 않으면 안 된다.

3. 삼위일체의 세계

우리는 정숙한 아내에 대해 때로는 흥미를 잃는 경우가 있다. 희귀한 것에는 자극을 받기도 하고, 극적인 번민도 수반된다. 그러나 그것은 오랜 세월 함께 지낸 좋은 아내가 가까이에서 풍기는 향기의 백 분의 일에도 미치지 못한다. 아내의 눈동자는 조용하고 변하기 어렵다. 따라서 정신의 통일과 투명을 사랑하는 것을 바라지 않는 자는 아내의 매력을 알지 못한다.

육체적 쾌락만을 추구하는 자는 급류가 큰 바위를 삼키는 것 같은 격정을 맛볼 수 없으면 참지 못한다. 즉, 결혼을 몇 번이고 하고 싶어 한다. 그런 사람은 조용히 땅 속까지 스며드는 5월 단비의 은혜도 알지 못한다. 남자가 미를 추구하는 것이 자연스러운 것이라 하더라도 내구력이 있는 미는 정신의 미다. 그리고 아내라는 존재는 내구력이 있는 미를 간직한 사람이다.

옛날의 단테처럼 아내와 애인을 분리해서 생각하던 시대와는 달리, 진정한 사랑에 취하려는 자는 두 개의 자아를 가지고 있지 않다. 자아는 하나다. 하나는 아내에게, 다른 하나는 애인에게 바친다는 것은 있을 수 없다.

나는 자아를 분열시키고 싶지 않다. 정신의 순일(純一)과 투명을 사랑함에 있어서 불변이고 싶다.

맑은 부부의 결합은

위로함에 그치지 않는다.

세상의 무거운 짐 함께 지고

즐겁게 나가라 주(主)의 길에.

이렇게 노래하는 순간 나의 아내는 나를 위해 영원한 아내로서의 위치를 차지한 것이다.

예수님은 결혼하지 않았다. 창녀의 깨끗한 애정을 받아주기는 했으나, 33년이라는 길지도 짧지도 않은 생애에서 여자와 함께 지낸 일은 한 번도 없었다. 그렇다고 예수님은 결코 중세의 고행자들과 같은 금욕주의자는 아니었다. 인간은 결혼하지 않는 것보다 결혼하는 것이 자연스러운 일이지만, 예수님처럼 도덕적으로 정화된 사람에 있어서는 결혼하지 않는 것도 매우 자연스러웠다.

"만일 예수님이 결혼한다면 어떤 여성을 선택했을까?"

이 같은 숙제를 설정해놓고, 예수님을 둘러싼 여성 중에 그럴 듯한 자를 물색한 사람들은 옛날부터 많이 있었다.

결혼 생활은 인격적 완성의 과정임과 동시에 새로 태어날 아이의 문제도 포함되어 있다. 보통, 아이의 문제를 무시할 때 인격적 완성의 의미는 반감된다. 그뿐만 아니라 아이를 출산하지 않는다는 조건으로 결혼한다면, 그것은 일종의 간음 행위다. 왜냐하면 이런 결혼은 육체적 욕망의 만족을 최대의 목적으로 하고 있기 때문이다.

나는 결혼하고 나서 10년 만에 처음으로 장남을 얻었다. 결혼 생활 첫날부터 부부애가 신성한 것이라는 것을 잘 알고 있었지만, 아기가 출생한 후부터 더욱 깊게 그 사실을 알게 되어 결혼 생활은 아이의 인격도 합쳐져서 설계하지 않으면 안 된다고 생각하게 되었다. 자녀에 대한 사랑이 강하면 강할수록 자녀의 어머니를 더욱 사랑하게 된다. 그것은 의무와도 같은 견고한 것일 뿐만 아니라 자랑스러운 감정이다.

> 아빠는 너의 둘도 없는 친구.
> 너의 잠자는 모습을 바라보며
> 너를 성자라고 불렀다.
> 너는
> 독일의 뒤러가 그린
> 마르틴 루터와 닮은 얼굴을 하고 있고
> 아빠의 경배를 기다리고 있다.

나는 이 시를 쓰고 나의 자식을 찬미한 적도 있다.

연애를 통해서 본 결혼 생활은 삼위일체의 세계다. 결코 이위일체가 아니다. 1+1=3이라는 방정식이 성립되는 세계다. 무엇이라 해도 신비스러운 기구다.

진정한 사랑에 의해 맺어졌을 때 그곳에는 반드시 새로운 세계의 창조가 있다.

종교와 성욕

1. 성욕은 대상을 요구한다

"체내의 욕충(慾虫), 사람이 하나가 될 때 남충(男虫)은 백정(白精)으로 눈물처럼 나오고, 여충(女虫)은 적정(赤精)으로 토하듯이 나온다. 골수에서 고름이 흐르듯이 이 두 개의 충(虫)은 눈물처럼 나와버린다."

어떤 신문 소설에 이 같은 동양의 언어가 인용되었다. 동양에서는 성욕에서 해방되기 위해 고의로 추하다고 과장해서 생각하는 것이 수행의 한 가지 방법이 되었던 시대도 있었다.

예수님은 성욕에 대해 대단히 엄한 말씀을 하셨다.

"모든 색정을 품고서 여자(또는 남자)를 보는 자는 이미 마음속에서 간음한 것이다"라는 말씀이 그것이다.

성욕 그 자체가 나쁜 것은 아니다. 그러나 성욕은 반드시 대상을 요구한다. 이성의 밧줄이 분리되면 그것은 맹목적이 되기 쉽다. 이와 같은 경향에 있는 성욕에 다른 두 가지 조건, 즉 연애와 결혼이 더해졌을 때, 처음으로 양성 관계는 완전해진다. 거기까지 이르지 않으면서 성욕만으로 대상을 보는 경우가 없지는 않다. 사실상 간음이라는 행위는 없어도, 심리적으로 말한다면 그것은 간음과 같은 죄를 범한 것이라고 예수님은 단언하셨다.

"만일 네 오른 눈이 너로 실족하게 하거든 빼어 내버리라. 네 백체 중 하나가 없어지고 온몸이 지옥에 던져지지 않는 것이 유익하며, 또한 만일 네 오른손이 너로 실족하게 하거든 찍어 내버리라. 네 백체 중 하나가 없어지고 온몸이 지옥에 던져지지 않는 것이 유익하니라."

예수님은 이렇게 말씀하셨다.

예수님의 엄격함은 여기서 정점을 이루었다. 마음에 색정을 품고 살짝 오른쪽 눈으로 여자를(혹은 남자를) 보았다면 그 오른쪽 눈을 뽑아버리라고 했다.

하지만 예수님은 '만약'이라 말씀하셨다. '만약'은 가정이다. 따라서 예수님의 이 같은 말을 절대적인 것으로 해석할 필요는 없지만 자진하여 고자가 되는 것은 상관이 없다.

"어머니의 태로부터 된 고자도 있고 사람이 만든 고자도 있고 천국을 위하여 스스로 된 고자도 있도다"라고 예수님은 말씀하셨다.

'고자'란 거세하고 독신 생활을 하는 사람을 말하는데, 스님들이 그러하지만 그렇지 않은 경우도 있다.

예수님은 고자의 종류 세 가지를 들고 최후에는 "이 말을 받을 만한 자는 받을지어다"라고 결론을 지었다. 고자가 되어도 좋고 되지 않아도 좋다는 것이다. 예수님의 말은 각자가 판단하라는 뜻이다. 나는 예수님이 상식이 발달한 분이었다고 생각한다.

2. 성욕의 정화

기독교 역사에는 금욕 생활의 실행자가 많이 등장한다. 3세기의 대표적 신학자 오리게네스(Origenes, 185?~254?)는 예수님의 말씀을 절대적인 것으로 해석해 자발적으로 거세했다. 중세에는 독신이 아니면 성인이 될 수 없다고 생각하는 경향이 있었다. 영국의 사상가이며 불후의 명저《유토피아》의 저자인 토마스 모어(Thomas More, 1478~1535)는 성욕이 일어나면 곤란하니 그것을 억제하기 위해 말꼬리 털로 만든 그물 옷을 입었다고 한다. 톨스토이가 아주 존경했던 절대적 평화주의를 부르짖은 도호보루교* 신자들도 자발적으로 거세했다. 가톨릭의 신부는 일생 동안 결혼하지 않는다.

나는 거세한다든지 결혼을 거부한다든지 하는 것을 비난하지 않는다. 이 같은 방법을 모든 사람에게 강요하는 것은 태초부터 인간을 남녀로 창조하신 하나님의 의지에 반대하는 것이지만, 자신의 종교적 신념 때문에 그렇게 하는 것이라면 상관없다.

단지 가장 올바른 모습은 성욕 이상의 것을 가지고서 성욕을 제어하는 것이다.

거세한 것만으로는 마음의 죄가 사라지지 않는다. 눈을 뽑고, 손가락을 잘라도 그것만으로는 마음의 죄가 소멸되지 않는다.

나는 고베의 빈민굴에서 결혼할 때까지 4년간 오로지 병자와 가난한 사람의 벗으로 일하는 것에 의해서 완전히 성욕을 이길 수 있었다. 중국의 현인인 유하혜(柳下惠, BC 720~BC 621)는 같은 모기장 안에서 아름다운 여성과 함께 자는데도 조금도 정욕이 생기지 않았다고 한다.

---

* 영의 투사라는 뜻으로서 18세기 러시아에 기원을 둔 신비주의 기독교의 한 종파로서 평등주의, 평화주의, 공동체주의를 신봉했다.

성욕을 제어하는 방법으로서는 종교적인 기도가 가장 효과적이다. 우리들은 기도에 의해서 완전히 성욕을 억누를 수가 있다. 기도하는 사이에는 성욕에 지지 않는다. 기도하는데 지는 경우는 절대로 없다.

이 점에서 성욕을 제어하는 방법은 하나밖에 없다. 그것은 종교. 성욕의 제어는 종교의 본질이 아니지만, 기도하는 것에 의해서 종교적인 마음이 스며들고, 하나님께 접촉하게 되면 완전히 성욕을 극복하는 것이 가능하다.

"사람은 종교에 의해서 성욕의 절제를 유지하는 것이 가능하다. 그것이 참된 성욕 생활이다."

피렐이라는 사람이 이렇게 말했다. 그리고 그 말에는 성욕의 정화가 가능하다는 것도 암시되어 있다.

> 지금 하나님 존전에 서서
> 맺은 약속은 변치 않을 것을.

이렇게 읊을 때, 다시 말하면 정식으로 결혼하고 사랑의 생활을 할 때 성욕은 완전히 정화되는 것이다.

옛날 사람들은 육욕의 세계에서 탈피하는 것을 종교의 본분이라고 생각한 것 같다. 들판에 말뚝을 세워 놓고 그 위에서 평생 앉아서 생활한 사람도 있었다. 그러나 정화된 육욕은 지상의 환희다. 가장 도덕적이며 규율 있게 평생을 보낸 사람은 육욕을 죄악이라 생각하지 않는다. 그것은 생명의 샘이며 새로운 세계로 등산하는 입구다.

결혼한 다음은 곧 죽음이 온다. 성스러운 사랑을 하는 자에게는 결혼과 죽음은 연속된 즐거운 악보다. 포옹은 생명의 멜로디이며 사별은 휴식의 악보다. 어느 것이나 하나님께서 주신 것이라고 나는 생각한다.

아이들의 종교

1. 천상의 아버지와 지상의 아버지

아름다운 아침도

조용한 밤도

먹을 것 입을 것

주시는 하나님

버릇없어도

사람들을 사랑하시고

날마다 하는 일을

위로하여 주신다.

내가 설립한 유치원에서는 대여섯 살 된 아이들이 매일 이 찬송가를 부른다. 나는 이 소리를 들을 때마다 눈물이 솟아 나온다. 나의 장남은 세 살밖에 안 되었을 때 "물건들은 변하고 세상은 달라도 움직이지 않는 것은 나의 나라"라는 노래를 부르기 시작했다. 어린이에게는 맞지 않는 찬송가지만 나의 애창곡이라 생각하고서 암기시켰다. 그리고 아침에 가정 예배를 드릴 때 "아빠의 찬송가 부르자"라고 떼를 썼다.

그 아이는 1922년 크리스마스 다음 날 출생했다. 내가 일본에 온 아인슈타인(Albert Einstein, 1879~1955) 박사와 평화운동에 대해 이야기를 주고받은 바로 뒤였다. 그 당시 나는 고베의 빈민굴에서 살고 있었다.

'내가 아버지가 되었다'라는 느낌은 얼마나 나의 마음을 신비스럽게 했는지 모른다. 나는 처음으로 우주의 신비를 잡은 듯한 감동까지 느꼈다.

그 아이는 천지창조 이전의 일을 알고 있는 듯한 얼굴을 하고 있었다. 천사가 날개를 잘린 것 같은 모습이기도 했다.

'조금 전까지 하늘을 날고 있었지? 어딘가 등 뒤에 날개가 붙어 있던 자국이라도 있지 않을까?'

나는 이런 생각으로 자세히 보았지만, 그런 증거는 어디에도 없었다. 그러나 나의 환상은 사라지지 않았다. '나의 아들'이라고 부를 수 있는 이러한 모습의 실재가 두 개의 날개를 흔들며 천사 무리 속을 날아다니고 있다. 그것이 지금 지구의 한 곳에 도착했다.

'표류 중에 실신(失神)하여 완전히 망각하고 있던 하나님의 약속을, 아기는 지금부터 조금씩 지상에 재현하여갈 것'이라고 나는 생각했다.

나는 동화를 읽고 있는 것이 아니다. 엄숙한 종교적 진실에 대해 말하고 있는 것이다.

나의 장남은 아직 두 돌이 되지 않았을 때, '나'라고 하는 지상의 아버지 외에 하늘에도 아버지가 계시다는 자각을 했다. 그리고 그것은 탄생되기 전부터 맡겨주셨던 하나님과의 약속을 지상에서 재현한 첫 걸음이었다. 하늘에도 아버지가 계신 이상 밤에 잠자리에 들 때 인사가 하고 싶어진다.

"하늘의 아버지, 안녕히 주무세요! 아멘."

정말로 소박한 인사다. 그것은 지혜의 발달과 함께 점점 진화되어간다.

"하늘의 아버지, 오늘 밤도 잘 자게 해주세요. 아멘", "하늘의 아버지, 아빠의 눈이 나빠지는 것을 고쳐주세요. 아멘", "하늘의 아버지, 어머니가 쌀 살 돈이 없다고 슬픈 얼굴을 하고 있어요. 돈을 조금 주세요. 아멘."

구하면 주신다고 하신 하나님의 약속을 아들은 알고 있었다. 그러므로 아침마다 식탁에 앉으면 보리밥과 된장국뿐이지만 불평 없이 "하늘의 아버지, 밥을 주셔서 감사합니다. 아멘"이라고 예를 갖추고 젓가락을 잡았다.

나는 어린 것이 베개에 기대어 두 손 모아 기도하는 모습을 보면, 정말로 엄숙하고 신비스러운 기분이 들었다. 하나님의 존재나 그 본질에 대한 이론적 설명을 아들에게 한 적은 없다. 어린아이는 선천적으로 직관의 힘으로 생생하게 하나님을 인식하고 있었던 것 같다. 그러니 세 살밖에 되지 않은 어린 것이 "깨어나 생각하고 자면서 꿈에 그리며 잊지 않는 것이 내 나라"라고 읊어도 조금도 부자연스럽지 않았다.

2. 예수님과 어린이

옛날에는 아이들을 학대했다. 매독 치료법에 대한 연구로 노벨상을 받은 제정 러시아의 메치니코프(Elie Metchnikoff, 1845~1916)는 고대의 어린이 학대에 대해 연구한 것을 발표한 적이 있다. 남태평양의 솔로몬 군도에서는 산아 제한을 하지 않았을 경우, 아이를 죽이는 관습이 최근까지 있었다. 일본에서도 어린이들은 학대받고 있었다. 아동복지법이 제정된 것은 반가운 일이지만, 이 법률의 존재 그 자체가 어린이 학대라는 슬픈 사실의 존재를 속으로 인정하는 것이다.

기독교가 출현할 때까지는 어린이의 지위가 인정되지 않았다. 사람들이 어린이의 마음을 기준으로 해서 자기의 생활을 반성하고 장래의 이상을 그린다는 것은, 설령 이런 생각을 가진 사람이 있다 하더라도 '바보'라는 말을 들으며 웃음거리가 되었다. 그런데 예수님의 출현과 함께 사태가 일변했다. 어린이가 어른보다 더 위대하게 된 것이다. 이 정도로 커다란 혁명은 없었다.

성경을 읽어보면 예수님은 항상 어린이들과 접촉하고 있었다. 그리고 이것이 기독교의 본질을 형성하는 계기가 되었던 것이다.

생각하면 옛날 예수님이
어린이를 모아
자기 곁에서 놀라고 했던
그때가 그립다.

이 찬송가는 항상 어린이와 접촉한 예수님의 모습이 하나님의 모습 같아서 그리워진다.

에치코 지방의 료칸(良寬)이라는 스님이 남긴 〈안개 낀 봄날 어린이들과 만나 공놀이를 하며 하루를 보내다〉라는 시는 솔직하고 아름답지만, 료칸의 눈에는 상대가 어린이 같지 않고 자기 자신이 어린이 같다고 했다.

예수님은 언제나 어린이들에게 눈을 돌리고 "어린이 한 사람이라도 깔보지 말라"고 하면서 "빵을 달라는 아이에게 돌을 주고, 생선을 달라는 아이에게 뱀을 줄 사람은 없다"고 말했으며, "소자 한 사람이라도 좌절시키는 자는 맷돌을 목에 걸고 깊은 바다에 던져지는 것이 낫다"라고 말했다. 이처럼 어린이를 귀하게 여기는 말씀은 성경 이외의 어떤 문헌에서도 찾아볼 수 없다.

하지만 이와 같은 종류의 말이라면 아직 아동 보호의 범위를 넘지 않는다. 따라서 기독교의 본질과 어디서 연관되어 있는가를 판단하기가 어렵다.

"삼가 이 작은 자 중의 하나도 업신여기지 말라 너희에게 말하노니 그들의 천사들이 하늘에서 하늘에 계신 내 아버지의 얼굴을 항상 뵈옵느니라"라고 예수님은 말씀하셨다. 이 말은 대단히 흥미가 있다. 어린이에 대한 하나님의 관심이 얼마나 깊고 얼마나 따뜻한지를 보여준다.

"어린 아기와 젖먹이들의 입에서 나오는 찬미를 온전케 하셨나이다."

예수님은 이렇게 말씀하셨다. '찬송'이란 찬송가를 의미한다고 생각해도 무방하다. 어린 아기와 젖먹이들에게 그것을 강제로 가르쳐준 것은 아니다. 그들은 선천적으로 부여받아서 서툴지만 노래한다.

하나님의 말씀은 현명한 자나 재치 있는 자에게는 숨겨져 있으며, 오히려 젖먹이의 마음에 나타난다고 예수님은 말씀하셨다. 그야말로 통렬한 언어다. 물론 예수님이 지성 그 자체를 부정하는 것은 아니다.

어느 날 제자들이 예수님에게 물었다.

"천국에서 제일 큰 자가 누구입니까?"

그러자 예수님은 어린이를 불러 그들 가운데 놓았다. 그리고 힘 있는 어조로 말씀하셨다.

"만일 너희들이 회개하고 어린아이처럼 되지 않으면 천국에 갈 수 없다. 누구든지 이 어린아이처럼 자기를 낮추는 자가 천국에서는 가장 큰 자다."

"자기를 낮춘다"는 것은 겸손하고 솔직하다는 뜻이다. 어린이는 선천적으로 그 같은 마음을 받았으므로 아는 것을 자랑하지 않고, 다른 사람을 지배하지 않는다. 그러므로 가장 하나님과 가까이에 있다.

"누구든지 내 이름으로 이런 어린아이 하나를 영접하면 곧 나를 영접함이요 누구든지 나를 영접하면 나를 영접함이 아니요 나를 보내신 이를 영접함이니라." 다른 기회에 예수님은 이렇게 말씀하셨다.

이렇게 어린이의 지위는 한없이 격상되었다. 어린이는 하나님께 가장 가까이 있을 뿐 아니라 하나님 그분의 모습인 것이다.

어린이에게는 속죄가 필요없다. 그들은 출생과 동시에 하나님 품에 안겨 있다. 누가 이러한 신기한 사실을 계시했는가? 그것은 바로 예수님이라고 성경이 가르친다. 나의 장남이 "흔들리지 않는 것은 내 나라"라고 부르고 유치원이나 주일학교 어린아이들이 하나님을 찬양하는 노래를 불렀다는 것이 이상한 것이 아니다.

아는 것을 자랑하고, 철학을 자랑하는 자는 하나님을 알지 못한다. 어떤 사람은 생물의 세포밖에 알지 못하고, 어떤 사람은 공장의 기계밖에 알지 못한다. 그러나 어린이는 하나님을 알고 있다. 어린이의 생명을 두 손으로 받치고 있는 하나님, 어린이의 마음을 꿰뚫고 있는 하나님으로부터 예수님의 종교는 출발한다. 주일학교 교사의 근본 사상은 거기에 있다.

주일학교에서 하나님의 존재를 가르치려고 하면 그것은 크게 잘못된 것이다. 어린이들이 태어나는 순간부터 마음속에 자리 잡고 있는 하나님을 엉뚱한 놈들이 빼앗아가지 않도록 물을 주고, 햇빛을 주며 키워가는 것이 어른들의 의무다. 없는 것에 접목하는 것이 아니라 처음부터 있는 것, 생장을 약속한 것을 가꾸는 것이다.

여성의 종교

1. 여성의 종교적 경향

세계적으로 여성의 종교심이 강한 것은 틀림없는 사실이다. 미국이나 영국의 교회에 가보아도 여성이 교인의 3분의 2정도를 차지하고 있다. 남자와 여자가 인간으로서는 차이가 없는데 왜 이 같은 현상이 일어나는 것일까?

그것은 여자가 남자에 비해 성격이 약한 탓도 아니고, 감정적이기 때문도 아니다. 여자는 한층 깊게 생명의 신비에 대해 생각하지 않으면 안 되는 위치에 있기 때문이라고 나는 생각한다. 임신, 출산, 보육이라는 세 가지 큰일은 인간의 생명이 어떤 것인지를 깊게 생각하지 않으면 안 된다. 어머니로서의 책임에서, 종교에 의해 자식을 인도하고, 어린이가 성인이 되었을 때 맑고 깨끗한 인간이 되도록 바라는 것은 아주 자연스러운 일이다.

> 환상의 그림자를 좇아 덧없는 세상을 헤매고
> 지는 꽃에 끌려가는 내 신세 허무하다.
> 봄에는 처마 끝의 빗물
> 가을에는 뜰에 맺힌 이슬
> 어머니가 눈물 마를 틈도 없이 기도하는 줄 몰랐다.

이 찬송가의 작자는 여성이다. 나는 종교는 여자가 믿기 때문에 감정적인 것이라고 생각하지 않는다. 오히려 여자가 믿고 있기 때문에 진실성이 충만하다고 생각한다.

남자는 한 세대만 생각하지만 여자는 다음 세대에 대해서 생각한다. 여자의 종교심은 이 점에서 출발한다.

기독교에는 두 가지 측면이 있다. 하나는 새로운 세계를 창조하는 것이고, 다른 하나는 상처받은 자를 치유하는 것이다. 이 두 가지, 창조와 속죄의 원동력은 사랑이다. 그리고 그것과 공통되는 것이 여자의 애정이다.

여자의 애정은 다음의 새로운 시대를 창조하며, 민족을 창조한다. 그것은 또한 남편의 마음에 깊숙이 있는 피맺힌 아픔을 치유하며, 청춘의 고민에서 허덕이는 아들과 딸들의 마음을 위로하며 풀어준다.

이처럼 선천적으로 종교적 경향이 풍부한 여자는 자각과 신앙의 힘으로 한층 종교적이 되는 것이 가능하다. 여자가 종교적이 아니라면 다음 시대의 정화가 불가능하고, 사회를 밝게 하는 것은 거의 불가능하다.

가톨릭에서는 성모 마리아를 여성의 전형으로 생각하고 그 상을 성당 한가운데 놓고 있다. 목수였던 예수님이 위대하고, 예수님의 종교도 위대하지만 그를 낳은 마리아도 위대함이 틀림없다고 믿는 것이 가톨릭의 특징이다.

모든 여성은 성모 마리아가 될 자질을 가지고 있다.

2. 예수님과 여성

예수님이 출현할 때까지 모든 종교는 여성을 경시했다. 공자는 "어린아이와 여자는 구하기가 어렵다"고 했으며, 석가는 가정을 버리고 설산에 은거해 있다가, 6년 후에 다시 돌아왔을 때 그의 처가 만나러 가니 "나는 여자를 가까이 하지 않아"라고 말하며 상대하지 않았다. 기독교로부터 감화를 받은 사람인 무함마드(Muhammad, 570~632)가 만든 이슬람교를 믿는 국가인 터키, 이란, 파키스탄 등의 나라에 가서 보면, 여성의 위치는 상당히 낮다. 일본에서도 여성은 오랜 세월 높은 산에 올라갈 수가 없었다.

여성이 그처럼 멸시를 당한 것은 결국, 여성의 생리적 습관이 생명의 신비와 관련되어 있다는 것에 대한 올바른 이해가 없었기 때문이다. 그런데 예수님에 의해 처음으로 여성에 대한 인식이 바로 잡혀, 여성 본래의 위치가 표면에 부각되었다. 예수님의 종교는 이 점에서도 혁명적이었다.

여성을 사랑하고, 창녀조차도 하나님께 가까이 할 수 있도록 한 예수님의 주위에는 항상 여러 종류의 여자들이 있었다. 그녀들은 예수님에 의해 마음이 깨끗해졌다. 인격이 높아진 과정을 우리는 거기에서 볼 수 있다. 예수님의 어머니 마리아는 순결한 처녀였다.

> 내 영혼이 주를 찬양하며
> 내 마음이 하나님 내 구주를 기뻐했다.

이와 같은 시적인 마음으로 그녀는 예수님을 잉태했다. 마리아의 그 당시의 감정을 주제로 한 찬송가가 크리스마스에 자주 불린다.

내 영혼이 주를 찬양하며

내 마음이 하나님 내 구주를 기뻐했음은

그의 여종의 비천함을 돌보셨음이라.

보라, 이제 후로는 만세에 나를 복이 있다 일컬으리로다.

이것은 〈마리아의 노래〉라고 불리는 것이다.

하나님은 가난하고 마음이 깨끗한 사람을 특별히 끌어올려 주신다는 사실을 마리아는 체험하고 있었다. 그리고 이 체험은 모든 여성에게 해당된다.

하지만 예수님에게 있어서 마리아만이 어머니가 아니었다.

어느 날 마리아가 무언가 볼 일이 있어서 예수님을 찾아왔다. 한 사람이 그것을 예수님에게 알렸다. 그러자 예수님은 상당히 엄한 어조로 "누가 나의 어머니이고, 누가 나의 형제란 말인가?"라고 말씀하셨다.

꽤 엄한 어조였기 때문에 "나의 어머니가 만나러 오셨다고? 모른다. 모른다"라고 말한 것이나 마찬가지다. 예수님은 이어서 양팔을 벌리고 주위에 있는 제자들을 가리키며 말씀하셨다.

"이들이 나의 어머니와 나의 동생들이다. 누구든지 하늘에 계신 내 아버지의 뜻대로 하는 자가 내 형제요 자매요 어머니이니라."

예수님은 이같이 말하고 혈족 관계 외에 정신적인 사랑의 끈으로 맺어진 인간관계가 존재한다는 것을 분명히 나타내셨다.

"나보다 아버지나 어머니를 사랑하는 자는 나에게는 어울리지 않는다." 예수님이 이렇게 말씀하신 것도 같은 마음이기 때문이다.

정신적인 인간관계는 인간의 개성이 존중되지 않으면 실현되지 않는다. 예수님은 여성의 개성을 존중하고 모든 여성을 인간으로 보았다.

예수님의 여성관은 매우 현대적이었다. 나는 예수님을 2,000년 전의 '옛날 사람'으로 생각하지 않는다. 예수님의 일부일처주의는 근대적인 여성관에서 온 것이다. 예수님이 창녀의 맑은 애정을 받아들인 것은 그녀를 인간으로 보았기 때문이다.

예수님을 둘러싼 여성들 중에는 베다니라는 마을에서 온 자매가 두드러졌다. 언니는 마르다, 동생은 마리아인데 두 사람 모두 맑고 깨끗한 마음으로 예수님을 사랑했다. 무엇보다 언니 마르다는 세속적인 여자로서 가사에 적합한 편이었다. 마리아는 이러한 언니의 성격과 비교하면 마음이 순결하여 훨씬 하나님에 가까웠다.

어느 날 예수님이 열두 제자와 함께 두 자매의 집을 방문하자 마리아는 값비싼 향유를 들고 나와 예수님의 발에 바르고 머리카락으로 닦았다. 향내가 방안에 가득 찼다.

"마리아, 아까운 일을 하지 마라. 그 향유를 돈으로 바꾸면 많은 어려운 사람을 도와줄 수 있었을 것이다." 예수님을 적들의 손에 넘기려고 마음먹고 있는 가룟 유다가 이렇게 말했다.

"가난한 자들은 항상 너희와 함께 있으니 아무 때라도 원하는 대로 도울 수 있거니와 나는 너희와 항상 함께 있지 아니하리라. 저가 힘을 다하여 내 몸에 향유를 부어 나의 장례를 미리 준비했느니라."

예수님은 유다의 그런 태도를 비난하면서 말씀하셨다. "나의 장례를 위하여"라고 예수님이 말한 것은, 십자가에 매달릴 날이 머지않음을 알고 있었기 때문이다. 마리아도 그것을 알고 있었다고 짐작된다. 아마 그녀의 눈에는 눈물이 가득 고여 있었을 것이다.

나는 팔레스타인을 여행했을 때, 예루살렘에서 가까운 베다니를 방문하고 마르다 자매가 살던 집의 자리를 보았다. 그리고 한 편의 시를 지었다.

마르다 집의 석류꽃이여
때는 지났으나 필 날이 오면

주인은 없어도 봄은 안다.

맑은 유대의 여름 하늘

붉게 물든 꽃잎에는

옛적의 사랑이 피어오른다.

창문은 부서지고

흔적만 남아 있는 집터에

울타리는 있으나 뜰은 없다.

선인장의 가시가 사납게 울타리에서

주인은 없어도 저리가라 하고

옛적의 사랑은 지금 어디에.

'옛적의 사랑'이란 물론 마리아가 예수님에게 부었던 그 아름다운 사랑을 말한다.

"예수님이 결혼을 하셨다면 틀림없이 베다니의 마리아를 선택했을 것"이라고 도쿠토미 로카(德富蘆花, 1868~1927)는 말했다.

예수님이 십자가에 매달렸을 때, 거의 모든 사람들은 그분을 배신했다. 그럼에도 불구하고 많은 여자들이 최후까지 예수님을 따라 골고다 언덕에 세워진 십자가 바로 아래까지 갔다. 그리고 통곡했다.

"예루살렘의 딸들아, 나를 위하여 울지 말고 너희와 너희 자녀를 위하여 울라"라고 예수님은 십자가 위에서 슬피 우는 여자들을 바라보며 말했다.

이 많은 여자들 중에는 어머니도, 막달라 마리아도 있었다. 베다니의 두 자매들도 있었을 것이다. 그날부터 사흘째 되는 날, 예수님이 무덤에서 부활했을 때 예수님은 맨 처음 막달라 마리아에게 나타났다. 창녀였던 그녀가 그 정도로 예수님으로부터 사랑을 받고, 예수님을 사랑한 것을 보면 기독교가 여성의 종교임이 뚜렷이 나타난다.

3. 태양으로서의 여성

여성이 먼저 십자가의 예수님을 쳐다봄으로써 마음을 정화하지 않으면 가정은 아름다워지지 않는다.

하나님을 아버지로 모시고
일하는 가정의 즐거움은
친척과 형제자매 친하게 맺은
모든 것을 헤아려주시는 기쁨이며
서리로 덮인 덧없는

세상에 살아도
영원한 봄이 된 기분이다.

아침마다 가족 전원이 소리 높여 이 찬송가를 부르는 가정에는 비민주적인 공기와 먼지는 없을 것이다. 그것은 모든 가족이 하나님의 자녀라는 자각에서 출발하여 서로 사랑하는 이상적인 가정이다. 그리고 이런 이상적인 가정은 여성의 힘에 의해서 이루어진다.

하나님이 인류를 창조할 때 투쟁을 목적으로 하지는 않았을 것이다. 여성은 하나님께 가까이 있기 때문에 투쟁을 즐기지 않는다. 투쟁하며 전쟁 준비를 하는 것은 언제나 남성이다.

구약성서의 맨 처음에 있는 창세기에는 '이브'라는 최초의 여자의 타락에 대해 기록되어 있으나, 만일 나에게 창세기를 쓰라면 최초의 남자 아담의 타락을 구체적으로 썼을 것이다.

만일 내가 전능한 사람이라면 세계 속의 군대를 모두 여자로 바꾸어 전쟁을 없게 할 것이다. 나는 남자로서 인류 상잔의 죄를 범할 정도라면 차라리 여자로 다시 태어나 성스러운 사랑을 받으며 살고 싶다.

내가 여성에게 희망을 거는 것은, 일본을 뿌리부터 개조하여 사랑만이 지배하는 새로운 나라를 만들고 싶기 때문이다. 그것은 가정의 정화에서 출발되어야 한다.

종교적인 여성은 사랑의 힘에 의해 모든 죄를 정화하며, 투쟁과 전쟁에 바치는 정력과 물자를 진리와 과학, 미와 예술을 위해 사용할 수 있을 것이다.

내가 여성에 대해 품고 있는 기대는 어디까지나 종교적인 것이다. 젊은 시절의 히라츠카(平塚)가 말한 것과 같이, 옛날에 여성은 태양이었다. 그 후 남자의 소매에 덮여 달이 되었다. 달이라면 약하다. 그런데 다시 한번 여성이 태양이 되어 자력으로 빛나게 될 때가 왔다.

하지만 일본에서 떠오를 태양은 하나만으로는 부족하다. 암흑과 비애를 떨쳐버리려면 많은 태양이 솟아나야 한다.

고대 이집트의 왕은 자신의 상보다 어머니의 상을 훨씬 더 크게 만들었다. 다섯 배, 혹은 열배 크기로 만들었다.

실제로 여자의 사랑이 없으면 일본에는 태양이 솟아나지 않는다. 사랑이 남자의 두 눈을 뜨게 하며, 사랑이 방 안을 밝게 하는 것이다. 태양은 낳고, 따뜻하게 하여 키운다. 여자가 하는 일이 바로 그것이다. 모든 여성을 '인간'의 위치까지 끌어올린 예수님은 가장 명료하게 그 사실을 알고 있었다.

제15장

농민의 종교

1. 천국 미국

나는 1931년에 세 번째로 미국 여행을 했다. 당시 캘리포니아 주에 있는 몇몇 일본인 마을 중에서 기독교를 믿고 있는 마을은 세 곳뿐이었다. 그런데 어느 날 내가 해변에서 가까운 곳에서 강연 중이었는데, 코츄바레라는 일본인 마을에서 두 사람의 여성이 자동차로 8시간을 달려서 강연장에 왔다. 강연이 끝나자 두 사람은 또 8시간을 달려서 마을로 돌아갔다. 그리고 그날부터 기독교 전도를 시작했다.

"자, 우리 모두 크리스천이 되어서 바른 생활을 합시다."

두 사람은 낮에는 딸기 재배로 바빴음에도 불구하고, 밤에 한 집 한 집 자동차로 방문하면서 전도했다. 그 결과 42가정이 세례를 받았고 마을이 구원을 받았다. 이렇게 코츄바레가 순식간에 기독교 마을이 된 것은 정말 기적이라고 생각된다.

미국은 천국이 아니다. 그러나 미국이 천국이라 할 수 있는 것은 농촌이 존재하기 때문이다. 특히, 동부의 펜실베이니아 주나 중부의 오하이오 주, 일리노이 주 등의 농촌이 그렇다.* 그들 농촌에서는 거의 대부분의 농민들이 대도시의 음란과 광란에서 멀리 떨어져서, 찬송가를 부르며 근면한 노동을 열심히 하며 생활하고 있었다. 그들은 가난하다. 그러나 그들은 맑고 깨끗하다. 밀레(Jean-François Millet, 1814~1875)의 〈만종〉이 그들의 모습이다.

옛날부터 미국의 종교운동은 동부와 중부가 중심이었다. 그 이유를 나는 1935년에 했던 네 번째 미국 여행에서 발견했다. 그것은 링컨이 중부의 켄터키 주의 초원에서 나온 것과 같은 이유였다.

내가 켄터키 주의 수도 루이스빌에 갔을 때, 하루는 택시를 타고 링컨이 태어난 마을을 방문했다. 언덕 위에 있는 대리석 건물이었는데 그 앞에 수위가 서 있었다. 나는 입장권을 사서 경내에 들어갔다. 그러자 그 안에 통나무로 된 작은 건물이 있

---

* 이 지역 농촌에는 주로 아미시, 메노나이트 등의 재세례파 신자들이 많이 살고 있다.

었다. 못은 사용하지 않고 교묘히 통나무로 조립했고 나무 틈 사이에는 흙으로 칠해져 있었다. 방의 넓이는 3미터 정도의 크기였다. 그리고 방의 서쪽에는 통나무로 만든 내부에 흙벽돌로 쌓은 굴뚝이 있었다. 그 당시 워싱턴이나 필라델피아에는 웅장한 건물들이 있었을 것인데도, 아무리 가난하기로서니 거지의 거처와 같은 작은 통나무집에서 한 나라의 대통령, 인류의 은인이 태어났다고 누가 믿을 것인가?

1809년 2월 12일, 고원의 긴 겨울밤이 아주 긴 무렵이었다. 아버지는 늘 집을 비웠기 때문에 그날 밤도 오두막집에 없었다. 그 빈집에서 링컨은 용감하게 소리 지르며 태어났다.

나는 통나무집 옆에 우두커니 서서 잠시 동안 상상에 잠겨보았다. 감개가 무량했다. 링컨의 친구로서 변호사였던 사람이 쓴 전기를 보면, 링컨은 "나는 사생아야"라고 고백했다고 적혀 있다. 링컨의 숭배자들은 이 사실을 부정한다. 그러나 사생아로 태어났을 듯한 그늘진 사정이 작은 통나무집에 숨어 있었음을 부정할 수 없다. 그의 외조모는 몇 번이나 형무소를 드나들 정도로 타락한 여자였던 것 같다. 그의 어머니는 무학(無學)이었고, 아버지는 주정뱅이였다. 이런 가정에서 링컨은 태어났다.

하지만 소년 링컨은 성실하고 근면하게 소의 젖을 짜고 농사도 지었다. 그리고 시간이 있으면 성경을 읽고, 존 버니언(John

Bunyan, 1628~1688)이 쓴《천로역정》도 읽었다. 종교적 정열의 산물인《천로역정》이 소년 링컨의 손에 들어간 것은 매우 행복한 일이었다고 말하지 않을 수 없다. 왜냐하면《천로역정》은 성경 다음으로 널리 애독되는 작품이고, 작자와 환경이 비슷했기 때문이다.

나는 링컨이 "자신은 타락한 인간의 자식이 아니라 하나님의 자녀다"라고 자각을 했을 때의 환희를 여러 가지로 상상해 보았다. 나의 경우가 완전히 그것과 같다. 내가 특별히 링컨을 존경하는 것은 그러한 친근감 때문이다.

작은 통나무집이 있는 언덕 아래에는 석회암의 단층에서 솟아오르는 샘이 있었다. 그곳은 소년 링컨이 "내가 주는 물을 마시는 자는 영원히 목마르지 않다"라고 약속한 예수님을 그리워하면서, 아침저녁으로 나무통에 물을 담아 들고 간 영지(靈地)가 되어 있었다. 나는 110여 년 전의 옛일을 되새기면서, 그 맑은 물로 목을 적시었다.

'천국 미국'의 사람들은 모두 링컨과 같은 방식으로 거룩하고 깨끗한 농경 생활을 하고 있었다.

'천국 미국'이 있다면 '천국 일본'도 있었으면 좋겠다.

북해도의 농촌을 '천국 일본'이라 보아도 좋을까? 바로 판단할 수는 없다. 그러나 우츠노미야 센다로(宇都宮仙太郎)라는 크리스천만은 모든 사람이 알았으면 좋겠다고 나는 생각한다.

1946년 북해도에서는 주식인 쌀 배급이 90일 동안 끊어졌음에도 도민들은 끝까지 참을 수가 있었다. 이런 저력은 전적으로 크리스천인 우츠노미야가 심어 놓은 것이라고 전해진다.

우츠노미야는 북해도 농업의 낙농화(목장)를 이루어놓은 사람이다. 그는 이 사업을 시작할 때 사람을 사랑하고, 토지를 사랑한다는 정신으로 출발했다. 그의 이와 같은 정신은 예수님에 의해 계시되었다. 아버지이신 하나님에 대한 신앙에 의해 배양되었다고 나는 생각하고 있다. 소의 젖을 짤 때, 그의 마음은 직접적으로 하나님께 이어졌을 것이다. 씨앗을 뿌리고, 귀여운 싹이 땅에서 솟아오를 때 그가 거기에서 발견한 것은 창조주이신 하나님이었을 것이다.

우리가 논밭을 갈고 씨앗을 뿌리면
구름으로 덮고 비를 주고
따뜻한 햇볕과 바람을 보내
길러주심은 그저 하나님이시다.

이러한 찬송이 농촌 구석구석에 울려 퍼진다면 여간 기쁜 일이 아니다. 거기에야 말로 '천국 일본'이 있기 때문이다.

2. 하나님과 흙

"나의 아버지는 농부시다."

예수님은 말씀하셨다. 그 '아버지'란 육체의 아버지가 아니라 하나님을 가리킨다. 실제로 하나님은 위대한 농부였다. 인간이 종자를 뿌리지도 않았는데, 하나님은 알프스 산 위에도 나무를 심었다. 하나님은 위대한 농부시다. 매우 애정이 넘치는 농부시다.

예수님의 지상의 아버지는 목수이고, 예수님도 목수였으나 예수님은 농업에 대한 지식을 풍부하게 가지고 계셨다. 예수님의 비유에는 씨 뿌리는 일, 포도원, 작물 수확, 토지 등에 대한 이야기가 자주 나온다. 예수님은 항상 토지를 사랑하셨다.

예수님의 이와 같은 정신을 바로 그대로 이어온 곳이 중세 서양의 수도원이었다. 이탈리아의 베네딕트(Benedict, 480?~543?)라는 사람이 고행을 하고 산속의 동굴에서 기도를 한 뒤, 태양의 신 아폴론 신전의 잔해가 남아 있었던 지방에 창립한 수도원에서는 땅을 사랑하는 것과 사람을 사랑하는 일들을 확실히 실행했다. 역사가들은 중세를 '암흑 시대'라고 부르지만, 그것은 수도원의 생활이 얼마나 깨끗하고, 얼마나 밝았는지를 알지 못했기 때문이다.

지금부터 150년 전의 덴마크는 세계에서 가장 가난한 나라의 하나였다. 독일과의 전쟁에서 패하고 경제 공황이 닥치고, 농토 사정은 대단히 좋지 않아서 젊은이들은 대부분 조국을 등지고 외국으로 갔다. 그때 한 사람의 종교적 애국자가 나타났다. 목사의 아들 그룬트비(Nikolai Frederik Severin Grundtvig, 1783~1872)다.

"흙은 하나님의 것이기 때문에 우리들은 이 흙에서 가장 좋은 것을 생산하지 않으면 안 된다."

그룬트비는 이렇게 말하며 청년들에게 토지를 사랑하는 정신을 가르쳤다. 그리고 이 정신을 기초로 해서 농민학교를 설립했다.

그의 사후 많은 사람들이 그의 정신을 이어받아 농업에 힘쓰고 사업을 일으켰다. 그 결과 드디어 덴마크는 부흥되었다. 부흥했다기보다 국가로서 거듭났다고 말할 수밖에 없다. '천국 덴마크'의 출현이라 해도 좋다.

농촌의 황폐화는 정신의 황폐화에서 시작된다. 일본은 옛날부터 술과 음란 때문에 망쳐진 마을이 많다.

도시에서 음란과 죄악을 쌓아놓은 자들은 흙으로 돌아와야만 한다. "1억이 넘는 사람으로 가득 차 있으니 일본에는 더 이상 땅이 없다"고 말하면서 도시에서 퇴폐적인 생활을 하는 것은 이유가 되지 않는다. 평지가 없으면 고원이 있고, 산이 있다. 흙은 언제나 죄 있는 자식도 기다리고 있다. 흙을 사랑하는 마음은 하나님을 사랑하는 마음이다. 거기에는 도시에서 맛볼 수 없는 깨끗함과 환희가 있다.

흙은 우리 인간과 얼마나 친할까? 흙에는 인격이 없다고 생각하는 사람이 있다면 이것은 커다란 잘못이다. 흙은 살아 있다. 《흙과 문명》의 저자인 휘트니에 따르면 흙에는 뼈가 있고 근육도 있으면 호흡기와 순환기 계통도 있다. 없는 것은 신경뿐이다.

한번 황폐해진 흙이 새로운 지력을 가지려면 7년 정도 걸린다. 흙에 대해 조금이라도 사랑을 베풀지 않으면 혹독한 반역을 맛보게 된다. 사나흘 게으름을 피우면 벼는 다른 잡초에 둘러싸여 손쓰기 어렵게 된다. 흙은 결코 가만히 있지 않는다. 흙은 새로운 행동을 시작한다.

흙을 가까이 하는 사람은 그곳에 하나님의 얼굴이 나타나 있음을 발견할 것이다. 많은 농민들이 의식하지 않고 땅을 갈고 있기 때문에 흙 속에 숨겨져 있는 신비에 접하는 것이 적다. 그러나 의식하는 자들에 있어서 흙은 하나님의 의지가 직접 발현되는 거울이며, 피부다.

흙은 하나님의 피부이며 가슴이다. 그곳에는 영원한 젖가슴이 있다. 그것을 꾸준히 짜는 자에게는 유즙이 풍부히 주어질 것이다. 반대로 그것을 짓밟는 자는 정신도 생활도 황폐하게 되어 결국에는 농촌에서 살 수 없게 될 것이다.

나는 아와(阿波)의 농촌에서 자랐다. 씨를 뿌리고 추수하면서 시골에 살았던 약 8년간의 소년기가 나에게 얼마나 하나님과 그분의 사랑에 대한 이해를 깊게 했는지는 모른다. 나는 그와 같은 경험을 가지고 있기 때문에 고베에서 도쿄로 거처를 옮길 때, 특별히 근교의 마을을 택했다. 그리고 나의 자식에게 무엇보다도 흙과 친해지도록 했다.

인간은 흙이다. '아담'이란 흙이라는 뜻이다. 우리는 흙에서 태어나 흙으로 돌아간다. 나는 하나님 앞에 아득한 옛날에 승복했다. 나는 나의 내가 아니다. 나는 흙의 나다. 나는 물의 나, 바람의 나, 꽃의 나다.

노동자의 종교

1. 하나님은 노동자다

기독교는 노동자의 종교다.

> 나사렛 마을에서 목수로 힘쓰다
> 사람을 형제라고 부른 당신은
> 고민과 피로에 지친 우리를 격려한다.

예수님은 나사렛이라는 한적한 마을에서 살았던 목수의 아들이었고, 본인도 목수였다. 그분의 손이 거칠었음은 분명하다. 그분은 한 번도 노동을 멸시하지 않았고, 노동자를 업신여기지 않았다.

예수님이 본 하나님은 노동하는 하나님이었다.

"나의 아버지는 지금 할 수 있을 때까지 일하고 계시다"라고 그분은 말씀하셨다. 이때 '아버지'는 물론 하나님을 말한다.

"그러므로 나도 일하고 있다."

이렇게 예수님의 말은 아주 명료하다. 예수님에게 있어서 노동은 부전자전이었다.

예수님이 믿고 있던 하나님은 일하는 하나님이며, 목숨을 걸고 일하기를 요구하시는 하나님이다. 예수님이 노동을 사랑하신 것은 그 때문이다. 예수님의 하나님은 노동자를 믿는 하나님이다. 손에는 삽을 들고 이글거리는 용광로 앞에 서고, 선반을 돌리고, 정밀 기계를 다루며 전차·기차·기선을 움직이게 하는 노동자들을 믿는 하나님이다. 베를 짜고, 매장에 서 있고, 사무실에 파묻혀 일하는 여성 노동자를 믿는 하나님이다. 어떠한 것도 두려워하지 않고, 어떠한 곤란도 뚫고 나가면서 자기 사명을 다하는 힘을 주시는 하나님이다. 그렇기 때문에 이 하나님을 믿고 일하면 이루지 못할 일은 거의 없다. 나폴레옹이 "나의 사전에는 불가능이 없다"라고 한 것은 거짓말이다. 크리스천의 사전에야 말로 그런 단어가 없다. 왜냐하면 하나님을 믿는 자는 전능하신 하나님 품에 안겨서 살기 때문이다.

노동자의 종교는 지식인의 종교와 비교하면 경향이 상당히 다르다. 서적을 읽고 얻은 시각적 요소가 노동자의 종교에는 없다. 목수인 예수님의 종교는 노동하고, 창조하고, 완성하는 데 직결되는 환희의 종교다. 노동자가 움직이기 시작하면 그곳에는 새로운 종교가 생겨난다. 그것은 이상주의에 뿌리내린 종교이며, 사회적 종교다. 예수님이 가르치신 '하나님처럼 완전'을 사회 전체에 실현하려는 종교다.

지식인은 종교 경험을 몇 가지로 분해하려고 한다. 어떤 지식인의 종교는 눈의 종교다. 어떤 지식인의 종교는 귀만 있는 종교다. 이런 방식은 생명의 하나님을 알지 못한다. 왜냐하면 생명은 부분이 아니고 전체이기 때문이다.

노동자는 서재와는 인연이 없다. 노동자는 가두에 서고, 공장에 서고, 기계 앞에서 선다. 그러므로 애써 생명의 하나님을 붙잡는다. 그 경험이 기초가 되어 사회적인 폭이 있다. 이상주의의 종교가 탄생하는 것이다.

예수님은 한 번도 노동 시간의 단축을 요구한 적이 없다. 물론 강제로 하는 노동은 하루 여섯 시간도 길다. 그러한 노동을 하지 않으면 노동자가 먹고 살 수 없다는 것도 사실이다. 그러나 인생의 목적에 적합한 자발적인 노동은 그 자체로도 환희다. 이것은 하나님과 같은 노동이다. 하나님은 영원히 노동을 멈추지 않는다. 그 하나님을 믿은 예수님은 인생의 목적을 응시하고 오직 한 길을 걸어가며 사보타주(sabotage)를 하지 않은 노동자다.

어머니는 절대로 사보타주를 하지 않는다. 어머니는 1년 내내 수유를 중지하지 않고, 밤을 새워가며 아기를 돌본다. 만일 어머니가 육아라는 힘든 노동에 대해 임금을 요구한다면 얼마를 받아야 할까?

인간의 생명에 대해서 직접 책임을 지는 위치를 차지하고 있는 노동자는 절대로 사보타주를 하지 않는다. 의사도 마찬가지다. 법률에는 의사가 파업하는 것을 금지하고 있다. 간호사의 경우도 마찬가지다. 그녀들의 노동 시간은 대단히 길지만 어쩔 수 없다. 사람의 생명을 맡고 있는 이상 필연적으로 희생이 뒤따른다.

노동은 신성한 것이지만 모든 노동이 그런 것은 아니다. 인간을 마취시켜 타락의 늪에 빠지게 하는 마약을 제조하는 노동, 육체를 썩게 하는 창녀의 노동은 결코 신성하다고 할 수 없다.

인생의 참된 목적에 합치될 때, 생명의 발현으로서 문화적 성질을 띠고 있을 때만 노동은 신성하다. 그렇지 않은 노동은 그 자체가 범죄 행위다.

"우리는 하나님과 함께 일하는 자다"라고 사도 바울은 말했다. 그 바울과 같이 "하나님과 함께 일한다"라는 의식을 가지고 있는 노동이 아니면, 진정한 의미에서 신성하지 않다.

바울은 천막 만드는 일을 했다. 바울에게 있어서 최고의 노동은 전도(기쁜 소식을 알리는 것)였지만, 다른 사람의 빵을 값을 치르지 않고 먹거나 타인을 번거롭게 하지 않기 위해 낮에도 밤에도 땀을 흘리며 일했다. 우리들은 바울과 같은 노동자이고 싶다.

참된 노동은 양의 많고 적음에 의해서 그 가치를 결정하지 않는다. 예수님은 이런 사실을 한 가지 예를 들어 설명하셨다.

어느 날 포도원 주인이 오전 9시와 12시, 오후 3시에 거리에 나가 각각 1데나리온의 약속으로 많은 노동자를 고용했다. 경제학 용어로 농업 노동자다. 오후 5시경 그는 또 거리에서 팔짱을 끼고 서 있는 몇 사람을 발견했다. 그래서 물었다.

"당신들은 왜 아무 일도 안하고 서 계시오?"

"우리를 고용해주는 사람이 없기 때문입니다."

"그렇다면 우리 포도원에서 일하시오."

그들은 급히 기운을 내서 포도원으로 뛰어갔다.

이윽고 오후 6시가 되었다. 주인은 지배인을 불렀다.

"모두에게 은화를 지불하시오. 맨 나중에 고용한 사람부터 맨 처음 고용한 사람까지"라고 말했다.

오후 5시에 고용된 자들은 1시간 밖에 일하지 않았지만 1데나리온을 주었다. 그것을 보고서 오전 9시에 고용된 자들은 "우리는 8시간 일했으니 더 많이 받겠지"라고 생각했지만, 역시 1데나리온만 받았다. 그래서 그중 한 사람이 주인에게 불평을 했다.

이에 대해 주인은 "나는 불공평한 짓은 하지 않았어요. 당신은 나와 1데나리온이라고 약속하지 않았나요? 자기가 받은 것만 호주머니에 넣고 돌아가시오. 마지막에 고용된 자에게 당신과 같은 액수의 돈을 지불한 것은 나의 의지입니다"라고 말했다. 자기의 처사가 정당하다고 강하게 주장한 것이다.

예수님이 이러한 이야기를 한 것은 지상에서 실현하려는 천국의 성격을 분명히 하기 위한 것이지만, 한편으로는 노동의 참된 가치가 어떤 것인가를 명확히 하고 있는 것이다. 노동의 참된 가치는 양이 아니고 질에 의해 결정되지 않으면 안 된다. 이것은 보수(報酬) 관념의 혁명이다.

2. 존 러스킨의 말

"참된 노동은 종교를 떠나서는 존재하지 않는다. 하나님과 직결되는 노동이 가장 아름답다."

영국의 문명비평가 존 러스킨(John Ruskin, 1819~1900)은 그의 저서《비너스의 돌》에서 이렇게 말했다.

"십자군에서 패하고 전사한 병사들의 넋을 기념하기 위해 지어진 베네치아의 고딕 건축은 기술자와 노동자가 영리 관념을 떠나, 기술과 노동의 모든 것을 하나님께 바칠 예정으로 땀을 흘렸기 때문에 수백 년이 지나도 건축물에 조금도 이상이 생기지 않는다. 영원한 아름다움이 그곳에 있다."

그것은 종교와 결합하고, 하나님과 결합된 기술과 노동이 이루어놓은 것이라고 존 러스킨은 밝혔다.

목수 예수님의 종교는 처음부터 노동자 사이에서 퍼졌다. 노동을 존중하고, 노동과 종교를 하나로 생각한 것이 초대교회의 크리스천들이다. 그들은 가난하여 파피루스를 살 수 없어 굴 껍질에 못으로 글을 새겨 편지를 썼다. 이렇게 후세에 전해진 것이 기독교다.

10년간의 옥살이를 했지만, 그럼에도 불구하고 사회를 위하여 생명을 걸고 활동해 대통령 후보자가 된 미국의 유진 데브스(Eugene Victor Debs, 1855~1926, 미국의 사회주의자이자 노동 운동의 지도자-역자 주)는 "예수님이야말로 순전한 노동자의 지도자였다"라고 말했다. 이것과 같은 생각을 영국의 노동당 간부들도 가지고 있었다. 그들의 대부분 크리스천이었다. 내가 1925년 봄 영국에 갔을 때, 광산 노동자 출신의 유명한 투사인 로버트 스마일리(Robert Smiley)의 연설을 들었다. 그것은 극히 종교적이었다.

"나는 크리스천이기 때문에 노동 운동을 하는 것입니다."

25세가량의 아가씨가 연단에서 그와 같이 외치니 청중은 떠나갈 듯한 박수를 보냈다. 38만 명의 당원을 가진 독립 노동당의 전당 대회에서의 일이었다.

"그는 착한 남자, 그는 착한 남자, 그 이름은 램지 맥도널드라 한다."

1924년 1월 최초의 노동당 내각을 조직한 맥도널드(James Ramsay MacDonald, 1866~1937)가 단상에 나타나니 청중은 일제히 일어서서 이 같은 환영의 노래를 불렀다. '착한 남자'라는 말은 '착한 크리스천'이라는 의미를 가지고 있다.

"지금 부른 것은 서투르니 다시 한 번 불러주시오."

사회자가 이렇게 말하자, 청중은 다시 일어서서 불렀다. 조직적인 흥분이 거기에 있었다. 나는 그 광경을 보면서 영국의 노동자들이 얼마나 종교적인가를 절실히 느꼈다.

기독교의 생활방식

1. 교회의 예배

유대인은 두 가지의 형식주의에 사로잡혀 있었다. 그중 하나가 '하나님은 예루살렘의 시온 산에 계시기 때문에 시온 산에 있는 성전에서가 아니면 예배를 드릴 수 없다'고 생각했던 것이다. 시온주의 즉 유대인의 국가 재건 운동은 이 관념을 기초로 한 것이다.

예수님은 이러한 형식주의를 정면으로 반대했다. "성전을 헐어버려라. 나는 그것을 3일 만에 다시 짓겠다." 그야말로 대담한 태도였다. 예수님은 그 정도의 혁명가였던 것이다.

유대인의 또 하나의 형식주의는 하나님은 안식일에 특히 강하게 임재하시기 때문에, 이 날에는 하나님을 예배하는 것 외에 아무것도 해서는 안 된다고 생각했다. 하지만 예수님은 이것에도 반대하셨다.

오늘날에도 어떤 사람은 '하나님이 교회에는 계시지만, 자신의 집에는 안 계신다'고 생각한다. 또 어떤 사람은 '강단 위에는 하나님의 영이 농후하지만, 회중석에는 희박하다'고 생각한다. 이것은 완전히 공간적인 착오다.

일요일을 특별한 날과 같이 생각하는 사람도 비교적 많다. 일요일에 하나님을 예배하는 것은 습관으로서도 나쁘지는 않지만, 다른 날은 아무렇게나 살아도 좋다고 생각하는 것은 잘못이다. 크리스천으로서 생활하는 사람에 있어서는 모든 날이 '하나님의 날'이 되지 않으면 안 된다. 생활의 모든 순간이 '하나님을 예배하는 것'이 되지 않으면 안 된다.

하지만 예수님은 무교회주의자는 아니었다. 그분은 안식일에는 유대교의 회당에 가셨다. 유대교의 회당은 완전히 개방적이어서 누구나가 그 자리에 서서 마음대로 설교할 수 있었다. 예수님은 이 관습을 이용하셨던 것이다. 그분은 혁명적인 종교가였지만 유대교의 좋은 점은 자신의 종교에 받아들이셨다.

교회는 인간의 기능에 연결되어 있는 종교 단체다. 그것은 정치적 기능이 정지되었을 때나 사회생활이 혼란 상태에 빠졌을 때 예상 외의 힘을 발휘한다. 로마 제국의 레오 1세(Leo I,

401~474)의 시대에 그 실례를 볼 수 있다든지, 제정 러시아에서도 정치적 권력이 약화되었을 때 이를 대신한 것이 종교적인 사회법인(社會法人)이었다. 이러한 의미에서 교회라는 종교 단체를 존중하지 않으면 안 된다. 교회에서 일요일마다 드려지는 예배는 모든 크리스천이 사회생활에서 지켜야 할 하나의 귀중한 요소다.

> 하나님을 받들고
> 같은 길을 가는 벗들이 세워놓은 전.
> 서로 그리워하고
> 조용한 기도는 마음을 정화하며
> 빛은 하늘보다 여기에 비치게 한다.

교회당은 거대할 필요가 없다. 그것은 하나님과 영원에 대한 사모를 표현하는 장소로서 건축되었을 뿐이기에 간소한 것이 첫째 조건이 되어야만 한다.

"교회의 예배는 이제 싫증이 난다"고 말하는 사람이 있다. 나는 45년 동안 거의 매 주일 예배에 참석해오고 있지만 아직도 싫증이 난 적이 없다. 싫증이 난다는 것은 종교적 열정이 부족하든지 예배 순서의 구성이 나쁘다든지, 그 어떤 것이 이유가 된다. 종교 생활은 자연히 내적인 것이 되는 경향이 있다. 그러므로 예배에 있어서도 모든 화석화한 형식주의는 배격되고, 또 거절되지 않으면 안 된다.

크리스천이 7이라는 수를 중시하는데, 일주일의 첫날이 돌아올 때마다 회당에 모여서 예배를 거행하는 것은 2,000년의 경험이 담겨 있는 역사적 관습이다. 그것은 종교적 정서의 배양에도 주기적인 자극이 필요하다고 하는 심리적 현실로부터 오는 것이다. 크리스천이 일요일을 선택하는 이유는 거기에 있다.

2. 기도

나는 기도를 한다. 철학적으로는 기도하는 것이 좋은 것인가 나쁜 것인가를 생각하지 않을 수 없지만, 내가 기도하는 것은 나 자신이 철학적이기 때문이 아니다. 내가 살아있기 때문에 기도하는 것이다. 인간은 생장하도록 만들어졌고, 생장하는 자에게는 요구가 있다. 나는 생명의 하나님을 향해 요구한다. 이것이 나의 기도다.

나는 모든 일에 대해서 하나님께 기도하지만, 나 자신만의 행복을 위해 기도하는 때는 거의 없다. 하나님의 사업이 완성되기를 기도하는 것이다.

나는 내 기도를 하나님께서 반드시 들어주실 것을 믿고 있다. 구약성경에 등장하는 예언자 예레미야는 "너희는 내게 부르짖으며 와서 내게 기도하면 내가 너희를 들을 것이요, 너희가 전심으로 나를 찾고 찾으면 나를 만나리라"라고 말했다. 나도 그렇게 생각하고 있다. 비록 하나님께서 들어주시지 않는다 하더라도 나는 조금도 손해를 보지 않는다. 왜냐하면 나는 나 자신을 위하여 기도하지 않았기 때문이다. 만일 기도가 응답되지 않으면 그것은 하나님이 당신의 계획을 연기하신 거라고 나는 생각한다. 그렇기 때문에 나는 항상 기도한다.

예수님은 기도문을 만드는 것을 피하셨지만, 제자들의 요구에 응하여 기도의 전형을 제시해주셨다.

> 하늘에 계신 우리 아버지!
> 아버지의 이름을 거룩하게 하시며
> 아버지의 나라가 오게 하시며
> 아버지의 뜻이 하늘에서와 같이
> 땅에서도 이루어지게 하소서.
> 오늘 우리에게 일용할 양식을 주시고
> 우리가 우리에게 부채가 있는(잘못한)* 사람을

용서하여 준 것같이

우리 부채(죄)를 용서하여 주시고

우리를 시험에 빠지지 않게 하시고

악에서 구하소서

나라와 권능과 영광이 아버지의 것입니다.

  이것은 주기도문이라고 불린다. 기도의 전형으로서 예수님께서 제자들에게 제시해주신 것이기 때문에 정말로 훌륭한 종교적 작품이다. 톨스토이와 같은 이는 "우리들의 기도는 여기(주기도문)에서 벗어나면 안 된다. 이 외의 기도는 억지다"라고 말할 정도다. 예수님은 산 속으로 들어가셔서 밤을 새워 기도한 때도 있고, 생애의 위기가 닥쳤을 때는 밤에 겟세마네라고 하는 동산에서 피와 같은 땀을 흘려가며 기도하셨다.

  "아버지여, 할 만하시거든 이 잔을 내게서 떠나게 하옵소서. 그러나 내 뜻대로 마옵시고 오직 아버지의 뜻대로 하옵소서." 예수님은 이렇게 기도하셨다. 나는 기도의 예수님을 사모할 때, 언제나 한 미국 여성을 기억해낸다. 1855년에 선교사로 일본에 온 브라운 박사의 어머니다. 그녀는 찬송가의 작사가로

---

* 우리나라 성경에 죄(개역)나 잘못(개역개정)으로 되어 있는 부분은 헬라어 원문에는 부채로 되어 있다.

서도 알려져 있다. 특히 그녀의 몇 개의 작품 중에서 "번잡한 세상을 잠시 벗어나서 황혼의 조용함에 혼자서 기도하라"라고 시작하는 노래는 미국에서도 명곡이 되었다.

그녀는 가난한 집안의 주부로서 많은 자녀를 기르고 있었지만 시적 재능이 풍부했다. 하루의 가사를 끝내고, 저녁 때 혼자서 자택 부근의 오솔길을 산책하면서 만든 것이 그 찬송가다.

그녀는 가난했지만 행복했다. "나의 자녀들이 모두 예수님을 닮은 성인이 되었으면!"이라는 그녀의 기도가 응답되어서, 자녀 중의 한 명은 신학박사가 되고, 20년간 일본에서 '기쁜 소식'을 널리 알렸다.

고아의 아버지로서 세계적으로 알려진 독일 출신 조지 뮐러(George Müller, 1805~1898)는 완전히 기도의 사람이었다. 97년이라는 긴 생애를 통하여 그가 기도에 응답받은 것이 5만 번 있었다고 한다. 그중에 기도만으로 증여받은 금액이 1,300만 원(2차 대전 전의 계산)에 달했다고 한다.

뮐러는 19세기 말, 일본에 온 적도 있다. 그때 그는 연단에서 이렇게 말했다. "마르틴 루터의 종교 개혁은 성경을 읽는 것에서부터 시작되었지만, 나의 고아원 구제활동은 '기도하는 자는 하나님이 굶기시지 않는다'는 신념으로부터 출발했습니다."

뮐러를 열렬히 따르던 구세군의 야마무로 군페이도 "기도하는 자는 하나님이 굶기시지 않는다"는 사실의 체험자였다. 나도 그와 같은 경험을 풍부하게 가지고 있다.

언젠가 오사카의 신문에 25년 동안 기차 기관사를 하고 있으면서 한 번도 사고를 내지 않은 사람의 기사가 실렸다. 그 기관사는 이 정거장에서 다음 정거장으로 갈 때 반드시 하나님께 기도를 올리고 스팀의 파이프를 열었다고 한다.

"나는 수천 명의 인명을 맡고 있습니다. 제발 사고를 내지 않도록 지켜주십시오" 하는 것이 그의 기도였다. 일본에는 이러한 크리스천도 있는 것이다.

기도는 형식적인 것이 되어서는 안 된다. 예수님 시대의 바리새인에게는 일곱 가지 유형이 있었는데, 그중에 '떨리는 음성의 바리새인'은 기도 시간이 되면 그야말로 영감을 받은 것처럼 일부러 소리를 떨며 기도하는 유형을 말한다. 기도의 문제와 직접 상관은 없지만 '어깨 젓는 바리새인'은 언제나 감동을 받은 것처럼 어깨를 흔들며 걷는 이들을 지칭한다. '땅만 보는 바리새인'은 여자의 얼굴을 보지 않으려고 언제나 얼굴을 숙이고 걸었다. '발끝 걷는 바리새인'은 예루살렘이 성지이기 때문에 거리를 걸어 다닐 때 언제나 발끝으로 걸었다. 다른 사람에게는 가벼운 짓을 하고 있는 것처럼 보일 수 있는 것이다.

형식적인 기도 가운데는 길게 하는 것도 있다. 1870년대의 일이지만, 요코하마의 우미기시(海岸) 교회에서 외국에 가는 교인의 송별회가 열렸는데, 그 석상에서 한 시간 반 동안 기도를 한 사람이 있었다. 우선 구약성경의 맨 앞에 나오는 천지창조의 이야기부터 시작하여 세상의 종말이 올 때까지의 일에 대해서 기도했기 때문에 그만큼 시간이 걸렸다. 그런데 겨우 기도를 마치고 머리를 들어보니, 송별을 받아야 할 상대는 벌써 배를 타고 항구를 떠났다고 한다.

하지만 회당에서 기도하는 것이 나쁜 것은 아니다. 혼자서 기도하는 것도 필요하지만, 그것과 동시에 기도를 사회화하지 않으면 안 된다.

"두세 사람이 한 마음으로 기도하면 무엇이든지 구하라. 다 이루어주시리라"고 예수님은 말씀했다. 따뜻한 인격과 인격이 부딪칠 때, 거기에 기도가 생긴다. 그것이 기도회다. 기도회는 기도를 사회화한다.

사회화된 기도는 대단히 맑다. 자택의 신단을 향해서 기도를 하는 사람이 소리를 내서 기도하면 아마 가족은 그 추악함에 깜짝 놀라게 되는 것과 다르지 않다. 기도회에서는 그러한 추악한 기도는 생기지 않는다. 왜냐하면 거기에는 살아계신 하나님이 계시기 때문이다.

덧없는 세상의 번영을 요구하여도

가족 친척은 굶주리게 되고

우리의 병이 치유되지 않을 때

누군가의 마음이 울적할 때

기도보다 나은 위로는 없다.

3. 금식

동양에서는 옛날부터 금식을 행해왔다. 나리타에는 진언종(眞言宗)의 금식원이 있어서, 그 불교 종파의 신자들이 금식을 한다. 이슬람교에서는 1년에 40일이나 금식을 해야만 한다. 그러나 이것은 절대적인 금식은 아니고, 해가 지면 식사를 한다. 이런 금식은 하기 쉬운 편이다.

구약성경에 다윗 왕이 사랑하는 아이를 잃어버렸을 때 금식을 했다는 기록이 있는 것을 보면, 종교적 의미를 가진 금식이 이스라엘에서도 옛날부터 행해졌다고 볼 수 있다. 기독교의 초대 교회는 일주일에 이틀을 금식했다.

나는 금식의 생리적 효과를 믿는다. 위장병은 금식하는 편이 회복에 도움이 된다. 금식 중에 물을 마시는 것은 상관이 없다. 물만 계속해서 공급된다면 금식 요법은 필시 가장 합리적인 요법으로서 언제든지 남을 것이다. 금식을 하면 두뇌가 대단히 명석하게 된다. 때로는 기쁨을 느끼기도 한다고 금식 체험자로부터 들은 적이 있다. 나 자신도 생리적 필요 때문에 때때로 금식한 적이 있으므로 그 효과를 인정하고 있다.

금식의 종교적 목적은 하나님을 기쁘시게 하는 것이다. 물론 그 외의 목적이 없는 것은 아니다. 인도의 성자인 간디는 자주 신에게 국민의 죄를 자복하기 위해 금식을 했다.

예수님은 광야에서 40일간 금식하신 적이 있다. 그 목적은 하나님이 자기의 아버지인가를 알기 위해서였다. 그때부터 죽기까지 3년 동안 예수님이 금식했다는 기록은 없다. 그분은 오히려 바리새인처럼 규칙적으로 금식하지 않아도 좋다고 말씀하셨다. 바리새인은 금식할 때 참회와 기도를 과시하기 위해, 얼굴을 씻지 않고 성전 주위를 왔다 갔다 했다. 예수님은 그런 식으로 금식해서는 아무 의미도 없다고 말씀하시면서 금식할 때는 얼굴을 씻고 머리에 기름을 바르고 깨끗하게 하는 것이 좋다고 말씀하셨다.

예수님은 금식을 종교적 훈련의 중요한 과목으로 하는 데는 찬성하지 않았다. 이상 사회의 최고 형태인 '하나님 나라'의 실현을 도모하는 자는 종교적 의미에 따른 금식을 행하지 않아도 좋을 것이다. 금식을 보편화하는 것은 무리다.

종교적 의미를 가지지 않고 자기 자신을 위해서 때때로 금식을 하는 것이라면 상관이 없다. 폭식·폭음을 하는 것보다도 금식과 같은 요소를 변형해서 절제가 있는 생활을 하는 것이 낫다. 미국의 청교도들은 일요일에는 고기를 먹지 않고 빵도 굽지 않았다. 그날 하루를 간신히 유지할 수 있는 간소한 식사로 만족했다. 그리고 가족이 모두 즐겁게 예배에 참여했다.

4. 의복에 대하여

예수님의 옷차림은 조금도 화려하지 않았다. 염색하지 않은 통으로 짠 소박한 옷차림이었다.

예수님이 로마 총독 본디오 빌라도의 궁전에 끌려갔을 때도 옷이 초라했기 때문에 병정들이 조롱을 하고 "이것이면 훌륭하다"고 말하면서 홍색의 옷을 바꾸어 입혔을 정도였다.

그러나 예수님은 아름다운 옷을 입고 있지는 않았지만 민중으로부터 존경을 받았다. 때로는 그의 옷자락만이라도 만지기를 원하는 사람조차 있었다. 예수님의 내부에서 발산되는 아름다움이 가득했기 때문이다.

크리스천에게 있어서 옷의 참된 아름다움은 오히려 간소함 속에 있다. 하나님과 동행하면 마음이 깨끗해지고, 그것이 진정한 아름다움으로서 외부에 나타나지 않을 수 없다. 간소한 것이 아름다움을 체험하는 근본 조건이다.

나는 결혼할 때까지는 옷은 언제나 한 벌로 만족하고 있었다. 그러나 그 단벌옷도 갖고 싶어 하는 사람들이 있었기 때문에 벗어서 주고, 나 자신은 남에게 얻은 여자 옷을 입기도 했다. 빈민굴에서는 남자가 여자 옷을 입는 것이 진기한 일이 아니어서, 목욕탕에서도 목욕탕 주인이 빨간 속옷을 발견하고 일러주기 전에는 내가 여자 옷을 입고 있다는 것을 잊어버리고 있을 정도였다.

이같이 내가 누구에게라도 옷을 주는 습관을 붙이자, 불량배들이 자주 와서 내가 입고 있는 셔츠를 달라, 바지를 달라, 허리띠를 달라는 등 자신들이 지정해서 갈취하러 왔다. 나는 거절하지 않고 "속옷을 달라는 사람에게 겉옷까지 주어라. 달라는 자에게 주고 청하는 자를 거절하지 말라"는 예수님의 교훈을 실천했다. 그리고 "마지막 하나 남은 이 옷마저 하나님을 위하여 벗어드리렵니다"라는 노래를 만들어서 자족했다.

그러나 닥쳐올 추위를 생각해 최후의 셔츠 하나는 남겨두었는데, 어떤 불량배가 끝까지 따라와서 나를 붙잡고 빼앗다시피 무리하게 벗겨가고 말았다.

이 불량배는 서른네 번 유치장 생활을 한 남자인데, 이렇게 해서 나에게 빼앗은 옷은 열흘 정도 지나고 나서 저당 잡히고 술로 바꿔 마셔버렸다. 나는 추워서 잠을 이루지 못했기 때문에, 2전을 가지고 목욕탕에 가서 몸을 따뜻하게 한 일도 있다.

나는 결혼할 때도 새 옷을 한 벌도 마련하지 않았다. 그래서 선배인 야마무로 군페이로부터 남색 옷을 물려받았다.

나는 이러한 내 행동을 자랑하지 않는다. 단벌옷을 자랑하는 것은 정장을 자랑하는 것과 조금도 다르지 않다. 나는 무리한 것은 모두 싫어한다. 그렇기 때문에 빈민이 아니면 인간이 아니라고 생각하지도 않는다. 나는 다른 사람이 나 자신보다 좋은 옷을 입고 있는 것을 보아도 비난하지 않는다. 그렇게 말한다고 해서 거지 흉내도 내고 싶지 않다. 자기의 개성미를 발휘할 수 있는 범위에서 단벌주의로 가고 싶다. 입은 그대로 어디든지 갈 수 있으면 기쁘게 생각할 따름이다.

5. 음식에 대하여

예수님은 음식과 종교를 구별하지 않았다. 그분은 음식을 잡수실 때도 하나님과 함께 계셨다.

예수님께서 음식을 잡수시는 기사가 성경에 열세 군데 나온다. 언제나 그분은 밀가루 빵을 잡수셨다. 밀가루 빵은 상식(常

食)하기에 아주 좋다. 예수님은 물고기도 잡수셨다. 팔레스타인의 갈릴리 호수에 있는 물고기를 즐겨드신 것 같다.

예수님의 제자인 마태는 육식을 하지 않았다. 이것은 불교에서 살생을 금지하고 있는 것과 같은 정신으로부터 나온 것이지만, 재미있는 것은 초대 교회에서는 채식파와 육식파가 확실히 대립하고 있었다는 것이다. 때로는 논쟁도 한 것 같다. 이 문제를 잘 처리한 사람이 사도 바울이다.

"어떤 이는 모든 것을 먹어도 좋다 하며 약한 자는 채소만을 먹는다. 먹는 이는 먹지 못하는 이를 업신여기지 말며, 먹지 않는 이는 먹는 이를 심판하지 말라. 하나님이 그를 용납하신 까닭이다"라고 바울이 말한 것을 보면 그것을 알 수 있다.

구약성경에 나오는 많은 인물 중에 단 한 사람의 채식주의자가 있었다. 그것은 이상적인 모습으로서 묘사한 다니엘이다. 양과 소를 상식으로 하는 셈족에서 이런 채식주의자가 나온 것은 이상한 일이다. 그는 어떤 생물도 죽이는 것을 꺼렸다.

근대에서는 톨스토이가 채식주의자였다.

1936년 봄, 나는 스위스의 제네바에서 어느 인도인과 식사를 한 적이 있다. 그 인도인은 브라만교도여서 스위스에서도 육식을 일체 하지 않았다.

나는 맛있는 음식 먹는 것을 즐기지 않는다. 간단하고 입에

맞는 음식을 선호한다. 아침에는 우유와 빵이 있으면 그것으로 족하다. 점심도 뭇국만 있으면 그것으로 만족한다. 채식주의는 미국에 갔을 때 그만두었지만 지금도 육류는 그렇게 좋아하지 않는다. 생물을 공연히 희생시키지 않는 간소한 식생활이 크리스천의 삶에는 알맞은 생활이다.

나는 사치스러운 연회를 부정한다. 맑은 마음의 연회는 술과 고기가 있는 곳에는 없다. 오히려 된장국을 모두 같이 나누어 먹는 곳에 있다.

6. 주택에 대하여

나는 팔레스타인을 여행했을 때 나사렛 마을을 방문하고, 예수님과 그의 가족이 살았다고 전해지는 집을 찾아가보았다. 그 옆에 예수님이 아버지 요셉과 같이 가구를 만들었다고 전해지는 작업장도 있었다. 여기저기 작은 구조로서 빈민굴 점포와 비슷했다.

예수님은 육신의 아버지 집을 떠난 뒤에는 청빈한 방랑 생활을 했다. "여우도 굴이 있고, 공중에 나는 새도 깃들일 곳이 있으되 나는 머리 둘 곳이 없다"고 말씀하신 것이 이것을 그대로 나타낸다. 예수님에게 있어서 집은 인간의 내적 생활을 풍부하게 하기 위한 하나의 도구에 불과했다. 집 그 자체가 목적이 아니다. 집은 기도의 장소로 존재하는 것이다. 결코 집을 위하여 기도할 것이 아니다.

"집은 정신의 옷에 불과하다"라고 존 러스킨은 말했다. 르네상스식도 고딕식도 누보식도, 모든 정신은 옷의 무늬이기 때문에 그 이상의 것은 아니다.

나는 내가 살고 있는 집의 크기는 생각하지 않는다. 자기 혼자라면 두 평이면 되고, 부부 두 사람이면 두 평짜리 방 두 칸 집이면 된다. 거기에서 조용히 독서를 한다든지 화분을 바라본다든지 하면, 결코 굉장한 주택을 가지고 싶다는 욕심이 생기지 않는다.

나는 가구류 같은 것에도 취미가 없다. 옷장은 필요하지만 그것도 없을 때는 종이 상자에 기름을 발라서 그 위에 쌓으면 그만이라고 생각한다. 다기라든지, 과병이라든지, 좋은 것을 보면 관심이 가지만 보는 것으로 그친다. 소유욕은 조금도 생기지 않는다. 평안히 살기 위해서는 만사에 사치하지 않는 게 좋다는 것이 크리스천으로서 나의 신념이다.

시인인 노구치 요네지로(野口米次郎, 1875~1947)가 배웠던, 미국의 시인 밀러는 산 속에 아주 작은 오두막집을 건축하고 거기서 살았다. 그렇게 좁은 집이라도 생각하는 것에 따라서는 꽤 넓게 사용할 수 있다. 문예비평가인 토가와 슈코츠(戶川 秋骨, 1870~1939)가 생전에 '실내 여행'이라는 글을 써서 발표한 적이 있다. 슈코츠는 가난해서, 여름이 되어도 피서를 갈 수 없었기 때문에 실내 여행을 한다고 생각하고, 집 안을 빙빙 돌았다는 것이다. 돌면서, "시나가와, 시나가와"라고 부르고, 그 다음에는 "요코하마, 요코하마"라고 불렀다고 한다.

배우인 시키는 폐결핵으로 누워있을 때, 천장을 여행했다고 썼다. 누운 채로 실내 여행을 했다는 것이다. 나는 1921년 여름, 대규모의 노동자 투쟁에 관계되어서 고베의 감방에 들어간 적이 있었다. 그때 1평 정도 되는 감방 안에서 매일 3킬로미터를 걸었다. 그렇게 하면, 방의 크기가 3킬로미터가 되고, 조금도 부자유스럽지 않았다.

7. 성결과 기쁨

나는 마치 바람과 같이 자유자재로 있는 그대로의 생활을 한다.

동이 트면 잠자리에서 일어난다. 수정과 같이 맑은 하늘에 금을 박은 듯한 먼동이 나의 눈앞에 전개된다. 나는 조용히 오늘 아침의 아름다움을 하나님께 감사드린다. 아내가, 때로는 딸이 아침 식사를 하라고 부른다. 나는 식탁 앞에 앉는다. 아침 가정 예배를 드린다. 나는 목소리를 높여서 찬송을 부른다.

> 하늘은 쾌청하고, 땅은 아름답다
> 사랑의 증거, 세상에 충만하네.
> 자 찬양하자, 아버지 하나님을.

식탁에 있는 것은 두부가 들어간 된장국과 보리밥과 구운 김이다. 나는 감사하면서 그것을 먹는다.

나는 바쁘면 달린다. 눈이 나쁘면 움직이지 않고 명상에 잠긴다. 돈이 없으면 일을 한다. 돈이 조금 있으면 사람을 돕는다. 밤이 오면 자고, 기도하고 싶으면 숲 속으로 들어간다. 나는 바람처럼 살고, 바람처럼 걷는다. 나는 무리하지 않는 생활을 하며 생명의 하나님과 깨끗한 교통을 가지려고 노력한다.

하나도 즐겁지 않은 것이 없다. 잘 때도, 일어날 때도, 먹을 때도, 뛸 때도, 병이 들었을 때도, 말할 때도, 내가 하는 것 같으나 내가 하는 일이 아니다. 모든 일에 무리가 없고, 바람이 통하는 좋은 마음을 가지고 있으면 하나님은 마음의 이 문으로 들어오셔서 마음의 저 문으로 나가주신다.

나는 하나님 앞에 함락당했다. 하나님이 나를 점령하셨다. 나를 점령한 자는 군인이 아니다. 더러운 나를 하나님이 점령해주신다는 것이 얼마나 영광이랴.

참회가 아직도 다하기 전에, 회개의 눈물이 아직 마르기 전에, 하나님이 나의 마음속에 들어와 말씀하신다. 크리스천만큼 행복한 자는 없다. 하나님은 빛나는 모습으로 나에게 다가와 떨고 있는 손을 꽉 잡아주신다. 마치 사랑하는 연인과 비슷하지 않은가? 깜박거리는 눈을 들고 떨어지지 않을 정도의 광영이다.

신혼 첫날밤의 신랑이 신부에게 하듯이, 하나님은 나를 품속에 품어주신다. 이 얼마나 기쁜 일인가! "당신을 뵈옵기에 나는 너무도 더럽습니다. 아담의 피를 받은 나는 영원하신 당신을 경배할 수도 없습니다. 나를 당신의 눈앞에서 숨겨주십시오." 내가 이렇게 말해도 하나님은 나를 버리지 않는다.

"아무 공로 없는 자를 신부로 삼는다. 그것이 사랑이라는 것이다. 죄가 있는 인간임에도 불구하고 나는 너를 죄의 노예에서 구속하여, 하나님의 아들 예수의 신부로 삼는다."

이러한 소리가 자그마하게 나의 귀에 들린다. 그리하여 나의 떨리는 팔과 몸을 안아 올려서 햇빛보다 밝고 오리온 자리보다 더 아름다운 세계로 인도한다. 나는 이제까지의 죄와 더러움을 잊어버리고 무어라 형용할 수 없는 감격과 영광에 도취한다.

속죄는 크리스천에게 있어서 일생에 한 번, 단 하루만 있는 경험이 되어서는 안 된다. 그것은 날마다 계속적으로 경험되어야만 하는 성질의 것이다. 거기에 비로소 성결과 기쁨이 있다.

크리스천의 생활은 날마다 성결과 기쁨의 연속이다. 매일이 하나님의 날이고 하나님의 축제다. 불꽃 축제가 없어도, 우리들의 마음속에 성결의 그리움이 불꽃 이상의 아름다움으로 폭발한다.

크리스천의 생활은 정월 명절의 연속이다. 명절 기분을 가진 나는 들리지 않는 소리의 음색에 맞추어 춤추면서 육체의 나그네 길을 계속 간다.

이 육체의 나그네 길은 언젠가 그칠 것이다. 그러나 나는 슬퍼하지 않는다. 나는 모든 것을 하나님께 맡겨버렸다. 나의 귀에 영향을 주는 것은 축제 날의 북과 나팔이 내는 소리다.

8. 사랑의 생활

크리스천의 생활은 사랑의 생활이다.

"나는 포도나무요 너희는 가지라 그가 내 안에 내가 그 안에 거하면 사람이 열매를 많이 맺나니 나를 떠나서는 너희가 아무 것도 할 수 없음이라 사람이 내 안에 거하지 아니하면 가지처럼 밖에 버려져 마르나니 사람들이 그것을 모아다가 불에 던져 사르느니라 너희가 내 안에 거하고 내 말이 너희 안에 거하면 무엇이든지 원하는 대로 구하라 그리하면 이루리라 너희가 열매를 많이 맺으면 내 아버지께서 영광을 받으실 것이요 너희는 내 제자가 되리라 아버지께서 나를 사랑하신 것 같이 나도 너희를 사랑하였으니 나의 사랑 안에 거하라 내가 아버지의 계명을 지켜 그의 사랑 안에 거하는 것 같이 너희도 내 계명을 지키면 내 사랑 안에 거하리라 내가 이것을 너희에게 이름은 내 기쁨이 너희 안에 있어 너희 기쁨을 충만하게 하려 함이라 내 계명은 곧 내가 너희를 사랑한 것 같이 너희도 서로 사랑하라 하는 이것이니라 사람이 친구를 위하여 자기 목숨을 버리면 이보다 더 큰 사랑이 없나니"(요 15:5~13).

예수님이 말씀하신 사랑은 빼앗는 사랑이 아니라 아낌없이 주는 사랑이다. 거기에 사랑의 혁명이 있다. 사랑하기 위한 혁명은 혁명 중에 가장 강력한 것이다.

사랑하는 것을 나에게 처음으로 가르쳐주신 분은 선교사인 마이어스 박사다. 내가 폐결핵에 걸려서 모두가 싫어할 때, 박사는 사흘 밤을 나를 품고 자주셨다. 나는 거기에 감동되었다. 한 미국인의 따뜻한 애정이 나에게 기독교라는 것이 무엇인가를 처음 생각하게 했다.

나는 박사의 본을 받아, 살인범과 방화범과도 함께 잔 일이 있다. 사람에게 사랑을 받아본 경험이 없는 사람은, 남을 사랑하는 것이 얼마나 기쁜 일인지 알지 못한다. 그러나 그런 사람은 먼저 자신이 타인을 사랑해보는 것이 좋다. 사랑의 운동은 전염되기 때문에, 사랑하는 사람은 사랑을 받는다. 크리스천에게 있어서는 사랑이 전부라는 것을 곧 알게 될 것이다.

나의 장편 소설 《밀알 한 알》의 모델이 된 모리시케(森茂)라는 청년도 자기보다 스무 살 아래인 나에게 사람을 사랑하는 것을 가르쳐주었다. 이 청년은 도쿠시마에 있는 어떤 목재상의 심부름꾼을 하고 있을 때 주인의 돈 5엔을 훔친 적이 있었지만, 후에 회개하고 크리스천이 되어서 몸소 사랑을 실천하기 시작했다. 사랑의 실행이라는 것은 그에게 있어서 가난한 사람을 찾아다니며 도와주는 것이었다.

그는 1904년에 전쟁터로 끌려가 만주에서 그가 소속되었던 43연대가 전멸했을 때, 겨우 살아남은 다섯 명 중의 한 명이었다. 작은 성경을 군복 호주머니에 넣어두었는데, 거기에 탄환이 박혀서 총알이 몸을 뚫지 못하게 막아 주었던 것이다. 이런 기적이 가끔 있다.

'하나님의 은혜로 생명이 보전되었으니, 이제부터 내 생명은 없는 것으로 생각하고 사람을 도와주리라'고 그는 결심했다. 그는 매일 받는 5전의 담뱃값을 모아서, 자신이 도쿠시마에서 신세를 졌던 전신마비 환자에게 보내주었는데, 그것을 만주에서 귀국할 때까지 계속했다.

내가 고베의 빈민굴에 들어가서 빈민들을 돕겠다는 마음을 먹은 동기에는 이 청년으로부터 받은 감화도 많았다.

나는 빈민굴에 살 때, 두 평짜리 방 두 개가 있는 셋집에 다다미만 들여놓고, 그 이상은 돈이 없어서 램프도 사지 않았다. 내가 입고 있던 옷도 헤어지고 바지도 다 닳았다. 그때 어떤 목사가 방문해서 50전을 주었다. 그 당시는 쌀 한 되가 3전이었다. 나는 아주 고맙고 즐거웠다.

'우애간호부회(友愛看護婦會)'라는 것을 경영하고 있던 한 여성은 얼굴을 본 적도 없는데도 5엔을 주었다. 나는 그 여성의 마음속에서 예수님이 계시한 사랑의 하나님을 발견했다. 그리고 그 하나님은 2,000년 전의 하나님이 아니고, 지금도 살아계신 하나님이라고 생각했다.

그러던 중, 나에게 매일 1전씩 보내주는 사람이 나타났다. 그 사람은 먼 곳에 살고 있었다.

"가가와 씨, 좋은 일을 시작하셨군요."

어느 날 40세 전후 되는 여성이 찾아와서 이렇게 말했다. 이 여성은 데라시마 노부에(寺島ノブエ)라는 간호사였다.

"제 집에는 연로하신 분들이 몇 분 계세요. 언제 한 번 오셔서 무언가 말씀해주세요"라고 그녀가 말했다.

내가 가서 보니, 조그만 셋집에 할머니 아홉 명이 있었는데, 문 밖에 '고베 양로원'이라는 간판이 붙어 있었다. 나는 머리가 숙여졌다.

'간호사로 일해서 모은 돈으로 이렇게 여러 노인을 모시는 걸 보면 반드시 신앙심이 두텁고 사랑이 충만한 여성임에 틀림없다'고 생각했다.

그후부터 사랑의 본질에 대한 나의 신념은 변하지 않았다.

나는 노쇠가 존재한다는 것을 알고 있다. 그러나 사랑은 모든 것을 보충하고도 남는다. 사랑은 영원한 청춘이다. 비록 내가 늙어서 썩어질 것이지만 사랑이 나를 위해서 더욱 큰 길을 예비하여 줄 것을 알기 때문에 나는 조금도 미혹당하지 않는다.

나는 병이란 것이 이 세상에 없다고 말하지 않는다. 그럼에도 불구하고 나는 사랑을 부정할 수가 없다. 사랑은 병을 이기고도 남는다.

나는 고통의 존재를 부정하지 않는다. 고통은 모든 인간에게 예비되어 있다. 그러나 그것이 내가 사랑을 부인할 이유는 되지 못한다. 사랑은 내가 모든 고통을 이기게 해준다.

최후에는 죽음이 온다. 죽음은 엄연히 우리 눈앞에 누워 있다. 그러나 나는 사랑이 죽음을 넘어 죽음 이상의 힘을 가졌다는 것을 믿는다. 죽음은 사랑에 의해 삼켜진다. 사랑은 죽음보다도 강하다. 사랑의 힘은 죽음을 밟아버린다. 나는 사랑을 통해 죽음이 일종의 예술이 된다고까지 생각한다. 죽음은 변화의 한 절이다. 사랑은 변화의 본체다.

  크리스천은 사랑을 위해서 죽고, 사랑을 위해서 다시 산다.

제18장

기독교의 의식과 제전

구교에는 의식과 축일이 대단히 많다. 신교에는 두 가지 의식과 두 가지 축일이 있다. 두 가지 의식은 성찬식과 세례식이고, 두 가지 축일이란 크리스마스와 부활절이다.

나는 의식이나 축일을 부정할 생각은 없지만 그것에 치우쳐서는 안 된다고 생각한다. 중요한 것은 형식이 아니고 정신이다. 형식에는 생명이 없다. 생명 또한 정신의 의복이라고 생각될 때 형식은 비로소 존재 이유를 가지게 된다.

1. 세례식

세례식은 기독교적인 생활에 정식으로 들어갈 때 하게 되는 의식이다. 바울은 "세례를 받는 것은 그리스도와 함께 죽는 것"이라고 말했다. 자기를 파묻고 시체가 되는 것이다. 사기를 친 사람은 사기를 친 자기를 파묻는 것이므로 이전의 패거리가 찾아와서 "어이, 얼굴 좀 보여줘. 좋은 일거리가 있다"라고 유혹해도 응답하지 않는다. 살아 있는 것은 사기를 친 자신이 아니라 새로운 사람인 것이다. 부활의 그리스도가 새로운 생애의 첫발을 걷게 한 것이다.

> 죄 많은 이 몸은 지금 죽었으나
> 당신의 공로 의지하여 새로 태어나
> 깨끗한 하인들 속에 포함되었다.
> 그 증거의 세례.

세례식에는 물이 있어야 한다. 이것은 예수님이 가죽으로 된 허리띠를 한 선구자 요한에게서 세례를 받을 때, 요단강의 깨끗한 물을 사용한 것을 기념하기 위한 것이었다. 나는 요단강을 보았으므로 그 의미를 잘 알고 있다. 예수님이 세례를 받았다고 전해지는 그 강은 너비가 10미터 정도이고 강기슭에는 버드나무가 무성했다. 교회 예배에는 누구나 참석할 수 있지만, 세례를 받지 않으면 해당 교회의 회원이라고 할 수 없다.

2. 성찬식

세상을 위하여 찢어진 주의 살이 이것이며
세상을 위하여 흘리신 주의 피가 이것이다.

이 찬송가는 성찬식 노래다. 대단히 엄숙하다. 이 찬송가를 부를 때 십자가에 달리신 그리스도를 연모하지 않는 자는 없을 것이다. 성찬식은 그리스도가 십자가에 매달리기 전날 밤에 제자들에게 빵을 떼어 나누어주고, 포도주를 나누어 마신 것을 기념해서 크리스천끼리 치르는 의식이다. 빵은 한 조각, 포도주는 한 잔에 지나지 않으나 하나는 그리스도의 살, 다른 하나는 그리스도의 피를 상징한다.

여기에는 속죄가 있고
여기에는 위로가 있으며
더러운 것은 모두 깨끗해지며
힘은 더욱 증가된다.

그리스도의 피에 의해 속죄함을 받은 사람만 성찬식에 참여한다. 따라서 세례를 받지 않은 사람은 사양하는 것이 예의다.

3. 크리스마스

　고요한 밤 거룩한 밤
　어둠에 묻힌 밤
　주의 부모 앉아서
　감사 기도 드릴 때
　아기 잘도 잔다.
　아기 잘도 잔다.

이 크리스마스 캐롤은 세계적으로 부른다.

사실, 그리스도의 탄생이 언제인지 불명확하다. 그것을 잠정적으로 12월 25일로 정한 것은 4세기 경이다. 이날은 로마의 동짓날이지만, 교회에서 이 동짓날을 점령하기 위해서 크리스마스를 일부러 그날로 정했다고 전해진다.

로마의 동지 축제는 북치고 노래하고 크게 떠드는, 대단히 퇴폐적인 날이다. 그것을 크리스천들이 점령한 것은 생각할수록 유쾌하다. 나는 이탈리아의 프로방스에 갔을 때, 본래는 이교의 신전이 그대로 기독교의 순교자를 기념하는 회당이 된 것을 본 적이 있다. 크리스마스가 그와 같은 방식으로 12월 25일로 정해진 것이다. 옛날 크리스천들은 악한 것은 정정하고 선한 것은 보존하며 종교를 발전시켰다.

동지라는 것은 의미가 깊은 날이다. 그것은 1년 중 낮의 길이가 가장 짧아서, 오후 4시경이면 해가 지며, 태양이 비치는 것은 8시간 정도이고, 10여 시간은 암흑이다.

크리스마스는 1년 중에서 낮 시간이 가장 짧은 날을 가장 밝은 날로 하자는 축제다. 따라서 크리스마스에는 별이 장식용으로 사용된다. 별은 유대 민족의 표상으로 한 것이기 때문에 그것을 크리스천이 물려받은 것이다. 유대인의 회당에는 별의 마크가 붙어 있다. 나는 가버나움이라는 도시에 갔을 때 예수님이 설교했다는 회당이 발굴된 것을 보았는데 그곳에도 별 마크가 붙어 있었다.

성경을 보면 예수님의 탄생과 관련해서, 들에서 야영하던 목자들이 천사들을 보았다는 이야기와 동방의 박사들이 하늘에 있는 큰 별을 보았다는 이야기가 있다. 어느 쪽이나 별에 관련된 이야기다. 그래서 언제나 크리스마스 때에는 별의 마크가 장식된다.

크리스마스는 처음부터 빛의 운동이다. 가장 어두운 동지에 빛을 끌어오려는 운동이다. "나는 빛이다"라고 예수님은 말씀하셨다. 예수님은 빛의 아들이다.

크리스마스가 12월 25일이 아니어도 좋다. 크리스천들에게 있어서는 매일매일이 크리스마스가 되지 않으면 안 된다. 감정의 리듬이라고도 할 수 있는 종교 생활에, 1년에 한 번 리듬을 높이기 위해 특정한 날을 크리스마스로 정한 것이다. 크리스마스 트리에는 눈의 표상으로 흰 솜을 부착시키지만, 남쪽 나라에는 눈이 내리지 않는다. 중앙아프리카 토인들은 크리스마스 카드에 있는 눈의 그림을 보고 이것은 솜인가라고 질문한다고 한다. 크리스마스에 따르는 각종 양식을 세계적으로 통일하자는 것은 무리다. 중요한 것은 장식이 아니라 그 안에 들어 있는 '빛'의 의미.

* 크리스마스란 '그리스도(Christ)의 제전(mas)'이 붙어서 되었다.

* 크리스마스 이브는 크리스마스 전야다. 이브는 이브닝(evening)을 줄인 말로서 저녁이라는 뜻이다.

* 산타클로스는 약 1,700여 년 전 소아시아의 시리아에 있는 밀라라는 마을에 성 니콜라스라는 덕망 높은 어린이를 좋아하는 성자가 있었다. 그는 미국의 네덜란드 이민자 사이에서 산타클로스가 되었다. 네덜란드어로는 Saint Nicholas를 'Sante Klaas'라 쓴다.

* 크리스마스 트리는 구약 성경의 창세기 2장 9절에 나오는 '생명의 나무'와 관련된 것이다. 보통 노송이나 전나무이지만 영국에서는 등나무, 기생목 등을 쓰는 경우도 많다.

* 크리스마스 디너는 크리스마스 당일에 먹는 음식을 말한다. 불고

기, 칠면조, 파이, 건포도, 푸딩 등을 주로 먹는다.
* 크리스마스 카드는 크리스마스 선물의 한 가지로 사용되는 카드로 어린이들이 좋아한다.
* 크리스마스 박스는 12월 26일(이날이 일요일이면 그다음 날) 가정부, 우유 배달부 등에게 주는 축하 선물이다.
* 크리스마스 캐롤은 크리스마스를 찬양하는 노래다.

4. 부활절

지금은 한가한 기분으로 부활절을 맞이하는 경향이 있지만 초대의 크리스천들은 진지하고 엄숙한 마음으로 그리스도의 부활을 믿었다. 그들은 로마 황제의 명령으로 박해를 받아 절망과 암흑에 시달렸으므로, 부활의 종교가 존재한다는 것을 믿지 않으면 살 수 없었기 때문이다.

원시 시대의 사람들은 인간의 부활을 알지 못했다. 그들의 종교는 거의 전부가 애니미즘(영혼이 모든 사물에 깃들어 있다고 믿는 소박한 관념)이었다. 자연계에 있어서 재생의 현상은 그들의 관할 밖이었다. 그들은 퇴화의 사실은 발견하고 있었으나 진화라는 것은 알지 못했다. 진화론의 발달은 세포 중에서 한 번 죽었던 것이 다시 되살아나는 것을 발견한 다음이었다.

이 점에서는 미국의 위대한 과학자 토머스 모건(Thomas Hunt Morgan, 1866~1945)의 공적이 대단히 컸다.

자연계에서 재생의 사실이 발견되고, 한층 더 진화하여 그것이 부활의 신앙이 된 것이다.

인도에는 부활 신앙이 전혀 없다. 동양의 종교는 어둡다. 그리스에서는 어린이를 안고 있는 신을 믿고 있다. 이 신은 주신(主神) 제우스(로마에서는 주피터)이며, 어린이는 디오니소스라 한다. 디오니소스는 재생의 신이다. 재생의 신앙은 기원전 5세기까지는 없었으나 인생의 어려움을 타개하려는 욕망에서 생겨났다. 인간에게는 아름다움이나 강함만이 아니라 재생의 힘이 예비되어 있다는 것을 그리스인들은 처음 알게 되었다. 그러나 그들은 디오니소스만으로는 만족할 수 없어서 기원전 1세기경에는 하늘에서 그리스도(구세주)가 나타나기를 기다리게 되었다. 거기에 사도 바울에 의해서 기독교가 전해진 것이다.

그리스의 아테네에서는 매년 춘분과 관련해 하나의 축제가 열린다. 그것은 봄에 새싹이 돋아나옴을 축하하는 축제로서 재생의 기쁨을 뜻했다. 그리스도의 부활이 그것과 결부되어 부활절이 된 것이다. 크리스천이 동지 축제를 점령한 것이 크리스마스가 된 것처럼, 부활절은 춘분의 축제를 점령한 결과 생긴 것이다. 다시 말해서 자연계에 있어서 재생이 그리스도의 부활이 되어, 인간의 부활이 된 것이다.

지중해 연안의 부활 축제는 여러 민족의 종교적 희망을 종합한 축제다. 축제의 중심이 되는 것은 부활하신 그리스도다.

기독교는 재생의 종교다. 그리스도가 십자가에 매달려 있을 때, 제자들은 공포에 사로잡혀 모두 흩어졌다. 그러나 그리스도는 기적적으로 부활하셨다. 이 신앙이 지중해 연안에 퍼지고, 그 결과 부활 축제가 탄생한 것이다.

생물학적으로 생각하는 것밖에 모르는 자들은 그리스도의 부활과 그것을 축하하는 부활절에 대해서 여러 가지 질문을 할 것이다. 바울은 그것을 예상하고 이러한 설명을 했지만, 우리들은 그대로 믿기만 하면 된다. 종교 생활은 내부적이기 때문에 우리들이 절망 상태에 빠져 헤어나올 길이 없을 때, 부활의 그리스도를 쳐다보면 곧 정신이 되살아 나온다. 이 경험이 대단히 중요한 것이다.

부활절은 날짜가 일정하지 않았으나, 4세기경에 춘분 후 보름 다음 첫째 일요일로 정했다. 고난 주간은 부활절 바로 앞 1주간이다.

교파에 대하여

1. 교파의 수

기독교는 크게 나누면 구교와 신교의 두 가지다. '구(舊)'나 '신(新)'이라 하지만 그것은 아무 가치 없는, 편의상 불러온 것이다.

11세기까지 기독교는 하나였다. 11세기에 교의의 문제로 분열되어 가톨릭과 그리스 정교 두 가지가 되었다. 러시아에 들어간 것이 그리스 정교다.

16세기에 한 광부의 아들인 마르틴 루터를 중심으로 종교 개혁 운동이 일어났고, 그 결과 신교가 생겼다. 신교를 프로테스탄티즘이라 일컬은 것은 로마 교황을 중심한 가톨릭에 항의한 것이 종교 개혁 운동의 동기가 되었기 때문이다.

가톨릭교회 측에서는 개혁 운동에 대항하기 위해 로욜라(Ignatius de Loyola, 1491~1556)라는 귀족을 중심으로, 여섯 명의 동지가 '예수회'를 조직했다. 그중의 한 사람은 추밀고문관의 막내아들인 프란시스코 사비에르(Francisco de Xavier, 1506~1552)다. 내가 도쿄와 고베에 설립한 교회를 모두 '예수단'이라고 이름을 붙인 것은 사비에르가 속한 예수회에 따른 것이다.

사비에르는 동양 선교를 위해, 1541년 4월 성자의 뼈를 안고 인도로 향했고, 1549년에 일본에 왔다. 처음에는 거지의 모습으로 전도했지만, 나중에는 정장을 하고 큐슈, 추고쿠 지방을 다니다가 교토까지 왔다.

사비에르가 일본에 머문 것은 불과 1년 3개월에 지나지 않았지만 3,000명 정도의 일본인이 기독교를 믿게 되었다. 그 후 50년 만에 50만 명이 크리스천이 되었다. 그들은 잔악한 박해에도 굴하지 않고 숨어서 신앙을 지켰으며, 1873년 2월 금교령(禁敎令)이 철폐됨과 동시에 공공연하게 지상에 모습을 드러냈다.

일본에 최초로 기독교를 전한 사람은 사비에르였다. 그는 전국 시대, 봉건 시대의 일본에 새로운 생기를 불어넣었다. 일본에 있어서 기독교 역사의 첫 페이지를 장식한 성자로서 그의 이름은 영원히 빛날 것이다.

그리스 정교는 1861년 여름, 페테르부르크 신학교의 졸업생 니콜라이 카사트킨(Nicolai Kasatkin, 1836~1912)에 의해서 처음으로 일본에 전해졌다. 니콜라이는 도쿄의 스루가다이(駿河臺)에 웅장한 교회를 지었는데 그곳이 일본 그리스 정교의 본부가 되었다. 1891년의 일이다.

1904년 일본과 러시아의 국교가 단절되었을 때 "니콜라이는 러시아의 스파이다. 해치워버려!"라고 하며 군중들이 떠들었고 지식인 계급 사이에서도 이 같은 감정을 가진 사람이 몇 명 있었다. 그러나 니콜라이는 안색도 변하지 않고, "나는 하나님 나라에서 왔습니다. 러시아에서 오지 않았습니다"라고 말했다.

그리고 무어라 해도 러시아에 돌아가지 않았기 때문에 일본의 군부에서는 1개 대대의 병사를 파견하여 니콜라이를 보호했다. 보호했다기보다는 그의 행동을 감시하는 것이 목적이었을 것이다.

1912년 2월 니콜라이는 도쿄에서 소천했다. 향년 77세였다. 조국을 등지고 50년간을 일본인을 위해서 모든 것을 바친 니콜라이 카사트킨은 위대한 인물이었다.

신교가 들어온 것은 1859년의 일이다. 미국의 감독교회 선교사 리긴스(John Liggins)와 윌리엄스(Channing Moore Williams,

1829~1910) 두 사람이 나가사키에 상륙한 것을 시작으로 속속 각 교파의 선교사가 찾아왔다. 런던에 본부를 둔 구세군이 온 것은 1895년의 일이었다.

가톨릭은 세계 전체가 하나로 되어 있지만 교단은 나뉘어 있다. 프란체스코 교단과 아우구스티누스 교단이다.

신교는 30여 개의 교파로 나뉘어져 있다. 그중 숫자적으로 큰 것은 일본 성공회, 일본 기독교단, 일본 침례교회, 일본 조합교회, 일본 감리교회, 구세군 등이다. 그러나 숫자적으로 적은 교회라도 그 교회에 적을 두고 있는 크리스천의 정신이나 생활이 열등하다고 할 수는 없다.

2. 합동의 문제

나는 세례를 받을 때부터 미국의 장로교회 계통을 이어온 일본 기독교단에 속해 있지만 분파주의는 항상 반대해왔다.

옛날에는 서로 다른 교파 간에 싸우기도 했다. 같은 기독교이면서도, 신교를 믿는 사람들과 구교를 믿는 사람들이 상호 간에 창과 칼을 들고 싸우기도 했다. 루터는 종교 개혁의 공로자이지만, 다른 교파에 속하는 농민을 죽인 일도 있다. 나는 이 사실로 인해 루터에 대해서 애석해한다. 스위스 제네바에서 종교 개혁 운동을 한 장 칼뱅(Jean Calvin, 1509~1564)은 노래 부르는 사람을 추방했다고도 하며, 미국 칼뱅파는 다른 교파 사람을 죽인 사실도 있다.

교파와 교파의 싸움은 결코 기독교 자체가 나쁘기 때문에 일어나는 것은 아니다. 기독교가 나쁜 것이 아니라 사람이 나쁜 것이다. 나는 그와 같은 도량이 좁은 태도나 자기의 작은 주머니 속에 성을 쌓는 것과 같은 태도를 슬퍼한다. 참된 크리스천이라면 관용을 베풀 줄 알아야 한다.

나는 모든 교파가 통합되어야 한다고 생각하여, 세계대전 이전부터 합동 운동을 하고 있다. 조합교회는 지혜를, 일본 기독교단은 질서를, 감리교회는 정조를, 침례교회는 형제애를 중히 여기는 것처럼, 주안점에 있어서는 다르지만 기독교 본질에 대한 인식은 동일하다. 거기에 합동의 가능성이 있다.

나는 일본 기독교단에 속해 있지만 이 소속에 집착하지는 않는다. 일본과 같이 좁은 나라에 교파가 30여 개나 있다는 것은 그리 좋은 일은 아니다. 도시에서도, 농촌에서도 일본 기독교단의 교회가 없으면 조합파의 교회에서 받아주는 것과 같이, 관대한 아량으로 서로 도우며 지냈으면 좋겠다. 내 딸이 결혼할 상대가 조합파의 크리스천이라고 말해도 나는 결혼에 반대할 의사는 전혀 없다. 모든 교파가 통합되어 하나가 될 필요가 있다. 종교 교육의 방법을 바꾸지 않으면 안 될 경우에는 대회의 결의를 거쳐서 어떤 자는 지혜를 중히 여기고, 어떤 자는 의지적으로 나간다는 방법으로 하면 좋을 것이다.

현재 일본에는 '일본 기독교단'이라는 단체가 만들어지고 있다. 이것은 형식상으로는 신교에 속하는 대부분 교파의 합동이라고는 하지만, 아직 많은 결함이 있다. 나의 일생의 소망은 그것이 발전되어 물도 새지 않는 완전한 합동체가 되는 것이다.

2부

기독교 입문

성경의 기초 지식

1. 신화를 어떻게 볼 것인가?

성경에는 신화적 요소가 많다고 하는 사람이 있다. 영국의 로버트슨 같은 학자는 예수님이 실재 인물이 아니라고 하면서 예수님에 관한 모든 이야기는 신화에 지나지 않는다고 말할 정도다.

물론 성경의 신화적 요소를 부정할 수는 없다. 그러나 신화란 무엇인가? 신화와 역사의 차이는 어디에 있는가?

역사의 기술은 최근 2,000년 정도의 기간밖에 되지 않는다. 그 이전의 기록은 모두 신화다. 그뿐만 아니라 역사가가 무엇이라고 말하든, 진짜 역사를 기술한다는 것은 불가능하다. 예를 들면, 자기 자신의 전기(傳記)를 써도 거기에는 반드시 오류가 생긴다. 왜냐하면 망각하는 부분이 있을지도 모르기 때문이다. 친구가 나의 전기를 써주어도, 나의 감정을 정확하게 알 수 없으므로 진정한 역사적 전기는 되지 못한다. 그저 신화만 남는다. 2,000년 후에는 나라는 인간도 신화적인 인물이 되어, 나의 모든 저서는 누군가의 위작이라고 불릴지도 모른다.

신화처럼 확실한 역사는 없다. 신화에는 외부의 자연에 대해서 감응하고, 성(性)의 신비에 대해 생각한 인간의 빛나는 생명의 약동이 있지만, 역사에는 숫자와 부호밖에 없다. 신화는 민족정신의 방향을 명료하게 제시한다. 신화는 민족 그 자체다.

유대 민족의 창조적 정신은 창조의 하나님 신화가 낳았다. 인류의 시조, 아담과 이브가 낙원에서 추방된 신화는 유대 민족의 양심의 번민에서 생겨난 신화다. 도덕적 타락에 관한 그들의 심각한 번민과, 어떻게 해서든 그 번민으로부터 구원받으려는 기원 등이 노아의 방주였다. 이와 같이 민족적 정신이 순수하면 신화도 순수한 것이 창작된다. 성욕 중심의 정신에서는 에로틱한 이야기밖에 나올 수 없다.

어느 누구도 천지창조의 현상을 본 사람은 없다. 그러나 창세기를 펼쳐보면, "태초에 하나님이 천지를 창조하셨다"고 되어 있다. 이것은 틀림없는 신화다. 유대 민족의 정신 활동이 그곳에 투영되어 있는 것이다.

다시 말하면, 그저 한 점에 지나지 않는다. 그것은 민족정신의 직접적 표현 속에 진실이 존재한다는 것이다. 그것 이외의 것은 숫자와 부호에 지나지 않는다.

구약성서는 정신의 기록이다. 창세기는 우주 창조의 기록 같지만, 본질적으로는 우주 정신의 발전 기록이다. 무엇보다도 창세기에서 볼 수 있는 우주관은 근본적으로 현대의 과학과 모순되지 않는다. 표현 방법은 소박하지만, 최신의 물리학과 같이 이 우주에 일정한 목적과 의장(意匠)이 있음을 나타내고 있다.

아무튼 신화처럼 진실한 것은 없다. 정신의 기록으로서 '신화'보다 진실한 것을 나는 보지 못했다. 신화를 무시하고 역사적 진리를 탐구하려는 시도는 헛수고다.

2. 구약성서에 대해

예수님의 시대에는 독서하고 싶어도 오늘날처럼 서적이 흔하지 않았다. 오히려 아주 적었을 것이다. 그 얼마 되지 않는 서적 중에서 가장 중요시 된 것은 구약성서였다.

예수님은 구약성서를 즐겨 읽었다. 그리고 제자들에게 가르쳐준다든지, 바리새인들과 토론할 때는 자유자재로 성서의 내용을 인용하셨다.

구약성서 39권의 기록 중에서, 가장 오래된 부분은 BC 10세기에 쓰였다고 간주되지만 누가 썼는지는 알 수 없다. 한 권의 기록으로 요약된 가장 오래 된 것은 BC 8세기경의 '아모스서'다. 이것은 아모스가 뽕나무 밭에서 백성들에게 호소한 도덕적 선언을 스스로 기록한 것이다.

구약성서가 처음으로 유대인의 경전이 된 것은 BC 6세기경이지만, 오늘날의 것과 같은 형식이 아닌, 훨씬 불완전한 것이었다. 그후 보충되고 정정되어 BC 2세기에 유대교의 경전이 되었다. 단순한 사랑의 노래 같은 감정이 넘치는 '아가서'나 모든 것이 헛된 것이라는 등의 단어가 맨 처음에 나오는 '전도서'를 성경에 넣는 것을 반대하는 사람도 많았다. 이러한 여러 문제가 해결되어 구약성서가 오늘날의 형태가 되어 신약성서와 함께 기독교의 경전으로 공인된 것은 AD 2세기다.

구약성서의 최초의 5권 즉 창세기, 출애굽기, 레위기, 민수기, 신명기는 '모세 5경'이라고 불린다. 유대 민족이 애굽의 집단 노예가 된 것을 구해준 모세가 쓴 것이라는 전설에 의한 것이다. 유대교에서는 이것을 '율법'이라 했으나 창세기의 처음 부분을 제외하면 모두 노예가 자유를 얻으려는 노력의 기록이다. 그리고 그 중심이 된 것은 싸움도, 경제적 운동도, 과학사상도 아니며 '스스로 계신 하나님' 즉 생명의 하나님에 대한 순진한 신앙이다. 출애굽기와 신명기에 있는 십계명은 하나님에 의한 자유를 기초로 한 것으로 생명 그 자체의 약동이 거기에 있다.

여호수아에서부터 에스더까지의 열두 권은 유대 민족의 역사가 주로 기록되어 있다. 유대 민족의 이상은 하나님이 약속하신 땅, 즉 젖과 꿀이 흐르는 땅에 나라를 세우는 것이었다. 이 건국 운동과 건국 후의 민족 생활의 중심인물이 이들, 역사의 주인공이다. 그중에는 용감한 여호수아도 있고, 유대인의 피가 섞이지 않은 가난한 과부 룻도 있다. 12세에 하나님의 음성을 들은 사무엘, 사랑의 사람 다윗, 하나님의 유일한 사자로서 수만의 적과 싸운 엘리야, 엘리야에게서 받은 옷으로 요단강의 수면을 내려치면서 "엘리야의 하나님은 지금 어디에 있습니까?"라고 외친 엘리사 등 흥미 있는 인물이 가득하다.

에스더서에는 하나님이라는 단어가 하나도 없다. 그 때문에 이것을 경전에 포함하는 것을 반대하는 경향이 대단히 강했다. 마르틴 루터조차 "나는 에스더서에 반대한다. 이런 것을 경전에 넣어서는 안 된다"고 말했다.

하지만 에스더서는 여전히 종교적인 서적이다. 주인공은 유대 여성인 에스더이며, 그녀는 페르시아의 왕후가 되었으나 유대 민족이 위기에 처했을 때 위험을 무릅쓰고 그들을 구했다. 여기에 이 책의 종교적 의의가 있다. 에스더는 아름다운 영웅이었다.

욥기, 잠언, 전도서 세 권의 책은 지혜 문학이라고 불린다. 이 세 가지 중에서 가장 존중되는 것은 욥기다. 여기에는 비극적인 요소가 풍부하다. 그러나 단순한 비극은 아니다. 내가 애독했던 불경의 '유마경(維摩經)'과 같이, 고난에 대한 태도를 기술한 책이다. 개인의 신앙 경험을 극적으로 묘사하여, 신앙의 힘이 결국 모든 재난을 이겨나가는 과정을 심각하게 고찰한 점에서, 그 이상의 책은 구약성서의 전 권을 통틀어서 어디에서도 찾아 볼 수 없다. 작자는 불명이다.

'아가'는 영역(英譯)으로는 솔로몬의 노래라 한다. 이것은 연애시다. 아가서를 성서에 편입한 것은 하나님과 인간이 서로 사랑하는 관계임을 암시하고 있다고 생각했기 때문이다. BC 4세기 이후의 작품이다.

같은 시 문학이지만 아가서와 비교하면 '시편'은 전혀 성격이 다르다. 연애시는 한 편(제45편)뿐이며 나머지 149편은 한결같이 순수한 종교시다. 모두 BC 5세기 이후의 작품들이다. 예루살렘 성전에서 예배를 드릴 때, 찬송가로 음악에 맞추어 부른 것이다.

이사야에서 말라기까지의 16권은 예언서라 불린다.(예레미야 애가는 예레미야서의 부록이다.) 예언이란 미래의 사건을 예언하는 것이 아니라, 하나님의 인도에 따라 국민이 나아갈 방향을 말하는 것이다. 그러므로 예언(豫言)이라 쓰지 않고 예언(預言)이라고 쓰는 것이다. 예언자는 국민의 종교적 지도자로서 왕정 시대에는 집단을 이루고 있었다. 특수한 의복을 입고 종교적 정열에 따라 행동하는 애국자라는 점에서는 일반 사람과는 달랐다. 당시 최고의 예언자는 엘리야였다.

그런데 BC 9세기경부터 집단이 아닌 개인으로 국민에게 강하게 감화를 준 예언자가 나타나기 시작해 저작을 남기는 예언자의 시대가 되었다. 이사야 이하 16인의 예언자가 그들이다.

16인 중 이사야, 예레미야, 에스겔, 다니엘 4인은 '대예언자'라고 하고 그 외 12인은 '소예언자'라고 불렀다. 이 경우의 대소는 저서의 대소를 의미하는 것이다.

이사야서는 종교 문학으로서도 뛰어나다. 아마 고대의 산문시로 그처럼 특이한 것은 없을 것이다. 하나님의 장엄함을 표현한 점에서는 단테의 《신곡》이나 밀턴의 《실락원》과도 비교할 수 있을 것이라고 생각한다.

예레미야서는 대단히 개성적이다. 예언자 예레미야는 비극의 시인이었다고도 말할 수 있다. 예레미야 애가를 보면 그것을 확실히 알 수가 있다.

에스겔서의 사상은 신비적이다. 그러나 그것을 잘못이라고 보면 안 된다. 에스겔은 동방의 대국 바빌론의 포로가 되었기 때문에 육체가 속박되었지만 혼은 무한히 활약한다. 신비적이 되고, 다소 감상적이 된다고 해도 그것은 자연스러운 것이다.

다니엘도 포로였다. 그러나 그는 젊은이의 이상적인 형태로 생활했다. 그 생활상을 기록한 것이 다니엘서다.

12인의 작은 예언에도 나름대로의 특징이 있다.

예언자는 근대적인 말로 표현하면 일종의 문명비평가다. 그들은 하나님의 입장에서 시대의 도덕, 종교, 군사, 정치 조직을 비판했으므로 그 지위는 매우 높았다. 왕보다, 군인보다, 때로는 민족 그 자체보다도 한 사람의 예언자를 중히 여겼다.

- 헤브라이 민족(또는 히브리 민족): BC 10여 세기 경부터 팔레스타인에 살고 있던 셈족을 일반적인 의미로 헤브라이 민족이라 부른다.

- 헤브라이어: 헤브라이 민족이 사용한 언어. 구약성서는 이 언어로 썼다. 그러나 예수 시대에는 아람어가 일반에게 사용되었다.

- 이스라엘: 헤브라이라는 것은 외부에서 부르는 명칭이고, 헤브라이 민족 자신들은 이스라엘이라는 명칭을 사용했다.

- 유대: BC 9세기 경 이스라엘이 분열되어 이스라엘과 유대의 두

왕국이 되었다. 이스라엘 수도는 사마리아, 유대의 수도는 예루살렘이었다. 그후 팔레스타인 전체가 유대가 되고 예수 시대에는 로마 제국의 지배를 받았다. 국가가 완전히 망한 것은 AD 70년이다.

• 유대 민족: 이 말은 이스라엘 민족과 같은 의미로 쓰이는 경우가 많다. 즉 헤브라이 민족을 말하는 것이다.

3. 신약성서에 대해

신약성서가 현재와 같은 형태로 기독교의 경전이 된 것은 AD 4세기다.

여기에 포함되어 있는 27권의 기록이 처음부터 성경으로 쓰인 것은 아니다. 바울조차 자신이 각지의 크리스천에게 보낸 편지가 성경으로서 영구 보존되리라고는 전혀 예상하지 않았다. 네 개의 '복음서'도 예수님의 생애와 교훈을 구두로 전하는 대신에 글로 써서 도움이 되게 한 것이다.

27권의 배열 순서는 쓰인 연대의 순서와 반드시 일치하지는 않는다. 가장 먼저 쓰인 것은 바울의 편지다. 바울 서신은 13통이지만(히브리서도 바울의 것으로 하면 14통이 된다), 그중 10통 정도는 AD 48년부터 62년 사이에 쓰였다. 4복음서는 그 다음의 40~50년 기간 동안에 쓰인 것으로 추정되고 있다. 27권 중에서 최후의 것은 베드로의 편지 베드로후서다. 그 연대는 AD

130년에서 150년 사이로 추정된다.

4복음서 중에서 마가복음이 가장 먼저 쓰였다는 것이 정설로 되어 있으나 나는 이것에 동의하지 않는다. 지금과 같은 배열이 연대순으로 되어 있다고 나는 생각한다. 즉 마태복음이 최초이고 마가복음이 그다음이다. 그 이유는 마가복음은 유대적인 사상이 희박하다는 점을 들 수 있다. 마태복음에는 고대의 유대인이 생각한 것으로 믿어지는 부분이 자세히 적혀 있다. 유대인이 왜 기독교인이 되었는지에 대한 것은 마태복음을 읽지 않으면 알 수 없다. 마가복음은 로마적이다. 누가복음은 유대적 색채는 전혀 없고 오히려 그리스적이다.

이 세 개의 복음은 공관복음이라 한다. 세 복음 모두 대체로 같은 관점에서 쓰였고, 기사에 공통점이 많기 때문이다. 그렇지만 요한복음은 전혀 다른 방향에서 쓰였고 다른 복음에서 볼 수 없는 사실도 자세히 기록되어 있다.

마태, 마가, 누가로 거슬러 요한복음에 이르면 기독교가 세계에 펼쳐진 과정을 잘 알 수 있다.

마태는 유대인으로 원시적인 기분이 풍부한 인간이었으나 예수님의 제자 마태와 동일 인물인지는 확실하지 않다. 마가는 로마인으로서 그리스어를 알지 못하는 베드로의 통역을 한 적도 있다. 누가는 그리스의 의사였다. '복음서'는 모두 그리스어로 쓰였지만, 누가복음을 쓸 때 사용한 그리스어는 대단히 규칙적으로 되어 있고 문법에 맞게 되어 있다. 요한은 예수님의 제자가 되기 전에 어부였던 요한과 동일인인지는 알 수 없으나, 제자인 요한이 공관복음서를 보충해서 쓴 것은 아닐까 생각되는 증거가 매우 많다.

4복음서는 모두 저자의 이름을 책 이름으로 한 예수의 전기지만, 엄밀한 의미로는 전기가 아니다. '기쁨의 알림'을 표현한 책으로, 세계 역사의 방향을 전환시킬 정신력을 가진 종교적 체험의 기록이다. 복음서가 만약 예수님의 전기라면 예수님이 종교 운동을 시작할 때까지의, 즉 '침묵의 30년'을 보다 재미있게 썼을 것이지만, 그런 부분은 복음서의 어디에도 없다.

복음서는 인류 복지의 선언서다. 결코 단순한 언어가 아니다. 언어라고 한다면, 주인공으로 등장하는 예수님의 육체가 언어다. 거기에는 길이 있고, 빛이 있고, 생명이 있다.

복음서는 십자가의 피에 의해 구원을 받으려는 사람들의 혼에 울리는 영원의 행진곡이다.

사도행전은 사도들, 특히 베드로와 바울의 언행을 기록한 책이다. 이것을 읽으면 인간을 구원하려는 눈에 보이지 않는 힘, 즉 그리스도가 유럽 각국에 침투하여 나아가는 과정을 확실히 알 수 있다. 저자는 자세히 알 수 없으나, 의사인 누가가 썼다고 추정되는 부분이 많이 있다.

  바울 서신은 세계 역사에 하나 밖에 없는 영원한 가치 있는 고백 문학이다. 아우구스티누스나 톨스토이의 《참회록》은 이것과 비교하면 대단히 왜소하다. 하나님 자신이 쓴 것이라고 생각될 정도로, 여기에는 예리한 자기비판이 나타나 있다. 하나님이 바울을 가까이 했을 때 그는 자신의 죄를 고백하지 않을 수 없었다.

  그는 편지의 형식으로 논문을 썼다. 아니면 논문의 형식으로 편지를 썼다. 그것은 그 당시 지식인 사이에서 일반적으로 행한 방법이었다.

  그의 열세 통의 편지 중 최초로 쓴 '갈라디아서'는 그의 자서전이다. 여섯 번째로 쓴 '로마서'는 그리스도의 피에 의해 구원받은 생생한 체험의 기록이다. '히브리서'는 AD 85년경에 쓰였으며 성정(聖淨)의 길이 이 편지의 주제로 되어 있다.

  예수님의 동생 야고보가 썼다고 하는 '야고보서'는 가난한 자의 복음이다. '유다서'도 예수님의 동생인 유다가 썼다고 전해진다. 이것은 순결을 설명한 편지다.

  예수님의 제자로 반석이라는 별명을 가지고 있던 어촌 출신의 베드로가 썼다고 전해지는 편지가 두 통 있다. 그 안에서 그가 취급한 것은 시련과 정의의 문제다.

'요한복음'의 저자와 동일인이 썼다고 전해지는 편지는 세 통이 있다. 그중 첫 번째 편지는 성스러운 사랑에 대하여 설명했고, 두 번째 편지는 진리란 어떤 것인가를 분명히 밝혔다. 세 번째 편지는 애정에서 출발한 추천장이다.

신약성서의 최후를 장식하는 '요한계시록'은 AD 95년경에 쓰였다. 이 역시 요한의 저서로 전해지고 있으나, 사실 여부는 분명하지 않다.

계시록은 일종의 신비문서다. '봉해진 약속'이 주제로 되어 있다. 그러나 신앙과 지혜로 봉해진 약속을 해독할 수 있는 사람에게는 이것이 승리의 복음이 될 것이다.

4. 성서의 번역

히브리어로 쓰인 구약성서는 BC 3세기경에 애굽에 거주하던 유대인에 의해 처음 그리스어로 번역되었다. 이 그리스어 구약성서는 '70인역 성서'라고 불린다. 프톨레마이오스 2세(Ptolemaeos II, BC 308~246)가 70명의 학자에게 위촉하여 이 사업을 했다고 하는 전설에 의해서다. 당시 지중해를 중심으로 한 세계에서는 그리스어가 국제어였기 때문에 그리스어 번역본이 필요했다.

신약성서의 원문은 '코이네'라고 불리는 통속 그리스어로 쓰여 있는데, AD 2세기경에 처음으로 시리아어와 라틴어로 번역되었다. 그러나 라틴어 역의 결정판이 나온 것은 4세기다. 역자는 히에로니무스(Eusebius Hieronymus, 347~420)라는 저명한 학자였다. 이 번역된 성경은 그때부터 약 1,000년간 교회에서 사용되었다.

구약성서와 신약성서가 그 외의 여러 나라 말로 번역된 것은 16세기 종교 개혁 이후다.

일본에 처음 기독교를 전한 가톨릭 선교사 사비에르는 말라가에서 알게 된 야지로라는 일본인에게 마태복음의 번역을 부탁했으나 현재 번역된 것은 전해지지 않는다.

현재까지 전해진 번역서 중에서 가장 오래된 것은, 프로이센인 귀츨라프(Karl Gützlaff, 1803~1851)가 홍콩에서 영국 식민청의 서기로 근무할 때, 표류되어 온 일본인들에게 일본어를 배워 번역한 요한복음과 요한2서다. 1837년 〈요한복음전(約翰福音之傳)〉, 〈요한중서(約翰中書)〉라는 제목으로 싱가포르에서 출판되었다. 표제는 한자이고 본문은 모두 가타카나로 썼다.

〈요한복음전〉은 미국에 보존되어 있다. 일본에는 메이지 학원의 도서관에 한 권이 있다.

그다음으로는, 1850년 경 페리 제독의 통역을 하기도 한 미국인 선교사 윌리엄스가 중국에서 '창세기'와 '마태복음(마태전)'을 일본어로 번역했다. 그때부터 10년 후, 윌리엄스는 그 번역문을 요코하마에 거주하는 선교사 브라운에게 보냈지만, 1867년에 브라운의 집에 화재가 일어나 원고가 소실되었다고 오랫동안 믿어져왔다. 그런데, 우연히 '마태복음'의 원고가 1949년 가을에 나가사키에서 발견되어, 윌리엄스가 번역한 것으로 확인되었다. 이것도 본문은 가타가나로 쓰여 있다.

"아마 하나님은 세상을 이처럼 사랑하시어 성령으로 아들을 낳게 하시고, 이것을 믿는 자를 멸망시키지 않고 끝없는 생명을 얻게 하기 위해……."

이런 번역 형태로 번역한 사람은 영국 선교사 베델하임이었다. 그의 번역서 중 요한복음, 누가복음은 복잡한 사정이 있은 후 1873년 오스트리아의 빈에서 출판되었다. 귀츨라프의 번역물보다도 훨씬 좋은 번역이었다.

일본에서 최초로 번역된 성서는 미국 선교사 조너선 고블(Jonathan Goble, 1827~1898)의 회심의 역작인 〈마태복음서〉다. 출판된 것은 1871년으로서, 본문은 히라가나를 사용했다.

선교사 헤이븐은 마태복음, 마가복음, 요한복음 세 개를 번역해서 1872년과 1873년에 출판했다.

1872년 9월에 요코하마에서 신교 각 파의 선교사 14명이 모여 미국 성서공회의 사업으로 신약성서의 번역을 완성하기로 결의했다. 그 결의는 재빨리 실행되어서 1879년에 신약성서를 구성하는 27권을 하나의 책자로 묶어놓은 일본어판이 발행되었다.

구약성서의 번역이 완성된 것은 1887년이다. 1917년 신교의 각 파에서 선출된 위원에 의해 현재 사용되는 신약성서의 개역판이 완성되었다. 가톨릭과 그리스 정교회는 각각 자기들 힘으로 번역한 일본어판을 사용하고 있다.

제2장

예수님의 생애

1. 예수님의 시대

율리우스 카이사르(Gaius Julius Caesar, BC 100~44)에 의해 로마는 처음으로 세계의 패권을 잡게 되었다. 아무리 나폴레옹이나 한니발(Hannibal, BC 247~183)이 위대하다고 하지만 군인으로서 카이사르를 능가할 자는 없다. 그는 불과 5만 명의 군사를 이끌고 지중해 연안을 통일시켰으며, 독일과 영국에도 손을 뻗었다. 지중해를 중심으로 하는 세계의 모든 나라와 민족이 그의 말발굽에 짓밟혔다.

유대가 로마에 정복당한 것은 BC 63년이었다. 유대 민족은 여러 차례 정복당한 민족이다. 서로 다른 14 혹은 15개 나라에 교대로 정복되어, 굴욕에 찬 생활을 했다. 로마에 정복당한 것이 최후였다.

BC 37년에 유대 계통에 속하지 않은 헤롯이 로마 황제의 임명을 받아 유대의 왕이 되었다. 예수님이 출생할 때 페르시아 지방으로부터 점성술에 능한 학자들이 낙타를 타고 예루살렘에 찾아왔다. 그리고 시온 산의 관저에 있는 헤롯 왕과 회견을 했다.

"이 나라에 새로운 왕이 탄생하지 않았습니까?"라고 물었다.

"학자들에게 물어보는 것이 좋을 것입니다."

헤롯은 목을 흔들며 이렇게 말했지만, 기분이 좋지 않아서 유대교의 경전에 능통한 학자들을 불러 모아 조사하도록 했다. 그러자 메시아(구세주)가 탄생할 장소까지 적혀 있었다. 그 장소는 베들레헴이었다.

"새로운 왕이란 이 메시아일 것이다. 내 왕위를 노리는 자가 탄생한다면 그냥 두지 않겠다."

헤롯은 이렇게 생각하고 베들레헴에 군대를 보내어 그 베들레헴 인근의 어린이들을 모조리 학살했다. 이 학살은 유대 역사가 요세푸스(Flavius Josephus, 37?~100?)의 저서 《유대 고대사》안에 자세히 기록되어 있다.

헤롯은 이런 남자였기 때문에 죽음이 임박했을 때 자기가 죽으면 울어줄 사람이 없을 것이라고 생각하고, 예루살렘 시민

5,000명을 원형 극장에 가두어 학살했다. 학살당한 사람들의 처와 자식들은 극장을 둘러싸고 울부짖었다.

"저것은 나의 죽음을 애도하는 것이다."

헤롯은 이렇게 말하면서 자기의 목을 칼로 찔렀다.

새로 왕위에 오른 것은 그의 아들이었다. 그러나 선정이 이루어지지 않아, 민중은 메시아의 출현을 마음으로 바라고 있었다.

"머지않아 유대는 로마에 정복되어 그의 속국이 될 것이다. 그러나 적을 무찌를 영웅이 반드시 나타나 국권을 회복하여 예루살렘을 수도로 하는 새로운 국가를 건설해줄 것이다."

성서에 있는 예언을 요약하면 이와 같은 의미일 것이라고 민중은 생각했다.

더욱이 아람어밖에 모르는 민중은 히브리어로 쓴 성서를 읽을 수가 없었다. 그래서 유대에는 성서를 아람어로 번역할 수 있는 전문가가 있었는데 그들이 바로 랍비(학자)라고 불리는 사람들이었다.

바리새인들이 모두 학자는 아니지만, 대부분의 학자들은 바리새인이었다. 바리새인들은 예수님의 시대에는 6,000명뿐이었고 대부분은 예루살렘에 살았다.

"유대가 이렇게 외국인에게 정복당한 것은 유대인들이 하나님 말씀을 지키지 않았기 때문이다. 이후로는 하나님 말씀을 지키지 않는 자와는 교제하지 않는다."

AD 135년경, 위와 같이 말하고 하나의 단체를 만든 사람들이 있었다. 그들이 바리새인들이다. 그들은 정의단(正義團)이었지만 분리파로 보는 사람도 있다. 나 역시 분리파로 보는 것이 옳다고 생각한다. 그들은 민중을 분리했다. 그리고 예수님에 대해서 최후까지 적의를 품고 있었다. 그들은 보수주의자이자 형식주의자로서, 예수님 혁명적인 종교를 이해할 수 있을 정도의 예리한 지성을 지니고 있지 않았다.

복음서에는 사두개인이라는 집단도 나온다. 사두개인은 분리파인 바리새인들과 달리, 정치권력과 결합하여 귀족 사이에서 세력을 펼쳤다. 예루살렘 성전에서 일하는 제사장의 태반은 사두개인이었다. 그들은 그리스의 유물론을 받아들였기 때문에 그 사상 경향이 대단히 현실적이었다.

젤롯당이라는 것도 있었다. 이들은 정열적인 애국자로서 로마의 관헌에 저항하여 독립운동을 일으키기도 했다. 일본어 성경에는 열심당이라 번역되어 있다.

그러나 예수님은 처음부터 어느 당파에도 속하지 않았다.

2. 어머니는 마리아, 아버지는 하나님

마구간에 태어나 목수의 집 사람이 되고
가난하게 자라나 살아가는 고민하던
사람을 자세히 보아라.

먹을 것도 쉴 틈도 없이
학대받는 사람을 찾아
벗 없는 자의 벗이 되어
마음 아파하는 이 사람을 보라.

모든 것을 바치고
죽음 외에는 보답받을 것이 없어
십자가의 틀에 올라가
적을 용서하던 이 사람을 보라.

이 사람을 보라.
이 사람은 각별한 사랑을 나타낸 분
이 사람을 보라.
이 사람은 살아 있는 하나님이다.

이 찬송가에는 예수의 일생이 압축되어 있다. "이 사람을 보라!" 얼마나 힘찬 부르짖음인가? "자랑할 것을 하지 않으려면 죽는 것이 낫다"고 말한 바울과 같은 생각이다. 모든 크리스천의 높은 숨결이 거기에 있다. 작자는 기독교 시인인 유키 야스라카(由木康)다.

예수님이 탄생한 연대는 BC 4년경으로 추측된다. 예수님의 어머니는 처녀 마리아, 아버지는 하나님이시다. 목수인 요셉은 예수님의 일종의 의붓아버지다. 하지만 '일본 사회주의의 아버지'라 불리는 아베 이사오(安部磯雄) 등이 속한 유니테리언파는 요셉을 실제의 아버지로 본다.

모든 물질은 정신의 표현이며, 시(詩)를 알지 못하는 사람에게는 예수님이 처녀 엄마에게서 출생했다는 것은 영원한 의문으로 남을 것이다. 그러나 처녀 수태를 종교적 감정의 표현으로 보면 의문은 생기지 않을 것이다. 하나님은 순결한 처녀의 육체를 빌려서 이 지상에 나타났다고 해석한다면, 아무 의문도 생기지 않는다. 다년간의 죄 때문에 부패해버린 인간의 피를 통과하지 않고, 하나님이 인간의 형태를 취해서 나타나게 되었다고 생각하면, 처녀 수태의 신앙이 생긴 것은 자연스럽다. 속죄하기를 갈망하는 여성으로서는 그러한 신앙을 가지는 것이 자연스러운 것이다. 당시 유대의 여성 중에는 그 같은 신앙을 품고 있는 사람이 적지 않았다. 그녀들은 성스러운 처녀는 남성과 접하지 않아도 자식을 낳을 수 있다고 생각하고 있었다. 우리들은 이것을 생리적으로 해석해서는 안 된다. 표현적으로 해석해야만 한다.

고대 사람들은 남녀가 육체적으로 하나가 되어도 하나님의 허락이 없다면 자식을 낳을 수 없다고 믿었다. 그래서 첫 아기에게는 신의 이름을 주었다. 이런 점에서 말해도, 하나님에 대한 인간의 깊은 동경이 생명 약동의 형태가 되어 처녀 임신이 되는 것은 심리적 진리로서 당연히 믿어야 한다.

> 마리아여, 나는 하나님을 잉태했다고 말합니다.
> 세계의 평범한 여성들이여, 모두 소리를 높여서 말하라.
> 우리들도 하나님을 잉태했다고.
> 하나님을 잉태하는 것은 선한 일이다.
> 그것은 시다. 노래다. 아니다. 그것은 종교다.
> 인간이 다니는 길이 막혔을 때에,
> 하나님이 해결해주신다는 것은 기쁜 일이다.

베들레헴의 마구간에서 태어난 예수님은 하나님의 독생자(獨生子)였다. 하나님의 본질이 사랑인 이상, 하나님이 자기의 외아들을 지상에 보내신 것은 극히 자연스러운 일이다.

"하나님이 세상을 이처럼 사랑하사 독생자를 주셨으니 이는 그를 믿는 자마다 멸망하지 않고 영생을 얻게 하려 하심이라"라고 요한복음에 기록되어 있다. 루터는 이 한 구절만 있어도 성경의 다른 모든 부분은 필요 없다고 말했을 정도다. 교파가 다른 농민에 대해 극도로 준엄했던 루터도, 크리스천으로서 최고의 지혜를 지니고 있었다.

왜 예수님만이 하나님의 아들인가? 요한복음의 저자는 왜 예수님만을 하나님의 독자라 했는가? 나는 그것을 묻고 싶다.

따스한 봄에 소생하는 초목같이, 한 번 막혀버린 인간에게 재생의 기쁨을 주는 분이 하나님이시다. 하나님의 사랑은 그런 성질의 것이다. 그런 것들을 우리에게 확신시켜준 사람은 붓다도 일연도 아니고 예수님뿐이었다. 예수님은 하나님을 독점하고 있었다.

내가 베들레헴을 방문했을 때 예수님이 탄생했다는 마구간을 보았다. 산에서 내려가면 문이 있었고 교회가 있다. 이 문은 이슬람교도가 크리스천을 싫어한 관계로, 허리를 굽혀야 지날 정도의 작은 문이었다. 헤롯 왕이 46년 걸려서 지었다는 예루살렘 성전에서 24개의 대리석 기둥을 옮겨와 그것으로 회당을 장식했다. 예배당 정면에서 우측으로 내려가니 그곳은 동굴이었다. 이 동굴이 예수가 태어난 마구간이라고 믿고 있는 것이었다. 틀리지는 않는 것 같다. 한쪽은 낭떠러지인데, 옛날에는 그쪽에서 빛이 들어온 것으로 짐작되었다. 여물을 주는 곳은 돌로 만들어져 있었다. 그 아래에서 헤롯 왕의 학살로 희생된 어린이들의 유골이 나온 곳도 있다고 역사가 요세푸스의 저서 중에 기록되어 있다. 나는 루터가 어린이들을 위해 지었다는 찬송가를 회상했다.

> 하나님의 아들인 예수가
> 잠들었다, 얌전하게.
> 구유 안에서
> 볏짚 단 위에서도
> 말 울음소리에 잠에서 깨어나
> 웃고 있다, 예수는.

3. 기적을 행하다

예수님의 생애 중 성경에 그려진 부분은 불과 3년에 불과하다. 30세까지의 생활에 대해서는 거의 알 수 없다. 출생 당시의 상황 이외에는 12세 때 유월절에 예루살렘에 갔다가 부모와 잠깐 헤어졌다는 기록이 있을 뿐이다. 아버지 요셉이 목수였으므로 예수님도 아버지를 도운 것은 확실하다. 목수 예수라 불리는 것은 그 때문이다.

30세 때 예수님은 거주하던 나사렛에서 떠나, 죄인들에게 회개를 촉구하며 "두 벌의 내의를 가지고 있는 자는 한 벌을 다른 사람에게 주어라"라고 외치는 선구자 요한의 제자로 들어갔다. 그리고 1년 남짓 요단 강 주변에서 요한과 행동을 함께하고 있었는데, 요한이 불경죄로 감옥에 투옥되어 성곽 안에 있는 감옥에서 살해되었다. 예수님은 그때 처음으로 독립해 사람들에게 '기쁜 소식'을 전하기 시작했다.

예수님이 '나는 하나님의 독생자다'라는 자각을 가지게 된 것은, 이 1년 정도의 기간이었다. 요단 강 주변에서 40일간 단식했을 때 그 자각은 결정적인 것이 되었다.

'나는 하나님의 독생자다. 하나님의 아들이다'라는 자각은 '나는 메시아다'라는 자각이다. 그러나 그것을 공언할 시기는 아직 아니었다.

예수님은 천국이 가까이 왔다는 것을 가르침과 동시에 기적을 행했다. '더러워진 영'에 사로잡혀 있던 사람이 바르게 돌아왔고, 맹인이 보게 되었으며, 절름발이가 걷게 되고, 나병 환자의 병이 치유되었으며, 귀머거리가 듣게 되고, 죽었던 사람이 살아나는 등의 기적이다. 전부해서 46가지 정도 기록되어 있다.

나는 예수님을 기적의 실행자라고 믿는다. 예수님만이 아니라 바울, 베드로도 기적을 행할 수 있는 능력을 가지고 있었다. 그 당시 사람들은 기적을 믿고 있었고, 오늘날의 최면 심리학에서 볼 때도 예수님이 행한 기적의 대부분은 불가능한 것이 아니다.

죽은 소녀를 향하여 "달리다굼!(소녀야, 일어나라)"이라고 했더니 일어나 걸었다는 기적, 다섯 개의 빵과 두 마리 생선으로 5,000명을 배부르게 먹였다는 기적 등은 인도의 성자도 할 수 있는 종류의 기적이므로, 최면 심리학이 이런 것을 가능하게 할 시대가 온다면 과학적으로 받아들여도 좋을 것이다. 예수님이 물 위를 걸었다는 것, 풍랑을 잔잔케 했다는 것도 태양의 운행을 정지시켰다고 하는 미개국의 신화와는 달리, 다소 착각이 수반된다 하더라도 결코 부정할 수는 없다. 과학적 확실성은 우리가 믿을 때 주어지는 것이다.

하지만 예수님의 기적을 연구하는 사람들이 빠뜨려서는 안 되는 것은 예수님이 그런 일들을 자기 종교 운동의 전부라고 생각하지 않았다는 것이다.

예수님은 기적을 행하고도 "누구에게도 알리면 안 된다"라고 말했으며, 바리새인들이 기적의 실행을 강요하면 대단히 한탄하면서 "왜 세상 사람들은 기적을 바랄까?"라고 말씀하셨다. 그에게 있어서는 하나님의 힘이 자신의 내부에서 작용하는 이상 기적을 행하는 것은 쉬운 일이지만, 종교 운동의 내용으로서 기적 이상의 것이 존재하고 있는 것이다. 그것은 메시아 의식이다. 메시아로서, 그리스말로 하면 그리스도로서 죽지 않으면 안 된다.

이 세상의 죄악을 본 사람은 죽지 않으면 안 된다. 하나님에 의해 탄생한 사람은 죽지 않으면 안 된다. 대가 없이 하나님 품에 돌아갈 수는 없다. 죽음은 필연적이다. 더욱이 그것은 십자가의 죽음이 아니면 안 된다.

4. 십자가의 길

예수님의 종교 운동이 제2기에 들어가면서 예수님은 열두 제자들을 활동의 무대에 세웠다. 제3기에 들어가면, 예수님의 메시아 의식은 점점 더 강해졌다.

"나는 빛이며 생명이다"라고 분명히 말씀하셨다. 그의 종교는 파죽지세로 사람들 사이에 퍼져나갔다.

하지만 예수님은 불운한 분이었다. 선구자 요한을 잃고 절망한 민중은 바로 그 무렵부터 예수님을 등에 업고 나라의 독립 운동을 일으키려고 시도했다. 세계적 관점에 서 있지 않은 그런 정치 운동은 그분에게는 귀찮았다.

예수님은 도망치듯 처음에는 북방의 두로나 시돈이라는 마을에 갔고, 다음에는 서북방에 있는 그리스풍의 도시 가이사랴 빌립보 근처에서 방황했다. 어느 날 예수님은 제자들에게 물었다.

"너희들은 나를 누구라고 생각하느냐?"

"당신은 그리스도입니다." 베드로가 말했다. 그것은 격찬의 말이었다. 베드로는 아직 정치적 의미의 그리스도와 정신적 의미의 그리스도를 구별하지 못하고 있었다.

"그런 것을 사람들 앞에서 말을 하면 안 된다"라며 예수님은 말하지 못하게 하셨다.

아무래도 관헌의 압박이 심해져 자세히 알아보니, 수도인 예루살렘에 있는 산헤드린이라는 일종의 의회에서 예수님을 어떻게든 죽이려고 결의하고 포고했다.

"만일 예수의 소재를 아는 자가 있다면 신고하시오."

이렇게 포고가 되었다. 반역자로서 예수님을 포박하려는 수단을 꾸미고 있는 것이 확실했다.

그러면서 예루살렘에 간다는 것은 불가능했다. 그래서 예수님의 종교 운동은 지하운동 같은 경향을 취할 수밖에 없었다. 그러나 그 운동 방법은 폭력적인 운동은 아니었다.

"내가 세상에 화평을 주러 온 줄로 생각하지 말라. 화평이 아니요 검을 주러 왔노라"고 예수님이 말한 적이 있었다. 그러나 이 경우의 검은 십자가를 짊어지고 예수님을 따르는 자와 따르지 않는 자를 갈라놓음을 의미하는 것이다. 예수님에게는 죽음만이 있었다. 그것 이외의 어떠한 다른 것도 방법적 가치를 가지고 있지 않았다.

결국 때가 왔고, 예수님은 제자들에게 말씀하셨다.

"나는 지금부터 예루살렘으로 간다. 나는 제사장이나 학자들 손에 넘겨질 것이다. 그들은 나에게 죽일 죄를 씌우고, 조롱하며 채찍질한 후 십자가에 매달 것이다."

제자들은 놀랐다. 왜냐하면 예수님의 그리스도되심의 의미를 충분히 파악하고 있지 않았기 때문이었다. 그중에는 예루살렘에 가는 것을 반대하는 자도 있었다. 하지만 예수님은 세속적인 기분에 젖어 있는 제자들과 타협하기를 바라지 않고, 용감하게 예루살렘을 향해 걸어가셨다.

정치적 권력의 허무함을 알고 있는 예수님은 십자가의 길을 택하셨다. 그분은 결코 비겁하지 않았다. 하나님과 영원한 것을 사모하는 것 외에는, 어떠한 감정도 가지고 있지 않았다. 그분이 죽지 않으면 죽을 자가 없었다. 죄를 본 자는 반드시 죽는다. 그의 피에 의해 처음으로 구원의 문이 열려, 지상에 '하나님의 나라' 즉, 사랑을 기조로 하는 사회적 조직체가 세워지는 것이다.

예수님은 제자들과 함께 베다니의 두 자매 마르다와 마리아의 집에 머물렀다. 이 마을에서 예루살렘까지는 가까웠다. 예수님은 당나귀를 타고 성안에 들어갔다. 예루살렘 시민들은 그분이 지나가는 길에 자기들이 입었던 옷이나 들판에서 가지고 온 나뭇가지를 깔았다. 그러고는 이렇게 외쳤다.

다윗의 아들 호산나,
지극히 높은 곳의 호산나.

'호산나'란 '영광 있으라'라는 의미로서, 그들은 예수님을 다윗 왕의 자손이라고 생각하고 있었다. 그러나 그 열망은 일시적이었다.

이탈리아의 화가 레오나르도 다빈치(Leonardo da Vinci, 1452~1519)가 밀라노 성당 벽에 그린 최후의 만찬은 어떤 큰 집 2층 방에서 열렸다.

그날부터 이틀째 되는 날에 예수님은 십자가에 달렸다. 십자가형은 그 시대의 극형이었다. 별로 즐거운 것이 아니었다. 예수의 제자 중 가룟 유다는 반역을 하고, 나머지 열한 명은 공포심으로 예수님을 버렸다. 최후까지 예수님을 따르며 그의 죽음을 바라본 사람은 많은 여자들이었다.

만일 예수님이 부활하지 않았다면 예수님의 종교는 영구히 묻혔을지도 모른다. 그렇지만 그날부터 사흘째 되는 날 그분은 부활하셨다. 그리고 먼저 여자에게 나타났고, 그다음에 제자들에게 나타났으며, 최후에 승천하셨다. 그 결과 사정은 일변했다.

예루살렘은 예수님의 시대에 '영혼의 묘지'였다. 그것을 피하여 예수님은 장기간 갈릴리 북쪽 지방에 머물러 있었다. 그 '영혼의 묘지'를 나는 방문하여, 성모 마리아의 묘, 사도 야고보의 묘, 예언자 사가랴의 묘, 다윗 왕의 묘, 십자군 장군들의 묘, 이슬람교도의 묘 등을 보았지만 제일 감명 깊었던 것은 역시 예수님의 묘였다. 그곳은 비어 있었고, 조금도 묘 같지 않았으며, 넓고 컸다.

"달리다굼" 이같이 말하며 소녀를 살려주신 예수님은 자신이 죽었을 때도, 그 묘 안에 사흘밖에 계시지 않았다.

"나는 큰 실패자였다. 그러나 나사렛의 목수 예수는 죽어서 세계를 정복했다"라고 나폴레옹은 말했다.

"단지 1년 반의 활동으로 세계를 뒤집어 놓은 인물은 역사상 단 한 사람밖에 없다. 그는 예수시다"라고 말한 것은, 슈바이처(Albert Schweitzer, 1875~1965)라는 세계적으로 유명한 의사이자 종교가이고 철학자며 음악가였다.

정말로 예수님은 전등도, 비행기도 발명하지 않았으나 사람이 살아가는 방법을 제시했으며, 세계를 뒤집어엎고 세계 역사의 방향을 바꾸어놓았다.

예수님의 교훈

1. 산상수훈

어느 날 예수님은 산에 올라가 제자들에게 새로운 교훈을 했다. 마태복음 5장에서 7장까지에 기록되어 있는 것이 그것이다. 일반적으로 '산상수훈'이라고 한다.

일본의 사범학교의 옛 교과서에는 산상수훈이 적혀 있었다. 그것은 당시의 서구화의 영향 때문이었다. 메이지 시대의 문예평론가로 일본주의를 주장했던 다카야마 초규(高山樗牛, 1871~1902)는 산상수훈을 읽고 대단히 놀라 그 기분을 《일련(日蓮)과 기독(基督)》이라는 논문 속에 적어 넣었다. 다카야마 뿐 아니라 어느 시대라도 그 교훈에 놀라지 않을 자는 없을 것이다.

교토의 일등원(一燈園)이라는 불교 교단에서는, 새벽 근행(勤行)을 할 때, 목탁을 두드리며 산상수훈을 다른 경문과 함께 읽고 있었다. 마태복음은 부처님 앞에서 읽어도 충분한 가치가 있는 것이다.

예수님의 교훈은 처음부터 새로웠지만 지금까지 그 새로움은 조금도 변하지 않고 있다. 그것은 단순히 감각적인 것이 아니라 생장하는 정신을 항상 지니고 있기 때문이다. 즉, 권위가 있는 새로움 때문이다.

산상수훈은 인간에게 부여된 최고의 행동 기준이다. 거기에는 기독교의 기본적인 정신이 깃들어 있다. 산상수훈에는 폭력주의를 취하지 않는 참된 사회 운동에 있어서 출발점과 도착점이 함께 발견된다.

그것은 헛소리가 아니고, 인간 생명의 약동이 있는 그대로 모습을 취해서 아름답고 신선한 언어가 되었기 때문에, 시로써도 충분히 우리의 마음을 사로잡을 수 있다.

나의 생활과 나의 모든 운동은 결코 '산상수훈' 그 이상이 아니다. 만약 이 세상에서 자기는 산상수훈 이상의 생활을 한다고 공언하는 사람이 있다면, 나는 그 사람 앞에 무릎을 꿇고 가르침을 청할 것이다.

산상수훈은 기독교의 프롤로그이자 에필로그다. 그것은 단순한 학문도 아니고, 단순한 윤리도 아니다. 인간이 살아가는 방법이자 마지막 운명에 관한 선언이다.

이는 인간으로서의 예수님이 겨냥한 최고의 목표다. 이 목표가 제시되었으므로 인간은 타락하는 일을 할 수 없는 데까지 끌어 올려가는 것이다.

산상수훈을 읽은 사람은 자기가 지난날의 자신이 아님을 깨달을 것이다. 그런 사람은 이미 새로운 모습의 사람으로 바뀌어가고 있을 것이다.

모든 반그리스도는 산상수훈의 주위를 방황하고 있을 것이다. 고대의 그리스, 애굽, 인도, 중국의 모든 윤리학, 근대의 모든 윤리학은 산상수훈이라는 높은 봉우리 기슭에서 헤매고 있는 모습이다.

나는 수천 페이지의 윤리학 책들을 읽었으나, 결국에는 산상수훈 이상의 어떤 것도 발견하지 못했다. 그것은 사랑을 실행한 자의 정신의 기록이어서, 학자의 이론적인 것과는 다르다. 그곳에는 하나님이 계시며 인격의 완성이 있다.

나는 잠깐 귀를 기울여 예수님의 말씀을 듣고 싶다.
어쩌면 저렇게 아름다운 목소리, 상냥한 목소리일까!
그것은 영혼에 있어서 최상의 비료이며, 양심에 있어서

는 최후의 예술이다.

그리스도여, 제발 우리 마음의 문을 활짝 열고 당신의 온몸에서 나오는 빛이 방의 구석구석까지 닿을 수 있도록 하여주소서!

나는 갈릴리의 2,000년 전의 옛날로 가지 않아도, 영혼의 갈릴리에, 들판의 꽃과 하늘의 새를 그리워하며, 마음을 가라앉히고 그리스도의 말을 듣고 싶습니다.

그리스도여, 말해주소서. 나는 20세기라는 긴 세월을 사이에 두고 지금도 새로운 당신의 말씀을 듣고 싶습니다.

당신의 모습은 지금 육안으로는 보이지 않으나, 영혼의 눈에는 당신이 잘 보입니다.

1910년 2월 16일 밤의 일이었다. 차가운 달빛이 빈민굴에 비치고 있었다. 취침 기도를 마치고 내가 이불 속에 들어가자, 입구의 깨어진 문을 탕탕 두드리는 사람이 있었다. 나는 일어나서 문을 열었다. 그러자 방화죄로 형무소에 갔던 우에키 코타로(植木虎太郎)라는 서른세 살의 남자가 허겁지겁 뛰어 들어왔다. 그러고는 "가가와, 나는 아침부터 너를 찾아다녔다. 아무리 샅샅이 뒤져도 네 모습이 보이지 않았다. 괘씸하다"라고 말하며 나를 협박했다. 그는 제정신이 아니라 술에 취해 있었다.

"술을 마시지 말고 개심하면 어떻소?"라고 내가 권했다.

"개심? 그러면 술이 깬 후에 오겠다. 개심한다면 오늘 밤 나를 안고 자주겠나?"라고 우에키가 말했다.

"좋소, 개심한다면 안고 자겠소"라고 나는 약속했다.

우에키는 추운 밤인데 뜰에 나가 맨몸으로 공동수도의 꼭지를 열고 자아, 자아, 소리를 지르며 찬물로 몸을 씻었다. 그러고 나서 좁은 뜰을 마치 병사인 양 양손을 흔들면서 "우향우, 앞으로 갓, 어이! 착한 사람으로 돌아가……"라고 큰 소리로 자기 자신에게 구령을 하고 있었다. 나는 감동했다. "껴안고 자주겠다"고 한 약속을 실행한 것은 말할 나위가 없다.

나는 차디찬 달빛을 받으며 "착한 사람으로 돌아갓"이라고 외치던 우에키 코타로의 모습을 잊을 수 없다. 그것은 자기 자신만이 아니라, 빈민굴에 있는 모든 사람을 향한 구령과도 같았다.

산상수훈에는 선(善)이란 어떤 것인가를 예수님 자신의 독특한 입장에서 설명하고 있다. 한마디로 요약하면 하나님같이 완전하게 되는 것이 인간에게는 최고의 선이다.

"나의 종교에는 산상수훈만 있으면 된다."

톨스토이는 이렇게 말하며, 마태복음 제5장부터 다섯 가지 계율을 취했다.

1) 성내지 말라.

2) 간음하지 말라.

3) 맹세하지 말라.

4) 악에 물들지 말라.

5) 원수를 사랑하라.

톨스토이에게 있어서는 이 다섯 가지 계율을 실행하는 것이 최고의 선이었다. 물론 그 계율은 예수님의 교훈이며 고금의 어떠한 윤리학에서도 찾아볼 수 없는 새로운 권위를 띠고 있다. 그러나 톨스토이는 이 계율만으로 자기의 종교를 구성해 버렸다. 속죄를 부정했다. 거기에 그의 오류가 있다.

그의 종교는 준엄한 이성의 종교다. 그는 "사랑은 하나님이다"라고 주장했으나, 그것은 이성의 사랑이었다. 따라서 죄의식으로 고민하는 사람들은 그의 종교에 접근할 수 없다. 접근해도 포용해주는 자가 없다.

죄인을 포용하는 것은 속죄의 사랑이다. 그것은 싸늘한 이성의 사랑이 아니고 모든 죄를 용서하는 아버지의 사랑이다.

산상수훈에는 직접적인 속죄의 사랑이 담겨 있지는 않다. 예수님은 산상수훈 그 어디에서도 "나는 십자가에 매달려 죽음을 당할 것이다"라고 말하지 않았다. 그러나 예수님은 확실히 이렇게 말했다.

"하늘의 아버지는 그 해를 악인과 선인에게 비춰게 하시며, 비를 의로운 자와 불의한 자에게 내리우심이니라. 너희가 너희를 사랑하는 자를 사랑하면 무슨 상이 있으리오. 세리도 이같이 아니하느냐? 또 너희가 너희 형제에게만 문안하면 남보다 더하는 것이 무엇이냐 이방인들도 이같이 아니하느냐? 그러므로 하늘에 계신 너희 아버지의 온전하심과 같이 너희도 온전하라."

하늘 아버지의 완전이란 사랑에 있어서의 완전이다. 그 사랑이 속죄의 사랑으로 지상에 표현된 것이다. 그 표현의 형식은 예수님의 십자가 외에는 없다고 나는 생각한다.

2. 무저항주의

 "너희들은 '눈은 눈으로, 이는 이로 갚으라' 하였다는 것을 너희가 들었으나 나는 너희에게 이르노니 악한 자를 대적하지 말라 누구든지 네 오른편 뺨을 치거든 왼편도 돌려대며 또 너를 고발하여 속옷을 가지고자 하는 자에게 겉옷까지도 가지게 하며 또 누구든지 너로 억지로 오 리를 가게 하거든 그 사람과 십 리를 동행하고 네게 구하는 자에게 주며 네게 꾸고자 하는 자에게 거절하지 말라."

예수님은 말씀하셨다. 이것은 톨스토이의 네 번째 계율에 해당하는 부분이다. 예수님의 무저항주의가 여기에 가장 잘 표현되어 있다. 그분은 입으로 말만 하는 것이 아니라 자신이 직접 실행하셨다. 그 극점이 십자가에서의 죽음이었다.

나는 15세 때 도쿠시마에서 세례를 받은 후부터, 46년간 예수님이 가르치신 무저항주의를 충실히 실행해왔다. 사람들에게 구타당한 적이 수없이 많지만, 한 번도 내가 사람을 구타한 적은 없다.

내가 메이지 학원 고등과에 다닐 때의 일이다. 불과 17세에 칸트(Immanuel Kant, 1724~1804)의 《순수이성비판》을 읽는다든지, 슐라이어마허(Friedrich Daniel Ernst Schleiermacher, 1768~1834)의 저서들을 읽는다든지 하기 때문에, 상급생들이 심하게 화내며 "가가와는 건방지다. 사람들 앞에서 어려운 영어책을 읽고 있지만, 저런 책을 고등과 1학년이 이해할 수 있겠나? 아니꼬운 놈이다. 두들겨 패버리자"라고 말했다. 그리고 초여름의 고요한 해질 무렵에 나는 교정에서 상급생들에게 둘러싸여 심하게 구타를 당했다. 그러나 그때도 나는 전혀 저항하지 않았다. 머리, 뺨, 등에 날아오는 주먹은 견디기 어려웠지만 이를 악물고 견디었다. 그리고 최후에는 땅에 쓰러지고 말았다.

"아버지여, 저들을 용서하십시오. 저들은 자신들이 하는 일이 무엇인지 알지 못하기 때문입니다."

예수님이 십자가 위에서 이같이 기도했다는 것을 상기했다. 그리고 그것은 그 당시 나의 기도가 되었다. 당시 나를 구타한 사람 중에는 지금 유머 소설의 대가가 된 사람도 있고, 고결한 종교인이 된 사람도 있다. 나는 그들을 전혀 원망하지 않는다. 오히려 하나님이 시켰다고 생각한다.

인도의 간디는 극단적인 무저항주의를 주장한 사람이었다. 가령 맹수가 뛰어들어도 반항하지 말라고 말할 정도였다. 나의 무저항주의는 그 정도는 아니다. 나에게 있어서는, 상대의 정신적 성장을 믿을 수 있는 경우만 무저항주의가 가능하다고 믿는다. 나는 개죽음을 당하고 싶지 않다. 미친 사람에게 구타당하여 죽는 것은 결코 칭찬받을 일이 아니다. 모기에게 물려 죽거나, 벌에게 쏘여 죽는 것은 바보같은 것이다. 그러나 상대가 인간이고, 더욱이 성장 가능성이 있는 정신을 어디엔가 가지고 있다는 것을 믿을 수 있을 때에는 무저항의 태도를 취하지 않을 수 없다.

유물론자가 말하는 것처럼 모든 것이 결정적이며, 역사의 운행이 기계적으로 예정되어 있다면, 성장도 아무것도 없으므로 무저항주의의 윤리가 성립될 기회는 전혀 주어지지 않는다.

죄인은 회개하지 않고, 자본가에게는 양심이 없고, 모든 문제가 투쟁과 유혈에 의해서만 해결된다고 하면 폭력을 사용하지 않을 수 없다.

그러나 예수님이 제시한 길은 회개와 재생이 있는 길이다. 생장력이 있는 정신이 폭발하여 회개하고 재생할 수 있다고 믿을 수 있을 때야말로 무저항의 태도를 취하고 참고 견디는 것이다. 나는 이것을 무저항의 사랑이라고 한다. 무저항은 비겁함을 뜻하지 않는다. 그것은 인간에게 상처를 주지 않는다는 의미를 가지고 있다.

무저항의 의미를 잘못 이해해 '그것은 악을 부정하지 않으므로 안 된다'고 주장하는 사람도 있다. 그러나 그 주장은 잘못된 것이다. 무저항은 악에 대한 근본적인 부정을 전제로 하고 있으며 그 근저에는 하나님과 같은 사랑에 대한 동경이 있다.

사랑과 희생을 두려워하는 자는 투쟁해야 한다. 사랑과 희생을 싫어하지 않는 자는 무저항주의를 취하게 된다.

3. 하나님의 나라

마음이 가난한 자는 천국이 저희의 것이고, 정의를 위하여 박해받는 자도 천국이 저희의 것이라고 예수님은 말씀하셨다.

조금만 생각해보면, 천국을 얻는다는 추상적인 일들은 이 지상에서 종교의 내용이 될 수 없다는 생각도 든다. 보통 종교란 자신의 마음과 생활을 깨끗이 하는 것만을 의미하는 것으로 생각한다. 불교의 어떤 종파에서는 '극락을 얻는다'가 아니라, '극락에 간다'는 것이 목적으로 되어 있다.

그러나 예수님은 분명히 천국의 영유(領有)가 최후 목표였다. 천국을 영유한다는 것은 천국의 왕이 되는 것이다. 그러나 모든 인간은 하나님의 자녀로서 평등하므로 왕이 되는 것은 한 사람만이 아니고 모두가 될 수 있는 것이다. 모든 여자는 여왕이 될 수 있는 것이다. 카이사르와 같은 사람만 왕이 되고, 그 외의 수백만, 수천만의 사람은 모두 그의 신하가 된다는 것과 같은 성질의 것이 아니다.

"모든 사람이 왕이 된다는 것은 모든 사람이 왕이 아니라는 것과 같지 않은가?"라고 말하는 사람이 있을지도 모른다. 전적으로 그렇다. 거기에 천국의 재미가 있다. 이 재미를 모르는 사람이 있다면 그것은 자기 혼자만 왕이 되고, 국무총리가 되고 국회의장이 되려는 세속적인 야심을 품고 있기 때문이다.

"천국은 하늘에 있는 나라겠지만, 하늘이란 도대체 어디인가? 지구 위인가? 또는 아래인가?" 이와 같은 질문을 하는 사람이 있을지도 모른다.

"그 '위'란 무엇이고, '아래'란 무엇인가?"라고 나는 반문하고 싶다. '위'라든지, '아래'라든지 하는 관념은 상대적인 것이다. 일본인에게 있어서 '위'는, 지구 반대편에 사는 미국인에게 있어서는 '아래'가 될 것이다. 낮과 밤에 있어서도 지구의 자전에 의해 우리들이 보는 방향이 정반대가 된다. 따라서 그와 같은 질문은 성립하지 않는다.

천국은 하나님 나라다. 그것은 크리스천에게 주어진 최고의 사회 이상(理想)이다.

"당신은 유대인의 왕인가?" 예수님이 로마의 빌라도 총독의 손에 넘겨졌을 때, 그는 법정에서 이렇게 심문했다.

"나의 나라는 이 세상의 것이 아니다. 만일 나의 나라가 이 세상의 것이었다면 나의 제자들이 나를 유대인에게 넘기지 않기 위해 검을 들고 싸웠을 것이다"라고 예수님은 단호하게 말씀하셨다. 하나님의 나라는 정치권력을 유일한 기반으로 해서 이루어지는 세속적인 나라가 아니라는 의미가 포함되어 있다. 예수님은 이렇게 말씀하신 적도 있다.

"사람은 다시 태어나지 않으면 하나님 나라를 볼 수가 없다."

"부자가 하나님 나라에 들어가는 것보다는 낙타가 바늘구멍을 통과하는 것이 쉬울 것이다."

언젠가 바리새인들이 예수님을 시험하기 위해 이런 질문을 했다. "하나님 나라는 언제 옵니까?" 전쟁이 있고, 파괴가 있고, 그리고 이와 같은 환란의 날이 있은 후 즉시 태양은 사라지고, 달은 빛을 발하지 않고, 별은 하늘에서 떨어지며 우주의 모든 것은 진동한다. 지상의 모든 민족은 울며 슬퍼한다. 이때 메시아가 영광스럽고 눈부시게 구름을 타고 내려온다. 그리고 유대 나라를 재건한다. 바리새인이 요구하는 하나님의 나라는 그런 종류의 것이었다. 그 출현은 폭력 혁명과 같은 돌연성을 띠고 있었다.

"하나님의 나라는 눈으로 볼 수 있는 형태로 나타나지 않는다. '보라 여기에 나타났다. 저기에 나타났다.' 이런 말을 하는 자는 없다. 하나님의 나라는 당신들 마음속에 있다"고 예수님은 말씀하셨다. 하나님의 나라는 사랑에 의한 사회적 조직체다. 처음에는 작아서 눈에 보이지 않는다. 그러나 사랑은 내부에서부터 사회의 결속력을 강하게 하여, 인격이 인격을 불러모아 하나님의 나라는 무한히 발전해간다.

하나님의 나라는 혈족 관계만으로는 성립되지 않는다. 민족 관계도 기본적인 조건이 될 수 없다. 예를 들어, 여기에 하나의 교회가 설립되었다고 하자. 그것은 처음에는 작을지도 모른다. 그러나 작더라도, 그 안에는 미국인, 인도인, 중국인, 누구나 들어갈 수 있다. 왜냐하면, 하나님 나라의 주권은 완전히 그 나라

국민의 손에 있어서 독재적인 권력에 의하지 않고 사랑에 의해 결합되기 때문이다.

하나님 나라에 있어서 생활의 법칙은 서로 돕는 법칙이다. 이에 대해 예수님은 "무엇이든지 남에게 대접을 받고자 하는 대로 너희도 남을 대접하라 이것이 율법이요 선지자니라. 너희가 너희를 사랑하는 자를 사랑하면 무슨 상이 있으리오"라고 말씀하셨다. 그리고 이것을 다른 각도로 바꾸어 말한 것이 "내가 너희들을 사랑한 것처럼 너희도 서로 사랑하라"라는 말이다. 서로 돕는 법칙은 하나님 나라를 지배하는 여러 법칙 중 가장 근본적인 것이다. 나는 이것을 금칙(金則)이라고 부른다.

톨스토이는 인간이 하나님의 힘에 의해 완성되었을 때에는 정부의 도움을 받지 않아도 천사와 같이 된다고 말했다. 이것은 도덕적 아나키즘(무정부주의)이다.

예수님은 하나님 나라가 법률을 초월하여 있다고 말씀하셨다. 그러나 법률을 파괴하는 것은 아니다. "살인하지 말라", "간음하지 말라", "도둑질하지 말라", "탐내지 말라", "거짓말하지 말라" 등과 같은 법칙은 존재하지만, 인간이 도덕적으로 완성되면 이러한 법률은 자연히 필요 없게 된다.

하나님 나라에는 경찰이 없다. 구세군 사관 한 사람이 200명의 경관이 처리하는 일을 할 수 있다. 스코틀랜드는 거의 하나님 나라에 가깝다. 하나님 나라에는 형무소가 없다. 이런 점에서는 스웨덴이 하나님 나라와 유사하다. 하나님 나라에는 재판소는 있으나 재판은 없다.

"사람을 심판하지 말라. 사람을 심판한 자는 같은 법정에서 자기도 심판받게 될 것이다"라고 예수님은 말씀하셨다.

하나님 나라는 최고의 이상적인 사회다. 현대처럼 이상이 추구되어야 할 시대는 없다.

예수님의 출현은 지구 역사상 단 한 번밖에 없었다. 정치적 압박이 가해지고, 혼란이 증가되어 가난한 자들이 먹을 것이 없을 때, 그리고 백성들이 하나님 나라에 대한 동경심에 불타올랐을 때 예수님이 오셨다. 그리고 힘 있게 말씀했다.

"때가 가득 찼다. 하나님 나라가 가까워졌다."

나는 예수님 말씀하신 이 선언을 백번이라도 되풀이 하고 싶다. 그리고 노래하고 싶다.

은혜의 하나님,
언젠가는 번민하는 백성들을 도와주시고
백성이야말로 사람이야말로 나라의 꽃이 되니
구해주세요, 그 백성들을.

제4장

사도 바울

1. 크리스천이 되다

예수님 부활 후, 유대인 사이에는 두 종류의 무리가 생겼다. 예수님을 사랑하는 무리와 증오하는 무리다. 한쪽은 주로 어린이, 여자, 가난한 자, 전과자들이고, 또 다른 한쪽은 바리새인들과 그들의 수하에서 일하는 사람들, 그리고 지식인들이었다.

어린이, 여자, 가난한 자들이 믿는 종교는 실로 아름답고 향기로운 종교였다. 그래서 '증오하는 무리'에 속해 있으면서도 '사랑하는 무리' 쪽에 마음을 향한 사람들이 생겨서, 끝내는 많은 사람들이 이탈하기 시작했다. 이 경향은 예수님 생전에 서서히 일어나기 시작했는데, 요한복음에는 바리새파를 배반한 실례가 흥미 있게 묘사되어 있다.

이와 같은 배반자가 나중에는 상류 계급에서도 빈번히 나타났다. 바울이 로마에 거주하는 유대 계통의 크리스천들에게 보낸 편지인 로마서의 마지막 장을 읽어보면, 기독교가 어느 사이에 상류 계급에 깊이 침투했다. 지위가 높은 사람들이 예수님을 증오하는 무리를 등지고, 사랑하는 무리로 옮겨간 모양이 생생히 상상된다.

바울도 그중의 한 사람이었다. 그는 바리새파를 배반한 제일인자였다. 본래 그는 유대교도로 바리새파의 대표적 인물이었고 극단적인 국수주의자였다. 따라서 그는 기독교를 증오하고, 각지에서 크리스천들을 잔인하게 박해했다.

"사울은 교회를 황폐하게 하고, 집집마다 들어가서 남녀를 끌어내어 감옥에 넘겼다." 기독교의 역사인 사도행전을 보면, 이렇게 쓰여 있다. 여기서 '사울'이란 바울의 예전 이름이다.

어느 날, 바울은 시리아의 다마스커스(다메섹)라는 도시에 있는 크리스천을 포박하여 예루살렘의 감옥에 보내기 위해 엄숙한 분장을 하고 집을 떠났다. 그런데 다마스커스에 가까워지자 갑자기 하늘로부터 빛이 날카롭게 그를 비추었다. 그는 눈이 부셔 땅에 쓰러졌다.

"사울아, 사울아, 왜 너는 나를 박해하느냐?"라는 소리가 들렸다.

"당신은 누구십니까?" 바울은 겨우 그 말밖에 할 수 없었다.

"나는 네가 박해하는 나사렛 예수다. 일어나서 다마스커스에 가라. 그러면 네가 할 일을 알 것이다"라는 똑같은 목소리가 들렸다. 동반한 사람들은 입을 벌릴 수가 없어서 멍하니 서 있었다. 그들도 목소리는 들었으나 누구의 모습도 발견할 수 없었다.

바울은 일어나서 눈을 떴지만 아무것도 보이지 않으므로 사람들의 손에 이끌려 다마스커스에 갔다. 그리고 3일간 아무것도 볼 수 없었고 식욕도 없었다. 다마스커스에 아나니아라고 하는 그리스도인이 있었다. 어느 날 아나니아 앞에 예수님의 환상이 나타났다.

"아나니아야. 일어나 직가라 하는 거리로 가서 유다의 집에서 다소 사람 사울을 찾으라. 그가 기도하는 중이니라."

"주여 이 사람에 대하여 내가 여러 사람에게 듣사온즉 그가 예루살렘에서 주의 성도에게 적지 않은 해를 끼쳤다 하더니, 여기서도 주의 이름을 부르는 모든 사람을 결박할 권한을 대제사장에게서 받았나이다."

"너는 아무것도 모른다. 곧 가라. 이 사람은 내 이름을 이방인과 임금들과 이스라엘 자손들에게 전하기 위하여 택한 나의 그릇이다."

그래서 아나니아는 잠자리에서 일어나 바울이 있는 집을 방문했다. 그리고 예수님이 자기를 보낸 사실을 알려주었다. 그러자 바울의 눈에서 생선 비늘 같은 것이 떨어졌다. 그 결과 다시 볼 수 있게 되었고, 바울은 그 자리에서 세례를 받았다. 이리하여 바울은 갑자기 회심하여 예수님의 제자가 되었던 것이다.

바울은 소아시아의 남해안에 있는 다소(현재의 타르시스)라는 도시에서 태어났다. 명문 가정이었고 친척들도 높은 지위에 있었던 것 같다.

바울은 예루살렘에서 대학 교육을 받았다. 대학 교육이라 해도, 유대교의 성서 연구가 주된 것이었다. 바울의 사회적 지위, 특히 바리새인으로서의 명성은 그것으로 쌓은 것이다. 하지만 한편으로 바울은 그리스 철학도 연구했다.

"만일 바울이 예수님의 제자가 되지 않았다면, 철학자로서 플라톤이나 아리스토텔레스와 어깨를 나란히 할 수 있는 지위를 차지했을 것이다."

영국의 고고학자로 바울의 생애와 그가 전도한 여러 도시를 역사적으로 연구한 윌리엄 램지(William Ramsay, 1852~1916)가 이렇게 말했다.

바울이 태어난 다소라는 도시는 일본으로 말하면 고베나 나가사키와 같은 도시다. 그리고 문화 수준이 대단히 높고, 훌륭한 철학자도 여러 사람 있었다. 로마 황제 카이사르도 청년 시절 그 도시에서 유학했다고 한다.

기독교는 민족의 차별이 없고 국경도 없다. 만일 바울이 엄격한 바리새인으로서 유대교 교양밖에 없는 사람이었다면 기독교로의 갑작스러운 전환은 불가능했을지도 모른다.

2. 전도 여행

초대 크리스천들은 민족주의에서 벗어나는 것이 대단히 어려웠다. 이 점에서 베드로도 번민했다.

'이방인(외국인)에게 기독교를 전해도 괜찮을까?'

이런 생각으로 고민하고 있을 때, 베드로는 갑자기 환상을 보았다. 그리고 그 당시의 상황을 나중에 예루살렘에서 다른 크리스천들에게 자세히 설명했다.

"내가 욥바라는 도시에서 기도하고 있을 때 갑자기 하늘이 열리며 한 그릇이 내려오는 것을 보니 큰 보자기 같고 네 귀를 매어 땅에 드리워 있었습니다. 그 안에는 땅에 있는 각종 네 발 가진 짐승과 기는 것과 공중에 나는 것들이 있었습니다. 또 소리가 있으되 '베드로야 일어나 잡아먹어라'는 소리가 있었습니다. '주여 그럴 수 없습니다. 속되고 깨끗하지 아니한 것을 내가 결코 먹지 아니했나이다'라고 내가 말했습니다. 그러자 다시 소리가 들려오기를 '하나님께서 깨끗하게 하신 것을 네가 속되다 하면 안 된다'라고 말했습니다."

이러한 환상을 보고 목소리를 들었으므로, 베드로는 겨우 편협한 민족주의에서 벗어날 수 있었던 것이다.

바울이 민족주의적 관념에서 벗어나는 것은 베드로보다 더 괴로웠을 것이다. 베드로는 어부 출신이지만, 바울은 정식 유대교의 교육을 받고 유대 민족은 선민이라는 관념, 즉 다른 모든 민족은 금수와 같다는 관념이 깊이 배어 있었기 때문이다.

민족적인 풍습, 관념, 법률이 인간을 구제하는 것은 아니다. 민족적인 것은 인간을 구제할 힘이 없다. 어느 민족에 속한 인간이라도 구제할 수 있는 것은 세계주의 종교뿐이다. 그리고 유대인인 예수님을 중심으로 팔레스타인이라는 협소한 지역에서 발생한 기독교가 세계주의 종교로서 발전해나가는 과정에서 주역으로 등장한 사람이 바울과 베드로다.

바울은 AD 47년 3월부터 57년 5월까지 10년간 지중해 연안의 나라들을 걷기도 하고, 배를 타고 다니기도 하면서 세 번의 전도 여행을 했다. 세 번 모두 여행의 기점은 시리아의 안디옥이었다. '나사렛인'이라고 불렸던 예수님의 제자들이 '크리스천'이라고 이름 붙인 것은 안디옥에서였다. 그것은 '그리스도를 따르는 자'라는 의미다.

두 번째 전도 여행 때 바울은 소아시아의 남부 해안에 있는 타우루스 산을 횡단했을 것인데, 그의 어느 편지를 읽어도 그런 일이 언급되지 않는다.

"타우루스 산처럼 아름다운 산은 없는데도 어째서 바울은 이 산에 대해 전혀 언급하지 않았을까?"라고 윌리엄 램지는 이상하게 생각했다.

바울은 자연에 대해 아무 흥미가 없었던 것처럼 보인다. 그것은 아마 전도에 아주 열심이었기 때문이었을 것이다. 아니면 시력이 나빠서 그랬을지도 모른다.

그리스의 고린도는 대단히 전도하기 어려운 도시였다. 이 도시는 고베와 같이 항구 도시로, 좁은 해협에 있었다. 그러한 도시는 보통 풍기가 문란했다. 바울은 그 때문에 더 열심히 전도를 했다. 그런데 이 도시에 거주하는 유대인들이 맹렬한 반대 운동을 하여 바울을 괴롭혔다.

"너희 피가 너희 머리로 돌아갈 것이요 나는 깨끗하니라. 이후에는 이방인에게로 가리라." 바울은 옷의 먼지를 털면서 이렇게 말했다. 그리고 유스도라는 그리스인의 집으로 옮겼다. 그런데 유스도의 집 근처에 유대인 회당이 있었다. 바울은 난처한 일이 되었다고 생각했으나, 신비하게도 회당의 중심인물과 그 가족이 기독교에 귀의했다.

"바울아, 두려워하지 말며 잠잠하지 말고 말하라. 내가 너와 함께 있으매 아무도 너를 대적하여 해롭게 할 자가 없을 것이니 이는 이 성중에 내 백성이 많음이라."

이렇게 말하며 바울을 격려한 분은 어느 날 밤 환상으로 나타난 예수님이었다.

세 번째 전도 여행에서는 소아시아의 서해안 에베소라는 도시에서 일어난 일이 흥미롭다.

바울은 에베소에서 전도를 시작했으나 처음 3개월은 아무도 그에게 귀를 기울이지 않았다. 그래서 그는 지금까지의 방법을 바꾸어, 어느 강당을 빌려 그곳에서 강의를 시작했다. 그리고 2년간을 계속했다. 그 결과 에베소 시민들 사이에 바울이 교양이 깊은 사람으로 알려져서 지식인으로서 바울의 강연을 듣지 않은 사람이 거의 없을 정도가 되었다. 마술을 업으로 하는 사람들도 기독교를 믿게 되어, 주문이 적힌 서적을 불태워 버렸다. 이 서적의 가치가 은 5만 정도였다고 한다. 바울은 대단히 기뻤을 것이다.

그런데 이처럼 그리스도의 복음이 승리를 얻어가면서, 이 도시의 수호신 아르테미스의 은 세공을 직업으로 하는 사람들이 "바울을 혼내지 않으면 우리 생계가 어려워진다. 그뿐만 아니라 전 아시아, 전 세계의 사람들이 경배하는 여신 아르테미스의 위신에도 관계가 된다"하여 도시 전체가 흔들릴 정도의 소동이 벌어져 바울은 에베소에서 추방되었다.

3. 바울의 죽음

AD 57년 5월 28일 제3차 전도 여행이 끝났다. 다음 날 바울은 예루살렘에 갔다. 그러나 유대인의 반감은 대단했다.

"저 사람을 죽이기 전에는 먹지도 마시지도 않을 것이다"라고 맹세한 40인조까지 생겨났다. 기독교와 유대교의 노골적인 대립이었다.

"나는 바리새인의 아들입니다. 나는 죽은 자의 부활을 말했기 때문에 여기서 심판을 받게 되었습니다."

재판권을 가진 의회에 끌려갔을 때, 바울은 피고석에서 이렇게 말했다. 의원 중에는 바리새인과 사두개인이 있었다. 사두개인은 유물론자로서 죽은 자의 부활은 있을 수 없고, 천사도, 영혼도 없다고 믿었지만 바리새인들은 있다고 믿었다. 그 결과 큰 싸움이 벌어졌다. 마치 일본의 국회와 비슷했다.

바리새인 중에는 바울의 태도가 마음에 들어 "이 사람은 죄가 있다고 생각되지 않는다"라고 하는 자도 여러 명 있었다.

그러나 소동은 점차 커져 그냥 방치하면 바울은 사두개인들에게 큰 피해를 입을 것 같았다. 로마에서 진주한 군대의 대장이 방청석에서 그 광경을 보고 바울을 빼돌렸다.

그날 밤 예수님의 환상이 또 나타났다.

"바울아, 용기를 내어라. 예루살렘에서 신앙 고백을 한 것처럼 로마에서도 그렇게 하여라."

그래서 바울은 로마에 가기로 결심하고, 자기가 로마의 시민권이 있음을 이용해 로마 황제에게 상고했다. 로마로 호송되는 도중 말타 섬 부근에서 무서운 폭풍을 만나 며칠 간 태양도 별도 보이지 않았다. 이 폭풍은 뱃사람들 말로 '유라굴라'라고 부르며, 동북쪽 산맥에서 불어오는 것이 상례라고 했다.

이때 하나님의 사자가 나타나 "바울아, 겁내지 마라. 너는 반드시 로마 황제 앞에 서게 될 것이다"라고 말했다.

바울은 로마에서 처음 2년 정도는 비교적 우대를 받아, 주거도 독립가옥을 빌릴 수 있도록 허락받았다. 그리고 방문자가 있으면 대담하게 기독교 이야기를 들려주었다.

바울이 언제 어디서 순교했는지는 성경에는 나타나지 않는다. 그러나 언제 죽어도 좋다는 각오, 죽는 것이 사는 것이라는 각오가 있었다는 것은 그의 편지 곳곳에 분명히 적혀 있다.

"나는 지금 제물로 피를 흘리려고 하고 있다. 내가 가야만 할 때가 가까워졌다."

디모데후서 4장에는 이렇게 말하고 있다. 바울의 선혈 유서라고 할 그 편지는 AD 63년경에 쓰인 것이다. 제물로 피를 흘리는 것은 우상의 신(로마의 신)들에게 희생이 되는 것을 말하는 것인데 순교를 의미한다.

바울이 순교한 시기는 AD 67년경으로 추정되고 있다. 순교한 장소는 로마이고, 대체로 베드로와 순교의 때를 같이 한 것 같다. 박해자는 살인과 방화를 즐기는 네로(Nero Claudius Caesar Augustus Germanicus, 37~68) 황제였다.

나는 이탈리아를 여행했을 때 아비야 가도라는 곳을 걸어보았다. 그 가도는 로마를 남쪽으로 바라보며 그리스로 통하는 길인데 양측에는 로마 제국의 명장들의 무덤이 많이 있었다. 그것은 대체로 흙무덤이었고, 그중에는 무덤의 정상에 작은 집을 짓고 살고 있는 사람도 있었다. 카라칼라라고 하는 유명한 목욕탕이 있는 곳에서, 카타콤(초대 크리스천들이 로마 황제의 박해를 피해 몰래 하나님과 그리스도를 예배한 지하실)이 있는 곳까지 3킬로미터 사이 양측도 모두 무덤이었다. 작은 무덤은 거의 없고 세계 역사를 전환시킨 명장들의 큰 무덤 사이를 걸으면서, 나는 마음속으로 이상하게 긴장감을 느꼈다. 네로 황제의 망령이 붙고 있지 않나 싶어서 뒤돌아보기도 했다.

그 거리는 제정 시대의 옛날 도로로서 2,000년 동안 한 번도 보수한 일이 없다고 한다. 이 길만은 방치되어 있었다. 생각해보니 이 길은 헨리크 시엔키에비치(Henryk Sienkiewicz, 1846~1916)의 소설 《쿠오 바디스(Quo Vadis)》에 그려진 베드로가 걸었던 길이다.

어느 날, 너무 박해가 심해서 베드로는 로마에서 도망을 쳤다. 그리고 이 길을 힘없이 터벅터벅 걷고 있는데 뒤에서 부르는 사람이 있었다.

"베드로야, 어디로 가느냐?"

그것은 그리스도의 음성이었다. 베드로는 땅에 엎드려 작은 목소리로 대답했다.

"남쪽으로 갑니다. 박해가 너무 심합니다."

"그런가. 그렇다면 나는 지금 로마에 가서 한 번 더 십자가를 지겠노라."

그 음성을 듣고서 베드로는 울면서 벌떡 일어났다.

"주여, 당신은 두 번이나 십자가를 지시는데, 어떻게 제가 한 번의 십자가도 참지 못하겠습니까? 허락해주십시오. 저는 곧 돌아가 십자가를 지겠습니다."

그리스도는 가볍게 고개를 끄덕였다. 그리고 앞장서서 가도를 걸었다. 베드로는 그의 발자취를 따라 로마의 성문을 지나갔다. 그리고 곧 체포되어 다음 날 십자가에 거꾸로 매달렸다.

나는 그때 베드로를 생각하며, 먼지가 많고 습기가 없는 가도를 터벅터벅 걸었다. 나의 마음이 무거웠다. 베드로의 유해는 바티칸이라는 가도 근처에 묻혔다. 바울의 시체가 묻힌 곳은 오스티아라는 가도 근처였다.

바울이여,

당신이 간 길을 지켜보며 나는 지금 감격의 눈물에 젖어 있습니다.

아름다움과 조화에 빛나는 그리스 문화가 겨우 말기에 이를 때

지중해 연안의 여러 민족은 육(肉)의 향에 도취되었습니다.

사람들은 노예를 의자에 묶어놓고 그의 껍질을 벗겼습니다. 그것이 로마의 문명이었습니다.

바로 그 시기에 당신은 지중해의 구석구석을 울부짖는 맹수처럼 홀몸으로 예수님의 종교와 양심의 봄을 외치며 다녔습니다.

그 결과 세계는 오늘의 변화된 세계가 되었습니다.

죽은 자를 소생시키는 기적의 힘을 부여받아, 밝은 별

과 같이 새로운 세기의 여명을 나타나게 한 바울이여, 당신이 진정한 남자가 아니고 무엇이겠습니까?

다마스커스의 문밖에서, 빛에 맞아 맹인이 된 당신은 재생의 힘을 오직 예수님에게서만 발견했습니다.

세계의 재생은 당신에게서 시작되었습니다.

바울이여, 당신은 자신의 재생에 의해 세계 여러 민족의 재생의 길을 제시했습니다.

당신의 피는 영원히 젊습니다.

당신의 피는 모든 크리스천의 피입니다.

당신은 죽었습니다. 그리고 우리는 소생되었습니다.

바울이여, 당신은 빛입니다. 당신은 진리입니다.

제5장

종교와 도덕

1. 악의 문제

　종교는 살아가는 길을 가르치지만, 윤리나 도덕은 몸가짐밖에 가르치지 않는다. 옛날의 소학교에는 수신(修身)이라는 과목이 있었지만, 살아가는 공부(그것이 종교다)를 가르치지 않고, 충효나 예절과 같은 문제만을 확고한 태도로 취급했기 때문에 아이들이 싫어했다.

　살아가는 방법을 알지 못하는 사람은 몸을 닦으려고 해도 상당히 어렵다. 단순한 수양은 모래 위에 집을 짓는 것이다. 우주의 생명과 결부되어 있는 기초 공사가 이루어지지 않았기 때문에, 그런 집은 약한 태풍에도 곧 붕괴된다.

　어떤 사람은 도덕의 기초로서 종교가 존재하지 않으면 안 된다는 것을 인정하고, 나무나 돌이나 종이로 만든 것을 본체로 하는 종교, 우상 종교에 귀의한다. 그러나 우상 종교는 살아가는 방법을 지도하지 않는다. 우상 종교의 당사자는 신자들에게 금품을 요구하는 것밖에 모른다. 과거에는 우상 종교가 너무 퍼져 있었기 때문에, 근대의 윤리학이 종교와 절멸하게 되었다고 나는 생각한다. 그러나 그것은 윤리학자가 우상 종교만을 종교라고 생각하고, 진정한 종교가 존재한다는 것을 알지 못한 결과다. 진정한 종교와 우상 종교는 마땅히 구별해야 한다.

윤리학은 인간의 행위를 규정하는 학문이다. 윤리학은 그 이상의 것도, 그 이하의 것도 아니다. 오늘날 윤리학처럼 뒤떨어진 학문이 없다. 자연과학과 응용과학은 현저하게 진보하여 마침내 원자폭탄의 출현에까지 이르렀지만, 윤리학은 그리스의 플라톤과 아리스토텔레스 이래, 조금도 진보된 것으로 생각되지 않는다. 왜 그런 결과가 나타났을까? 인간을 저저 하나의 인간으로 다룰 뿐 그 배후에 우주의 생명이 존재한다는 것, 인간의 생명은 우주의 생명과 직접 결부되어 있다는 것을 인식하지 않았기 때문이다.

"하나님이 사랑이시라면 왜 악(惡)을 만들었을까?"라고 묻는 사람이 있을지도 모른다.

그러나 악은 실재가 아니다. 악은 인간의 생명이 신장되어 가는 도상에 나타나는 일련의 현상이므로, 가치 판단의 입장에서 그것을 악이라고 본 것이다. 생명 그 자체는 악이 아니다. 생존의 과정에 있어서 악의 존재가 의식된 것이다.

악에는 세 종류가 있다. 첫째는 지진, 태풍, 홍수 등과 같은 것에 의한 각종 재해와 같은 자연적 악, 둘째는 병고, 노쇠, 불구, 저능, 사망과 같은 개인적 악, 셋째는 절도, 사기, 방화, 살인과 같은 사회적 악이 있다. 윤리학에서 문제로 취급하는 것은 마지막의 사회적 악이다. 이를 도덕적 악이라고 부르기도 한다.

도덕의 영역에서만 말한다면, 악에 대한 책임은 인간이 져야만 하는 것이다. 하나님이 지셔야 하는 것은 선에 대한 책임이다. 악이 인간의 책임인 이유는 모든 악이 자유의지에 의해서 저질러지기 때문이다. 악의 모든 것을 하나님 책임으로 돌린다면 인간은 하나님의 기계라 생각되며, 그 결과 자유의지나 자아를 가지는 것이 허용되지 않을 것이다.

"선이 하나님의 책임이라면 악도 하나님의 책임이지 않겠나?"라고 반박하는 사람이 있을지도 모른다.

그러나 선은 인간의 성장과 진보를 의미하는 데 반해 악은 퇴화와 멸망을 의미한다. 인간이 현상을 유지하는 것조차 할 수 없어서 퇴화했을 경우에 하나님이 시켰다고 생각할 수는 없다. 100이 발전하여 1,000이 되었을 경우에 하나님이 그렇게 하셨다고 생각할 수 있지만, 반대로 1,000이 100으로 퇴화했을 때 하나님 책임이라고 할 수는 없다. 이 경우 책임은 인간이 져야만 하는 것이다.

100이 99로 퇴화했을 경우 0을 기준으로 말한다면 99는 아직 큰 존재다. 1의 퇴화는 작은 숫자다. 그러나 이 작은 숫자가 가치의 세계에서 본다면 큰 손실이다. 그 때문에 생존의 희망마저 잃는 사람도 있다.

여기까지 오면 도덕의 기초로서 종교가 존재하지 않으면 안 된다는 것이 점점 중요하게 부각된다. 적은 금액을 훔치고 나중에 양심의 가책을 받아 결국에는 자살한 한 청년을 알고 있다. 왜 그 청년은 자살하지 않으면 안 되었을까? 한마디로 말하면 그의 도덕관념이 종교로부터 고립되어 있었기 때문이다.

악의 반대로서의 선은 이미 제공되어 있다. 모세의 십계명에는 죽이지 말라, 간음하지 말라, 훔치지 말라, 탐내지 말라, 위증하지 말라고 되어 있지만 죽이지 않는 것, 간음하지 않는 것이 도덕적으로 선에 해당한다는 것은 상식으로 되어 있다. 그러나 이것들은 소극적인 선이지만, 한편에서는 온유, 순결, 사랑 등과 같은 적극적인 선도 있다. 그러나 선의 전부를 실행한다는 것은 쉬운 일이 아니다. 그 때문에 양심이 예민한 사람은 자살을 계획하고 그렇지 않은 사람은 흐리멍텅하게 된다. 이 곤란한 사태를 잘라내고 도덕을 도덕으로 살리려면 종교 이외에는 다른 길이 없다.

2. 종교와 도덕의 결합

"내 속 곧 내 육신에 선한 것이 거하지 아니하는 줄을 아노니 원함은 내게 있으나 선을 행하는 것은 없노라. 내가 원하는 바 선은 하지 아니하고 도리어 원치 아니하는 바 악은 행하는도다. 만일 내가 원치 아니하는 그것을 하면 이를 행하는 자가 내가 아니요 내 속에 거하는 죄니라. 그러므로 내가 한 법을 깨달았노니 곧 선을 행하기 원하는 나에게 악이 함께 있는 것이로다"라고 바울이 말했다.

여기에서는 악이라는 단어와 죄라는 단어가 동시에 사용되었다. 법률상의 죄는 범죄라 부른다. 그리고 이것은 협의의 도덕적 악이지만, 도덕적 악의 모든 것은 아니다. 범죄에는 해당하지 않는 행위로서 도덕적 악이라고 인정할 것도 아주 많다. 엄밀히 말하면 도덕적 악을 가지고 있지 않은 사람, 즉 완전한 선인 또는 의인은 이 세상에 한 사람도 없다.

모든 도덕적 악은 종교의 영역에서는 죄라고 불린다. 법률상의 범죄로서 종교상의 죄에 해당되지 않는 것도 있겠지만, 보통 범죄는 모두 종교상의 죄다. 그러나 종교상의 죄는 법률상의 범죄에 한정되지 않는다.

마음으로는 선을 바라지만 육체 속에 악이 머물러 있어 그것을 실행시키지 않는다는 것이 바울의 도덕적 고민이었다. 대단히 심각했었다.

하지만 그는 자살을 계획하지는 않았다. 그는 종교의 힘에 의해서 자신의 심각한 도덕적 고민을 해결할 수 있었다. 그의 발상법에 따르면, 예수님의 죽음에 맞추어 세례를 받고 '옛사람'을 버리고, 그리스도의 부활과 동시에 '새사람'을 입는다는 것이다.

바울에게 있어서 기독교는 새로운 주형이었다. 사람이 주형 속에 던져지면 다음 순간에는 새롭게 창조된 사람으로서 도덕적인 생활의 첫걸음을 내딛게 된다. 이 체험은 그리스도를 믿는 일이다. 그리스도는 새 옷이다.

나는 바닷물에 들어갈 때 그리스도의 일들을 생각한다. 오늘날처럼 답답한 시대에도 우리가 그리스도를 잠수복처럼 입고 있다면 하늘과 통하는 고무관에서 신선한 공기를 흡입할 수 있을 것이다.

이상한 것은 예수님의 도덕적 교훈이다. 그분은 선의 모든 것을 실행하라고 말씀하셨다. 선의 일점일획이라도 파괴하는 사람이 있다면, 그는 하나님 나라에 들어갈 수 없다고 하셨다. 그러나 그와 같이 말씀하시면서 그분은 죄인들을 가까이 하고, 창녀의 친구가 되셨다. 착한 사람의 구원은 말씀하지 않고, 악한 사람의 구원을 말씀하셨다.

예수님에게 있어서는 선과 악이 전도되어 있는 것과 같은 느낌이 있었다. 예수님의 태도는 종교적으로 데카당스(Decadence)라고 볼 수 없는 것도 아니다.

하지만 그분은 결코 선을 부정한 것이 아니다. 선을 절대적인 것이라고 생각했기 때문에 한층 더 악을 문제시한 것이다.

인간의 양심은 성장한다. 그러므로 죄의식은 점점 예민해진다. 죄의식이 예민해지는 것은 우주에 재생력이 존재한다는 증거다. 모든 악인은 선인이 될 수 있다고 예수님은 말씀하셨다.

양심 그 자체는 절대적인 것이지만 도덕은 시대에 따라 변화한다. 도덕은 진보한다. 불변의 도덕이 있지만 그 도덕 때문에 인간이 생존하는 것은 아니다. 도덕은 인간에 대하여 자기완성의 목표를 제시할 뿐이다.

자기완성의 최고 목표가 예수님에 의해 제시되었다. 그것은 사랑에 있어서 하나님과 같이 완전하게 되는 것이다. 이와 같은 자기완성은 자기 힘만으로 쉽게 이루어지지 않을 것이다. 그러나 거기에 하나님의 힘이 더해질 때, 불교 용어로 난행도(難行道)*는 이행도(易行道)**로 변하는 것이다.

이런 점에서 진정한 도덕은 종교와 고립하여 존재할 수 있는 것이 아니다.

---

* 참선이나 구도를 통한 깨달음으로 성불하겠다는 선불교의 길.

** 아미타불의 원력을 믿고 그 이름을 부름으로 서방정토에 왕생하려는 정토종의 길.

제6장

종교와 철학

1. 유심론과 유물론

"기독교는 종교이고, 불교는 철학이다."

어느 사찰 출신의 대학생이 이와 같이 말한 적이 있다. 그것을 직접 들은 사람은 내 아내의 친구였다.

"정말 그런가요?" 아내의 친구가 나에게 물었다.

그 대학생은 철학이 종교보다 한층 높은 것이라고 생각한 것 같다. 그러나 나는 석가가 종교를 부정하고 철학에 살았다고 믿을 수는 없다. 오히려 반대라고 생각한다. 그는 모든 철학을 부정하고 그 자신이 종교적 진리라고 인정하며 살았다.

중세에는 철학이 '신학의 시녀'였다. 근대에 이르러 철학은 겨우 신학으로부터 독립하고, 종교로부터 독립했다. 이것은 종교의 독자성을 명확히 하는 것이 되었다.

종교는 신학의 기초 위에서 이루어지는 것이 아니다. 오히려 신학은 종교의 딸이다. 먼저 종교가 있고, 신을 체험하고, 그 신의 본질과 존재 양식 등을 연구하는 것이 신학이다.

종교와 철학 사이에는 반드시 이런 상관관계가 있다고 할 수는 없다. 마르크스-레닌의 철학은 종교를 배척하기도 했다.

하지만 종교적 신앙의 대상은 우주의 실재이고, 철학은 실재의 근본 원리를 연구하는 학문이다. 그러므로 종교에서 철학의 존재를 무시할 수 없으며, 철학에서도 종교를 무시할 수 없다.

"지구는 최초에 가스, 즉 물질이었다. 물질이란 실재한다. 그리고 물질에서 생명이 발생한다"라는 대단히 소박한 실재론이 주장되어, 이 실재론을 기초하여 성립된 것이 마르크스의 유물론이다. 나는 이와 같은 유물론에는 절대 찬성할 수 없다.

물질은 우주의 실재 또는 본체가 아니다. 생명은 물질로부터 파생된 것이 아니다. 물질이야말로 생명의 의복이다. 우주의 본체는 생명 그 자체다. 물질은 생명의 공간적 형식이다.

생명은 생장하고 진화한다. 그리고 진화란 '가치의 위로 나아감(上進)'이다. 따라서 세계의 역사는 본질적으로 생명 가치의 위로 나아감이다. 그 반대처럼 보이는 일들, 예를 들면 전쟁이나 살육은 표면적인 현상이어서, 그 책임은 인간이 져야만 하는 것이다.

생명의 발전을 위해서 개체에는 죽음이 부여된다. 죽음은 진화의 전제다. 생명과 양심을 무시한다면, 우주에 한 가지 목적이 있다고 생각할 수 없게 된다. 목적이 없는 우주는 물질이 본체라고 생각되는 우주여서 거기에는 기계적인 법칙만 존재할 따름이다. 그것은 수학적으로 계산되는 인과율의 세계다.

"절대적인 것은 인식 중에 들어가지 못하므로, 우주 신에 대한 학문은 성립하지 못한다." 칸트는 철학의 전제가 되는 인식론의 입장에서 이와 같이 말했다. 그러나 양심을 통해 볼 때, 우리는 절대자로서의 하나님의 존재를 믿지 않을 수 없다. 양심을 기초로 한 가치 판단에서는 하나님은 반드시 시현(示現)하신다. 우리는 절대적인 것도 인식할 수 있다.

지금부터 약 200년 전 자연과학이 무서운 힘으로 유럽을 휩쓸었을 때, 오늘날과 같은 유물론이 번성했다. 그때 쓰인 것이 독일의 유명한 철학자 프리드리히 랑게(Friedrich Albert Lange, 1828~1875)의 《유물론사》다. 이 책을 읽어보면, 고대 그리스에서 근대에 이르기까지의 유물론이 이상주의의 입장에서 가장 올바르게 비판되어 있다. 나는 이 방대한 책을 친구와 함께 2년에 걸려 번역하여 출판했다. 유물론적 철학이 성립할 수 있다고 믿는 사람은 꼭 이 책을 읽어보기 바란다.

랑게는 대학 교수였지만 노동 운동도 지도했다. 나는 마르크스에 대해서, 랑게에 의해서 결정된 이상의 지위를 부여할 수는 없다.

유물론자와 그와 유사한 입장을 취하는 사람들은 일본의 다이쇼 시대부터 나를 심하게 공격했고 지금도 공격하고 있다. 그러나 나는 결코 굴복하지 않는다. 나는 철학적으로는 영원히 유심론자다.

2. 우주의 불가사의

유물론자에게 말을 들으면 인간의 뇌수는 물질에 지나지 않는다. 그러나 인간의 뇌수는 불가사의한 일을 한다. 개미의 뇌수도 마찬가지다. 저 둥근 안경 모양을 한 미세한 대뇌에서 인간은 상상하지 못할 일을 한다.

진실을 말하면, 나에게 있어서 언제나 문제가 되는 것은 물질 그것에 대한 철학적 해석이 아니다. 물질이 지니는 작업 양(量)이다. 개미는 그 미세한 대뇌로 그처럼 불가사의한 일을 한다. 그래서 개미에게도 마음이 있다고 말할 수 있다.

인간도 마음을 가지고 있다. 그 마음이 얼마나 불가사의한 것인가는 뇌를 구성하는 불과 1.3킬로그램의 물질이 같은 중

량의 물의 수억 배의 일을 하고 있는 것을 보면 알 수 있다.

내가 알고 싶은 것은 불가사의한 일을 하는 물질의 가장 골짜기에 숨어 있는 불가사의한 구조다. 물질은 밖에 보이는 막과 같은 것이다. 막 뒤에서 역할자가 있다. 나는 그의 얼굴을 보고 싶다.

우주의 모든 것은 생장하고, 역사는 갈 지 자 걸음을 하면서 진로를 취하지만 결국은 하나의 방향을 따라 흘러간다. 한 조각의 돌에도 우주 생명의 호흡이 있고, 길가의 작은 꽃에도 우주의 로맨스가 숨어 있다. 누가 우주에 하나님이 없다고 말하는가?

물질은 하나님의 장대한 희곡의 서막이다. 한 막마다 희곡의 장면이 바뀐다. 거기에는 눈물이 있고, 피가 있고, 빛이 있다. 의장(意匠)은 완전하다. 혼란한 것으로밖에 보이지 않지만 다 나름대로의 계산이 있다. 하나님이 지축을 23.5도 기울였기 때문에, 바로 서 있는 것보다 훨씬 넓은 지면을 경작할 수 있다. 이 같은 불가사의한 설계를 깨달을 때, 인간은 무엇을 알고 있는 것인가?

나는 대지와 그 위의 생물을 별개의 것으로 생각할 수 없다. 대지와 인간의 뇌수 그리고 뇌수가 지니고 있는 의식은 밀접하게 결부되어 있다. 바꾸어 말하면 대지는 뿌리이고 뇌수는 줄기, 의식은 꽃이다.

우주 전체가 살아 있는 것이다. '지구도 태양도 우주라고 하는 위대한 생물의 세포 중 하나가 아닐까' 생각하지 않으면 안 된다. 인체의 내부를 혈액이 순환하는 것처럼 태양계는 우주의 순환 계통에 속하는 하나의 운행을 계속하고 있다는 생각이 든다.

우주 전체에서 보면 우리가 알고 있는 세계는 한정되어 있다. 우리들은 코끼리를 더듬고 있는 맹인에 불과하다. 우리들은 단지 눈을 뜨고, 자연계의 신비함에 놀라고 있을 뿐이다. 아침에 아무것도 없던 상수리나무의 가지가지에 태양이 부드럽게 입맞추면 그날 오후에는 붉고 작은 싹이 일제히 돋아나고, 나무 전체가 붉은 막을 덮은 것 같다.

"매년 되풀이 되는 평범한 광경이다"라고 말하면 안 된다. 이와 같은 신비함에 놀라는 마음을 가지고 있지 않는 사람은 우주의 본체를 더듬어볼 수 없다.

나는 우주 전체가 살아 있다고 믿는다. 그것을 죽은 것으로 취급하는 것은 나의 양심이 허락하지 않는다. 물질의 피안이 어떤 구조로 되어 있는가, 그것은 아직 잘 알지 못하지만 물질 그 자체와 연관이 없다고 생각되지는 않는다. 물질과 보이는 것도 실은 그렇게 보이는 것일 뿐이다. 스펙트럼으로 분해하면 몇십, 몇백 가지의 다른 색이 보이는 것이 우리의 불완전한 눈에는 한 가지 색으로 보이는 것 같이 물질은 생명의 전당에 들어가는 문과 같은 것이다.

우주에는 목적이 있다. 목적이 있으면 의장(意匠)도 있기 마련이다. 영화 필름처럼 감겨 있으므로 중간의 일부분만 보아서는 알기 어렵다. 그러나 끝까지 보지 않고 목적도 의장도 없다고 말하는 것은 잘못이다.

우주는 다면적 일원이다(多面的一元). 현상으로서 여러 가지 모습이 있고, 운동이 있고, 사건이 있지만, 근본적으로는 하나다. 우주는 통일체다.

우주의 본체는 하나님이며 하나님은 한 분이시다. 자연은 하나님의 의복이다. 구약성서의 시편에 "하나님은 빛을 옷으로 하고 있다"라고 적혀 있지만 빛만이 하나님의 옷이 아니다. 자연계 전체가 옷이다. 자연계는 근본적으로 추한 투쟁의 장소가 아니다. 거기에는 현묘한 조화가 있고 아름다움이 있다.

외국의 어떤 청년이 친구와 둘이서 사막에 갔다. 한 청년이 사막의 황량한 경치에 아주 놀라서 "하나님은 저런 보잘것없는 것을 왜 만들었을까?"하고 친구에게 물었다. 그러자 친구는 "보잘것없는 것이 아니야. 허벅지 사이로 바라봐" 하고 말했다.

거기서, 청년은 들은 대로 허벅지 사이로 사막을 바라보았다. 그리고 처음으로 사막에도 아름다움이 있음을 발견했다고 한다. 이것도 하나의 보는 방법이다.

영국의 풍경화가 윌리엄 터너(William Turner, 1775~1851)가 아름다운 다리(橋) 그림을 그렸다. 존 러스킨이 다리의 실물을 보러갔다. 그런데 조금도 아름답지 않았다. 다리 근처의 더러운 집들이 있어서 그것이 방해가 되었다. 터너는 그 더러운 집들을 제외하고 전체 풍경을 미화한 것이다. 거기에 터너의 화가로서의 재능이 있다. 이 이야기는 러스킨의 《근세의 화가》에 나온다.

우리들이 자연을 볼 경우에도 이런 식으로 말할 수 있다. 조금이라도 추악한 부분이 눈에 띄면, 무의식중에 혹은 고의로 그것을 확대한다. 그 결과 자연 전체가 추악하게 되어버린다. 그러나 추한 부분도 아름다운 부분과 잘 비교해, 공평한 판단을 하면 전체로서의 자연은 결코 추한 것이 아님을 알 수 있을 것이다.

자연계를 보고 하나님이 없다고 하는 것은 눈을 감고 빛이 없다고 말하는 것과 같다. 크리스천은 자연을 통해 하나님을 인식한다.

제7장

종교와 과학

1. 과학은 이념의 종교다

과거에 종교와 과학이 충돌한 일이 있다. 이는 마치 얼굴과 눈이 충돌한 것과 유사하다. "나는 너를 내 얼굴에 담고 있는 거야" 얼굴이 이렇게 말하며 뽐냈다. 본다는 생각은 잊어버리고, 얼굴의 모양이 있는 것만을 자랑했던 것이다.

"흥, 너는 모양만 있을 뿐 먼 곳을 볼 수는 없잖아"라고 하며 눈이 웃었다. 그 방식은 자기는 얼굴에 붙어 있다는 사실을 잊어버리고 있는 것이다.

종교와 과학의 충돌은 살아가려는 감정의 논리와 알려고 하는 이성의 논리의 충돌이었다. 그러나 어느 쪽 논리도 현실의 인간을 떠나서는 존재할 수 없다.

종교는 '사는[生]' 것을 목적으로 하고, 과학은 '아는[知]' 것을 목적으로 한다. 쌍방은 충돌할 수 없는 것이다.

만일 과학자가 종교를 조롱한다면 그것은 인간으로서 살아가는 길을 부정하는 것이다. 또 종교인이 과학을 조롱한다면 그것은 우주 생명의 표현으로서의 자연 또는 물질을 배척하는 것이다.

현대는 종교를 재발견해야만 하는 시대다. 내가 감히 재발견이라고 말한 것은 세계대전 중에 (일본에서) 기독교와 같은 진정한 종교가 탄압되어 국민들 사이에서 소멸되려고 했고, 세계대전 전에는 과학자들에 의해서 종교가 너무 무시되었기 때문이다.

사람들은 인생을 있는 그대로 생각할 틈도 없이, 멋대로 감각의 세계에 뛰어들어, 그 결과 감각적 욕망에 빠진 것과 같은 시대도 있었다. 인간은 우주 생명과의 관계에 있어서 어떻게 살아야 하는가를 잊어버렸다.

종교란 인간의 운명에 관해 내면적 사색을 기점으로 해서, 가장 진실한 자유의 세계로 나아감을 의미한다. 그것은 결코 과학과 대립할 것이 아니다. 왜냐하면 진정한 과학은 자유에 대한 봉사를 임무로 해야 하기 때문이다.

옛날에는 불을 만드는 것이 하나의 종교적 작업이었다. 현재는 그러한 물리적 행위를 종교적이라고 생각하는 사람은 거의 없다. 그러나 종교가 물리, 화학의 세계로부터 멀어지는 것은 앞으로는 오래 가지 않을 것이라고 나는 생각한다. 불을 만드는 것이 하나의 종교적 작업이었던 것같이, 언젠가는 전기공학도, 응용화학도 종교적 의미를 가지게 될 것이다. 물론 원자폭탄이나 수소 폭탄의 제조가 종교적이라고 할 수는 없으나, 원자력으로 자동차를 달리게 한다든지, 물을 끓이고 빵을 굽는다든지 등의 공부는 종교적이라 부를 가능성이 있다.

중국에서는 폭죽이 종교적 의미를 가지고 있었다. 나는 그 시끄러운 소리를 상하이에서 처음 들었을 때 무척 놀랐지만, 생각해보면 조금도 이상한 일이 아니었다. 모든 것은 하나님께로부터 왔고 하나님의 이름으로 행해지지 않으면 안 되기 때문이다. 종교는 인간 생활의 전 분야에 걸쳐 있다.

인간의 지식이 조직적이 되면 과학이 발생한다. 과학은 우주의 구조와 그 운동 법칙을 연구하는 지적 활동이다. 그러나 인간의 지식에는 한계가 있다. 과학자가 알고 있는 우주는 그 자체가 아니라 하나의 상이다. 그것은 인간의 마음속에 꾸며진 소우주다.

따라서 과학자가 보여주는 우주는 재구성을 거친 우주다. 우리들은 그것에 일상생활에서 얻은 것을 더하여 실재의 본질을 알게 되는 것이다.

과학은 하나의 훌륭한 희곡이다. 과학처럼 로맨틱한 희곡이 없다. 증기기관이나 무선 전신도 나에게 있어서는 연극이며 시다. 그것은 생명이 폭발하여 가는 악보다.

과학은 생명의 촉수이고, 가장 잘 살려고 하는 사람에게 부여되는 유익한 지식이다. 생존 경쟁만을 생각하는 사람들에게는 과학이 경탄할 만한 가치 있는 무기일 것이다. 그것은 폭격기를 만들고, 살인 광선을 만들기도 한다. 그러나 서로 돕는 세계를 꿈꾸는 자에게 있어서 과학은 도시와 농촌을, 나라와 나라를, 민족과 민족을 연결할 수 있는 새로운 도구다.

우리가 일체의 공리를 떠나 욕심 없는 수도승 같은 태도로 실험실 한가운데 앉아보자. 그럴 때 과학은 우리에게 무슨 이야기를 들려줄까? 과학은 생명 약동의 희곡을 이야기한다. 물리학 실험실에서 무생물의 희곡을 볼 수 있다. 물리학이 희극적이라면 화학은 그보다 한층 더 희극적이다.

나는 시험관을 들여다보고, 망원경을 들여다볼 때 우주라는 대극장에 들어가는 기분이 든다. 그것은 나를 협소한 지상에서 우주 생명의 생활 무대로 환승시켜준다. 이런 의미에서 과학은 훌륭히 종교적이다. 속죄에 의한 생활의 전환을 보증해주지는 않지만 정신생활의 내용을 견실하게 해준다.

과학은 자연의 비밀을 계시한다. 이 점에서 하나님의 의복으로서의 자연을 사랑하는 자에게는 과학이 둘도 없는 학문이다.

과학자가 실험실에 틀어박히는 것은 종교인이 성소에 틀어박히는 것과 같은 의미를 갖고 있다. 실험실에서 보는 자연의 깊은 전당은 얼마나 신비스러운지 모른다.

나는 과학을 사랑한다. 과학은 하나님이 보내주신 선물이다. 과학은 실천의 종교는 아니지만 이념의 종교라고는 할 수 있다.

2. 기독교와 진화론

나는 진화론을 긍정하고 있다. 무에서 유가 생긴다면 그것은 창조다. 보통 진화론을 주장하는 사람들은 창조라는 것을 부정하지만, 나에게 진화는 창조라는 운동의 시간적 전개다.

아메바가 인간이 될 때까지 진화했다고 말할 때, 아메바 자신이 우주 법칙의 모든 것을 잘 알고 스스로 인간이 되었다고는 생각하지 않는다. 우주 생성의 역사는 그렇게 간단하지가 않다. 나는 창조라는 운동의 과정에 진화가 있다고 생각하는 것이 조금도 모순이라고 생각하지 않는다.

우주는 다원적이 아니라 일원적이다. 우주에는 하나의 힘밖에 없고, 한 분의 하나님밖에 없다. 이스라엘인은 직관에 의해

이 사실을 알고 있다. 그것을 신화적으로 기술한 것이 '창세기'다. '창세기'의 우주관은 현대의 과학과 모순되지 않는다. 거기에는 인문과학적 입장에서 극히 소박한 언어로 우주의 창조를 말하고 있다. 그 의도는 우주에는 목적과 의장(意匠)이 있다는 것을 나타내기 위해서였다.

지구는 점차 굳어졌지만 그 과정에서 갑자기 달이 튀어나왔고, 이어서 지구 표면에 생물이 발생했다. 그것은 아마 바다에서였을 것이다.

생물의 기원에 대해서는 여러 가지 설이 있는데, 일정한 조건이 완전히 충족되었을 때 발생되었다고 나는 생각한다. 조건을 제출하는 자는 힘과 목적, 법칙과 통일성을 보유한 자가 아니면 안 된다. 이는 하나님이시다. 따라서 생물을 창조한 분은 하나님이라고 말할 수 있다. 이런 사실을 이스라엘인은 신화적으로 표현했던 것이다. 따라서 창조와 진화는 결코 모순되지 않는다. 본질적으로는 창조된 것이 시간이 지남에 따라 진화가 이루어진 것이다.

진화론자 중 극단적인 자는 생물의 진화를 생존 경쟁의 하나라 생각한다. 그러나 생물은 적자생존이라든가 우열의 법칙에 의하지 않고 바른 계통으로 진화하려는 경향을 가지고 있다. 단세포 동물에서 인간으로의 진화는 바른 계통의 발생에 의한 것이었다. 모양이 조금씩 변한 것에 지나지 않는다. 캥거루의 목은 길지만 골격을 보면 사람과 같이 32개의 뼈로 이루어져 있다. 말도 기린도 목뼈만은 인간과 같은 7개다. 치아의 진화에도 바른 질서가 있다.

발생학의 입장에서도, 비교 해부학의 입장에서도 바른 계통 발생에 의한 진화의 사실을 증명할 수 있다. 때로는 비정상적인 발생도 일어나지만 개체의 요사(요절)로 끝날 때가 많다.

바른 계통으로 진화한다는 사실은 목적과 의장의 보유자이신 하나님의 존재를 전제로 하지 않으면 설명이 되지 않는다. 나는 진화론을 연구하면 할수록 하나님에 대한 신앙이 증가되는 것을 느낀다.

생물 진화의 극치는 인간이다. 인간은 의식, 양심, 이성을 가지고 있다. 인간의 그런 속성은 모두 하나님께로부터 온 것이다.

3. 하나님과 현대 물리학

최근 유럽이나 미국에서는 물리학이 대단히 발달하여 물질의 배후에 있는 하나님을 인정하게 되었다.

영국이나 미국의 물리학자는 마르크스의 유물론을 전혀 믿지 않게 되었다. 유물론의 나라인 소련에서도 유물론을 부정하는 자가 나타났다. 모스크바 대학에서 지구과학을 강의하는 벨나도스키이다.

벨나도스키는 지구를 화학적으로 연구해서 "기계적·우연적·맹목적이 아니고, 합리적이며 일정한 목적성과 정신적 배경을 가진 물질이 지구를 출현시켰다"라고 주장했다.

벨나도스키의 선배는 생물학을 전공한 로런스 핸더슨(Lawrence Joseph Henderson, 1878~1942)이다. 나는 35년 전 미국 프린스턴 대학에서 핸더슨의 강의를 여섯 번 정도 들었다. 핸더슨은 물을 연구하며 물이 단순한 물질이 아니라 지상에서 생물의 출현을 준비했다고 말했다.

베를린 대학의 열역학 교수였던 양자의 발견자 막스 플랑크(Max Planck, 1858~1947)는 물질의 깊숙한 곳에 몇 만이나 되는 항수(변하지 않는 수)가 있음을 발견했다. 물질은 상대적인 것이지만 그 속에는 항수가 있다고 한다.

"생명은 물질과 같지 않다"라고 말한 사람은 물리학의 대가 닐스 보어(Niels Bohr, 1885~1962)다. 파동 역학의 주장자 드브로이(Louis Victor de Broglie, 1892~1987)는 가톨릭 신자다. 그는 물질의 깊숙한 곳에는 상상도 할 수 없는 '이(理)'가 있음을 발견했다. 이(理)란 지혜다. 그것이 우주의 본체다. 나는 그것을 종교적으로 보아 하나님이라 부르는 것이다.

우주의 우연적인 방면이나 기계적인 방면만을 보면, 그것을 확대하여 우주의 본체를 그 같은 성질의 것으로 간주하는 결과가 된다. 수천만 년의 장래에 있어서 목적을 달성하려면 기계적인 구조가 필요하다. 기계성을 통해 목적을 달성하는 것이다. 그러므로 기계적으로 보이는 것 속에는 합목적성이 있음을 생각하지 않으면 안 된다.

원자의 구조도 결코 엉터리가 아니다. 거기에는 명확한 질서가 있다. 그것을 최초로 발견한 사람이 시베리아의 옴스크에서 탄생한 화학자 드미트리 멘델레예프(Dmitrii Ivanovich Mendeleev, 1834~1907)다. 모든 원소를 번호순으로 배열하면 여덟 번째마다 대단히 유사한 원소가 자리 잡고 있음을 알 수 있다. 이를 '멘델레예프의 주기율'이라 한다.

"나는 이 주기율을 알고서 처음으로 하나님을 믿게 되었다"라고 그 자신은 분명히 말하고 있다. 일본의 중학교 교과서에 이 주기율이 실려 있지만 그가 그것에 의해서 하나님을 발견했다는 사실은 전혀 쓰여 있지 않았다.

상대성 원리를 발견한 아인슈타인도 훌륭한 크리스천이다. 그는 1922년에 일본을 방문했다. 그때 나는 고베에서 회견하고 과학과 종교와의 관계에 대해서도 이야기를 나누었다.

노벨상을 받은 미국의 물리학자 아서 홀리 컴프턴(Arthur

Holly Compton, 1892~1962)도 열성적인 크리스천이다. 전자 하전의 측정을 하여 노벨상을 받았다. 또 미국의 물리학자 로버트 밀리컨(Robert Andrews Millikan, 1868~1953)은 목사의 아들이다.

천문학자 중에도 크리스천이 많다. 내가 친구와 함께 번역 출판한 《우리를 둘러 싼 우주》의 저자 진스(James Hopwood Jeans, 1877~1946)는 몇 년 전 사망했으나 기독교적인 인격자였다.

"천체망원경을 들여다보고 하나님을 발견하지 못하는 자는 바보다"라고 말한 사람은 천왕성을 발견하여 세계적인 명성을 얻은 독일의 천문학자 윌리엄 허셜(William Herschel, 1738~1822)이다.

제8장

종교와 예술

1. 미(美)의 문제

종전(1945년) 다음 해부터 급격히 선정적인 문학이 등장했지만 진정한 문학은 톨스토이가 말한 것처럼 가장 순진한 감정을 표현한 것이 아니면 안 된다. 인간의 육체적 욕망만을 묘사하는 것은 문학의 바른 길이 아니다.

"술, 여자, 덕, 어느 것이나 좋다. 나의 마음을 충족시켜주는 것이라면." 프랑스의 상징파 시인 보들레르(Charles Baudelaire, 1821~1867)는 이렇게 말했다.

일본의 소설가가 위의 세 가지 중에서 덕은 제외하고, 술에 취하고, 여자에 취하는 장면만을 묘사하는 것은 데카당스 문학이다.

진정한 데카당스는 덕에 취하고 하나님에 취하는 것이다. 책형(기둥에 묶어 죽이는 형벌)에 걸면 죽음에 취함, 그것이 데카당스의 극치이다. 《쿠오 바디스》에 그것이 있다.

프랑스의 문학자들은 술이나 여자에 도취한 상태에서 깨어나 하나님께로 돌아왔다. 일본 문학자들은 언제 그와 같은 길을 선택할 것인가?

성처녀를 그리고, 사랑과 희생을 그리고, 정화된 가정과 사회를 그리지 않으면 아무리 세월이 지나도 일본의 문학은 국제적 수준을 따라가는 것이 불가능하다. 외국의 위대한 소설, 예를 들면 《신곡》, 《레미제라블》, 《부활》 등은 모두 종교적 감정을 주제로 한 것이다.

나는 예술 지상주의에 반대하는 것은 아니다. 아름다움을 위하여 모든 것을 희생하는 태도는 비장하기도 하다. 그러나 일본의 예술 지상주의자들은 감각의 아름다움만 추구하지, 정신의 아름다움은 돌아보지 않는다. 그것은 선정적인 문학의 일종이다. 감각미의 추구는 쾌락주의에 기운다. 그것은 생활 방식으로도 결코 건강한 것이 아니다.

미의 형식에는 개인적인 것과 단체적 또는 사회적인 것이 있다. 일본의 예술 지상주의자들은 개인적인 미를 추구할 뿐 단체적 또는 사회적인 미는 추구하지 않는다. 여기에도 크나큰 문제가 제공된다.

나는 감각의 미를 부정하는 것은 아니다. 그러나 그것이 미의 전부는 아니다. 감각의 미를 순화해서 보존하기 위해서는 아무래도 정신의 입장에서 다시 보지 않으면 안 된다. 이것은 내부의 눈과 외부의 눈, 두 개로 미를 추구하는 것이다. 이 두 개의 눈의 영상이 일치할 때 아름다움은 처음으로 절대적인 것이 된다.

절대적인 미는 두 가지 의미가 있다. 하나는 하나님과 같은 아름다움이라는 의미다. 이것은 우리의 이상으로서 먼 곳에 존재하는 아름다움이다.

다른 하나는 주어진 장소에서 주어진 조건하에 꾸며진 정신이 가장 아름다우며, 그 이상의 아름다움은 없는 경우다. 이 경우의 아름다움은 장소와 조건이 변할 때마다 다른 것이 된다.

자기의 얼굴만 아름답고 타인의 얼굴이 지저분하면 지상의 생활이 즐겁지 않다. 이웃의 얼굴을 아름답게 하는 운동을 도덕이라 한다. 이와 같은 도덕을 주제로 하는 예술이 발달하기를 나는 소망하고 있다.

성경은 문학의 입장에서도 흥미진진한 서적이다. 전기 문학에 흥미가 있는 사람은 신약성서 중 가장 중요한 위치를 차지하고 있는 4복음서를 읽으면 좋고, 상징 문학의 걸작으로서 반드시 읽어주기 바라는 것은 신약성서 마지막에 있는 '요한계시록'이다. 요한계시록은 다소 어려우나 읽으면 읽을수록 감명이 깊어진다.

서사시로는 구약성서의 권두에 있는 '창세기'를 추천하고 싶다. '욥기'는 산문 형식으로 되어 있으나 내용으로 말하면 희곡이다. 시를 원하는 사람은 '시편'과 '아가'를 읽기 바란다.

2. 생명 예술로서의 종교

종교는 예술적이 아니라는 이유로 배척하는 사람이 있다. 그러나 그런 사람은 종교 생활을 경험하지 않았기 때문에 종교가 예술적인지 아닌지를 결정할 자격이 사실상 없다.

나보고 말하라고 한다면 종교처럼 훌륭한 무대 예술은 없다. 종교라는 무대에서 하는 연기는 모두 예술적이다. 시도 있고, 음악도 있다. 예수님의 생애는 처음부터 끝까지 예술적이었다. 그의 죽음은 비극의 극치였다.

《신곡》이나 《파우스트》가 탄생한 것은 종교적 감정이 예술적이라는 증거다. 종교적 감정 이외의 영역에서 예술미의 가장 순수한 것을 보려고 하면 헛된 노력으로 끝날 뿐이다.

종교적 감정이 아름다운 것은 그 밑바닥에 생명의 약동이 있기 때문이다. 이것은 동적인 미다. 미의 법칙만 알고, 미에 살을 붙인 것을 알지 못하는 자는 동적인 미를 알 수 없다.

음악은 동적인 미의 극치다. 거기에는 법칙의 약속이 있는데 그 약속은 반드시 절대적인 것은 아니다. 절대적인 것은 기성의 음보다. 그것은 다음에 제작될 음곡을 지배하지 않는다. 생명이 약진하는 동안에 법칙 그 자체도 따라 진화한다. 원래가 생명의 법칙이기 때문에 생명이 성장한다면 법칙도 변화할 뿐이다.

요컨대 음악에서 미의 근본적인 요소가 되는 것은 생명 그 자체의 약동이다. 무용의 미에 대해서도 같은 말을 할 수 있다. 생명 그 자체의 약동이 없으면 무용의 미가 이루어지지 않는다.

도덕의 미적 방면을 나타내는 예의라는 것도 음악이나 무용의 미와 같은 것이 도입된 결과의 산물이어서, 역시 그 바탕에는 생명의 약동이 포함되어 있다.

예술에는 법칙 외에 형식의 약속도 있다. 눈을 위하여 생긴 것이 조각, 회화, 건축이고, 귀를 위하여 생긴 것이 시와 음악이다. 근육을 위해 생긴 것이 무용, 그리고 관념 또는 사상의 발달에 수반되어 연극과 소설이 생겼다. 전체로서의 생명에 의거해 말하면 그러한 것들은 전부 국부적인 예술이다.

인간의 생명을 전체로 해서 비춰볼 때, 거기에는 인생 그 자체가 모든 국부적 예술을 포함한 하나의 커다란 예술로서 전개된다. 그것은 시간과 공간상에 두 겹으로 뻗어 올라가는 화폭이다. 인생극장이라고도 할 수 있다. 그리고 이 인생극장의 주인공은 항상 하나님이며, 부주인공으로 등장하는 것이 '하나님의 자녀'라 불리는 인간이다. '악마의 자녀'는 '하나님의 자녀'를 한층 돋보이게 할 수밖에 없다.

이런 의미에서 나는 기독교를 생명 예술이라 외친다. 하나님의 자녀로서의 인간이 가정을, 공장을, 사회를 무대로 활동할 때에 정신의 내부에서 발휘되는 아름다움은 감각적인 것과 융합되어 영원성을 지니게 될 것이다. 생명 예술의 극치는 거기에 있다. 그리고 여기까지 오면 지금까지 우리들의 이상으로서 멀리 존재하고 있던 '하나님과 같은 아름다움'은 가까운 것이 될 것이다. 하나님의 자녀로서 살아가는 것이 크리스천의 예술이며, 이 예술을 나는 종교라 부른다.

크리스천에게는 매일이 하나님의 임재이고, 하나님의 축제다. 여명과 함께 오로라 같은 섬광을 발하며 나타나는 하나님을 맞이할 때 우리는 노래하지 않을 수 없다. 스텝을 밟으며 춤추지 않을 수 없다. 이것은 크리스천의 유일한 예술이다.

제9장

기독교와 민주주의

1. 예수님의 민주주의

일본에서는 자유가 오랫동안 파묻혀 있었다. 종전 후 겨우 파헤쳐졌다. 자유에는 여러 가지 의미가 있다. 그러나 그것은 본질적으로 자아의 성장과 비약을 의미한다.

"자유롭고 싶다. 개인적으로 그리고 사회적으로." 참된 크리스천은 이렇게 생각한다. 자유는 방종도 아니고, 무법도 아니다. 모든 사람이 개인적으로 그리고 사회적으로 성장하는 것이다. 국가의 법률이 무용이 될 때까지 성장하는 것이다. 법률이 없어도 질서가 유지되는 사회야말로 참된 자유가 있다고 말할 수 있다.

혼자 있는 것이 자유라면 호랑이나 사자가 가장 큰 자유를 누리고 있는 것이다. 인간의 자유는 혼자 있는 자유, 혼자만의 자유가 아니다. 두 사람 이상의 인간이 함께 있으며, 서로 범하지 않고 상처를 주지 않는 자유다. 사회성이 있는 자유다. 평등한 입장에서 사랑이 넘치는 곳에 참된 자유가 있다.

니체의 초인주의(超人主義, 한 사람을 초인을 완성시키기 위해서 만인이 희생하지 않으면 안 된다고 생각하는 방식)는 자유를 의미하지 않는다. 크리스천은 그 반대를 생각한다. 자유를 위해서는 자발적으로 자기를 속박하는 자유도 상정하지 않으면 안 된다. 자기만 아는 유아주의(唯我主義)가 성립되는 사회나 승리자의 비애를 맛보지 않으면 안 되는 사회에서는 살고 싶지 않다. 자발적으로 패배자가 될 수 있는 사회야 말로 진정한 자유가 있는 것이다. 패배자의 생존을 허용하지 않는 사회는 답답한 사회다.

자유를 위해 죄를 범하고 싶지 않다. 그러나 죄를 범한 사람은 한 사람도 남기지 않고 버리는 사회도 자유가 있다고 할 수 없다. 자유의 세계는 사랑의 세계다. 죄인조차 속죄를 받으면 사랑받는 세계다. 거기에서는 사랑할 권리와 동시에 사랑받을 권리가 있다. 자유 사회에서는 교만한 사람은 용납되지 않는다. 니체라든지, 나폴레옹이라든지, 진시황과 같은 사람에게 주어질 자리가 거기에는 없다.

가장 참된 자유 사회는 협소한 사회가 아니고 수천만, 수억 명의 사람들이 살고 있는 세계이기 때문에 두세 명이 교만해도 지장은 없다. 수백 명의 장관이 있어도 상관이 없다. 그저 여러 사람이 문제시하지 않을 뿐이다. 천 명의 황제가 휴지를 함부로 던지며 다녀도 나 혼자라도 그것을 줍고 다닐 수가 있다.

한 사람, 한 사람이 어린이가 되고, 여자가 되고, 농민이 되고, 노동자가 되고 산이나 강이 되는 세계가 참된 자유 사회다. 참된 자유는 개인주의를 세 개든, 네 개든, 천 개든 포용한다. 이것은 '천만개인주의(千萬個人主義)'다. 다른 말로 하면, 사회적 개인주의다. 만약 니체가 필요하다면 수억 명의 니체가 탄생되지 않으면 안 된다.

"왕이 한 사람이면 안 된다. 모두 왕이 되게 하자"라고 생각해, 모든 사람이 왕이 되도록 운동한 사람이 사도 바울이다.

"당신들은 이미 싫증이 났고, 모두 부자가 되었습니다. 우리를 제쳐놓고 왕이 되었습니다." 그리스의 고린도에 거주하는 크리스천들에게 보낸 서신에서 바울은 이와 같이 말했다.

왕이 된다는 것은 하나님과 같은 자유, 완전한 자유를 체험함을 의미한다.

"이름이 없는 자 같으나 유명하고 죽은 것 같으나 이렇게 살아 있습니다. 또 아무리 심한 벌을 받아도 죽지 않으며 슬픔을 당해도 늘 기뻐하고 가난하지만 많은 사람을 부요하게 만들고 아무 것도 가진 것이 없지만 사실은 모든 것을 가지고 있습니다."

바울은 이렇게 말했다. 바울 자신이 체험한 자유는 어떤 성질의 것이었을까? 여기에 잘 나타나 있다.

불교의 《법화경》의 권말에 '관음보문품(觀音普門品)'이라는 장이 있다. 거기에 기록된 심정이 바울의 심정과 같다. 관음력을 체험한 자는 물에 들어가도 빠지지 않으며, 불에 뛰어들어도 타지 않는 그런 자제력을 얻을 수 있다는 것이 《법화경》의 결론이다.

"이 말쟁이가 무슨 말을 하고자 하느냐?"

바울이 아테네에 갔을 때 2류, 3류의 철학자가 나와서 이같이 말하며 조롱했다. 그러나 바울은 그들 이상의 철학자이며 비록 천막 깁는 일을 업으로 하는 노예와 같은 모양을 하고 있었으나 우주의 만물을 소유하고 있었다.

모든 사람을 왕의 자리에까지 끌어올리려고 했던 바울은 참된 민주주의가 어떤 것인가를 잘 알고 있었다고 할 수 있다. 그는 그것을 예수님에게서 배웠다.

하나님은 그의 팔로 힘을 보이사
마음의 생각이 교만한 자들을 흩으셨고

권세 있는 자를 그 위에서 내리치셨으며
　　비천한 자를 높이셨고
　　주리는 자를 좋은 것으로 배불리셨으며
　　부자는 빈손으로 보내셨도다.

　예수님을 따르던 처녀들의 입에서 이와 같은 노래가 솟아나왔다. 이것은 기독교에서는 유명한 노래가 되었다. 마리아는 목수의 아내이므로 사회적 지위가 낮았다. 그러나 교양 있는 여성답게 보였고 노래를 부를 수 있었다.

　마리아의 생각은 완전히 혁명적이었다. 참된 민주주의가 거기에 있었다. 그 마리아에게서 태어난 예수님이 3년간 추진한 새로운 종교 운동은 민주주의 운동이었다고 말해도 지장이 없다. 제왕이 뽐내고, 군인과 정치가가 멋대로 행동하고, 부자는 술만 마시고 있는 사회를 하나의 극이라고 하면, 또 하나의 극은 노예가 신음하고, 농민이 사슬에 묶이고, 어린이와 여자가 학대받는 사회다. 그러한 시대에 "어린이나 가난한 자나, 창녀가 오히려 하나님께 가까이 있다"고 예수님은 말씀하셨던 것이다. 역사적으로 이만큼 혁명적인 언어는 없었을 것이다.

　예수님의 사명은 모든 사람이 하나님의 자녀라는 것을 나타내는 것이었다. 언어상으로 말하면 대단히 단순하다. 그렇지만 혁명적인 힘이 담겨 있다. 로마 황제가 신으로 경배되는 시대에 노예까지 하나님의 자녀가 된다면 큰일이다. 노예 제도를 기본으로 하는 로마 제국을 붕괴시킨 것은 죽임을 당한 것처럼 보이나 실은 살아 있는 예수님이었다.

2. 민주주의의 역사

영어의 데모크라시(democracy)는 그리스어의 데모크라티아(demokratia)에서 유래한 것이다. '인민정치'라는 의미이며 일본에서는 민주주의로 번역되었다. 다이쇼 시대에 민본주의라는 용어가 사용되었는데 그것은 당시의 정부가 민주주의라는 용어를 매우 싫어했기 때문에 일종의 위장이었다.

민주주의가 가장 일찍 발달한 곳은 고대 그리스다. 인구 20만 정도의 작은 도시 국가를 몇 개 만들고, 인민이 바라는 대표자를 뽑아 그를 대통령으로 추앙했다.

그러나 그리스는 노예 제도를 인정하고 있었다. 다른 민족이나 국가에 대해서는 관용의 정신은 나타내지 않았다. 그런 점에서 참된 민주주의였다고는 말할 수 없다.

지식 계급과 노동 계급 사이에는 분열이 일어났고, 도시 국가 간에 투쟁이 되풀이 되었다. 여기에 페르시아의 압박이 가해졌다. 그 결과 독재적인 정치가가 나타나 민주적인 정치는 제왕 정치로 탈바꿈했다. 고대 그리스의 민주주의는 같은 종족, 같은 시민 간으로 한정되어 있었으므로 혈족적 민주주의라 부른다.

고대 로마도 대체로 그리스와 같은 경향을 취했고, 최후에는 왕정제도가 수립되었다.

근대의 민주주의는 16세기의 종교 개혁 시대에 싹트기 시작했다. 당시의 로마 교황은 종교계, 사상계를 지배했을 뿐만 아니라, 정치적 권력도 장악하고 있었다. "교황은 태양, 황제는 달이다"라고 말을 하기도 했다.

성서를 처음 프랑스어로 번역한 올리베탕(Pierre Robert Olivetan, 1506~1538)이라는 사람의 감화로 구교에서 신교로 옮긴 칼뱅이 교황의 독재 정치에 대항하여 스위스의 제네바에서 공화 정치를 수립하고자 했고 어느 정도 성공했다. 민주주의 역사를 쓰고자 하는 사람은 칼뱅의 그 당시의 업적을 누락시켜서는 안 된다.

영국에서는 로마 교황의 지배를 받는 것을 바라지 않는 신교도의 수가 증가함에 따라 민주주의적 경향이 강하게 되어, 결국 농촌 출신의 크롬웰(Oliver Cromwell, 1599~1658)을 주역으로 한 혁명이 일어났다. 그 결과 로마 교황의 지배하에서 완강히 신앙의 자유를 거부하던 찰스 1세(Charles I, 1600~1649)는 처형되고, 민주적인 공화정이 채택되었다. 크롬웰은 종신 통감으로 추대되어 각종 개혁을 실시하고 신교의 정신을 철저히 살렸다. 후에는 무단 정치를 행하게 되었으나, 왕정 시대에 정치범으로 투옥되었던 청교도를 석방한 것도 그였다.

청교도는 모든 오락을 죄악시하고 화려한 것과 사치를 싫어했다. 그리고 정치적으로는 강하게 민주주의를 주장했다. 그들을 최초로 박해한 사람은 엘리자베스 여왕(Elizabeth I, 1533~1603)이다. 그들 일부는 네덜란드로 도망하고, 일부는 메이플라워호를 타고 아메리카 대륙으로 건너갔다. 1620년의 일이었다.

이들 청교도는 단순하고 온화한 사람들이었지만, 해적의 용기에도 뒤지지 않고 오히려 그 이상의 세련된 용기를 지니고 있었다. 그들은 자기들의 건강을 걸고, 약한 사람들을 위해서 땔감을 운반하고, 음식을 조리하고, 잠자리를 만들어주었다. 그럼에도 불구하고 조금도 푸념하지 않고 쾌활하게 그런 일을 하여, 참된 우정과 형제애를 드러냈다.

그들 중에는 손버릇이 나쁜 자도 간혹 있었으나, 그들 위에 서서 그들을 통제하는 자는 한 사람도 없었다. 무언가 통제가 필요할 때에는 그들 스스로가 통제할 수밖에 없었다. 그러한 사정의 필연적인 귀결로서, 전체의 의지에 따라 설치한 정부와 그 대표자에 복종한다는 것을 합의한 한 통의 문서를 작성해 전원이 서명했다. 그 문서는 아주 간단했지만 독재자의 출현을 방지했다. 미국의 민주주의는 이것에 의해서 최초의 기초를 세웠던 것이다.

근대에 있어서 민주주의의 역사는 나라마다 다소 차이는 있지만 그 뿌리는 그리스도의 정신이 깔려 있다. 서로 도와 가며 모두의 손으로 좋은 정치를 하자는 것이 민주주의다.

기독교와 사회 운동

1. 영국이 가는 방향

크리스천은 항상 폭력 혁명에 반대한다. 그 이유 중의 하나는 폭력 혁명을 일으키면 아사자(餓死者)가 수없이 생기기 때문이다. 사회 상태는 조금도 좋아지지 않는다. 프랑스 혁명이 그것을 잘 보여주고 있다. 1789년에 일어난 1차 혁명에서는 하루에 1만 5,000명 정도의 귀족을 죽이고, 그 머리를 창끝에 매달고 거리를 누비고 다녔다. 그리고 마침내 루이 16세와 왕후 마리 앙투아네트를 사형에 처했다. 그 결과는 사회적 혼란에서 온 기아로 인하여, 250만 명의 아사자가 생겼다.

1917년의 러시아 혁명 때도 아사자의 수는 500만 명에 달했다. "그 정도의 희생자가 나오는 것은 어쩔 수가 없다"고 독재

자는 말하겠지만 나는 이런 폭언에 찬성할 수가 없다.

프랑스에서 폭력 혁명이 일어나고 있을 동안에, 영국에서는 유혈 참사를 보지 않는 정신 혁명으로 행하자는 운동이 일어났다. 그 중심이 된 인물은 목사의 아들인 존 웨슬리다.

웨슬리는 옥스퍼드 대학에 다닐 무렵에는 술을 마시고, 트럼프를 하고, 승마랑 테니스 같은 스포츠에도 빠져 있었지만, 뒤늦게 반성을 하고 종교적인 단체를 조직했다. 그 동지는 모두 16명이었다. 그들은 매일 아침 5시에 일어나 성경 연구 모임을 개최하고, 방과 후에는 빈민가에 가서 가난한 사람들에게 봉사했다.

"저들은 메소디스트다"라며 학우들은 놀렸다. '메소디스트'라는 것은 '딱딱하고 융통성 없는 인간'이라는 의미다. 그러나 웨슬리와 동지들은 문제시하지 않았다. 그리고 대학을 졸업한 후, 8명은 국교파(성공회)에 들어가고, 나머지 8명은 자유교회에 들어가서 운동을 계속하여, 드디어 영국을 움직이게 했다.

신교의 유력한 교파의 하나인 메소디스트(감리)교회의 원조가 된 웨슬리의 이와 같은 종교 운동이 없었다면, 자본주의가 무르익은 근대 영국의 수십만 명의 노동자는 프랑스에 호응하여 폭력 혁명을 일으켰을지도 모른다.

"영국의 위기를 구한 것은 실로 웨슬리 일파다." 유심론적

이상주의 입장에서 명저인 《프랑스 혁명》을 쓴 토머스 칼라일은 이렇게 말했다.

웨슬리의 종교 운동은 영국에 있어서 사회 운동의 모든 부분에 새로운 혈맥을 주었다. 윌리엄 윌버포스(William Wilberforce, 1759~1833)의 노예 해방 운동은 웨슬리의 정신에서부터 출발했고, 1887년 독립노동당이 창립되었을 때 그 주역을 맡은 J. K. 하디(James Keir Hardie, 1856~1915)의 사회주의도 웨슬리의 정신에 뿌리를 두고 있다.

보통선거는 웨슬리의 감화로 총리가 된 찰스 그레이(Charles Grey, 1764~1845)의 노력에 의해서 실현되었다. 그것은 1832년의 일이다. 농민 운동은 라브레스라는 전도사의 지도에 의해 발달했다.

현재 영국에서 노동 운동이 가장 발달한 것은 로치테일이라는 곳인데, 28명의 크리스천에 의해서 첫걸음을 내디딘 협동조합 운동의 발상지다. 지금은 전 세계적으로 널리 퍼져 36개국이 참가하고 5억 명의 조합원이 있다(1948년 현재). 나는 폭력 혁명에 의하지 않고 사회를 개조하는 방법으로서는 협동조합으로 가는 것이 가장 올바르고 효과적이라고 믿고 있다. 그것은 기독교의 정신과 일치한다.

영국에서는 귀족조차도 사회주의의 정신을 품고 있다. 사회적 지위가 높은 사람까지 그러한 경향이 있다. 예를 들면, 아널드 토인비는 군의관의 아들로서 옥스퍼드 대학에서는 일찍이 없었던 수재였으나 대학을 졸업하는 것과 동시에 런던 동부의 빈민가에 몸을 던져 가난한 사람들을 위해서 헌신했다. 그리고 서른한 살의 아까운 나이에 요절했다. 그의 운동을 이어가기 위해서 1884년 설립된 것이 토인비 홀이라는 유명한 인보관(隣保館)이다.

나는 한번 토인비 홀에서 잔 적이 있다. 1925년의 일로서, 그 무렵 그곳의 관장을 하고 있던 사람은 애틀리였다. 내가 애틀리(Clemnet Attlee, 1883~1967)와 이야기를 나누었을 때, 그가 노동당 내각의 총리가 되리라고는 생각도 못했다. 영국에는 그 정도의 인물이 낮은 곳에 있는 사람들을 위해서 헌신하고 있는 것이다.

조지 6세(George VI, 1895~1952)의 백모에 해당하는 닷후라는 부인은 빈민굴의 협소한 집에서 살고 있었다. 장엄한 궁전에서 사치스러운 생활을 할 수 있었음에도 불구하고 신분을 낮추어 고생했던 것이다. 그녀의 조수를 하고 있던 레스터라는 여성은 제1차 세계대전 당시에 영국군의 사령관을 맡았던 헤이그(Douglas Haig, 1861~1928)의 의동생으로서, 일본에도 두 번 온 적이 있다. 두 번 모두 작은 백을 하나 들고 가벼운 옷차

림으로 우리 집에 머물렀다. 그녀는 또한 간디의 친구이기도 했다. 내가 인도에 여행을 했을 때 나를 간디에게 소개해준 사람이 그녀다.

이렇게 상류층에 속하는 사람들이 낮은 곳으로 내려가 무언가를 하는 경향이 있는 한, 영국에는 폭력 혁명이 일어날 수 없을 것 같다.

영국은 아직 완전무결한 나라라고 말할 수 없지만 종교 운동과 협동조합 운동을 추진하고 있음으로 인해 한 걸음씩 '천국 영국'이라는 이상을 향하여 전진하고 있다.

2. 전술로서의 무저항주의

나는 1904년 무렵부터 사회주의의 문헌에 친하게 되어,《신기원(新紀元)》이라는 잡지를 애독했다.《신기원》의 집필자는 키노시타 나오에(木下尙江), 아베 이소(安部磯雄, 1865~1949) 등으로서, 그들은 모두 기독교 사회주의를 부르짖고 있었다. 나는 한편으로는 마르크스와 엥겔스의 저서들도 읽었으나 프롤레타리아를 해방시키지 않으면 안 된다고 하는 것에는 공명하면서도, 변증법적 유물론과 계급 투쟁설에는 항상 반발심이 생겼다.

나는 1909년 말에 고베의 빈민굴에서 들어가서 살면서 토인비 형태의 운동을 일으켰고, 1919년의 봄 무렵부터는 노동 운동에도 가담했다.

"노동자는 흙에서 태어난다. 무지하지만도 본연(本然)을 알고 있다. 노동자의 도덕은 항상 사랑과 환희에 가득 차 있다. 노동자의 과학은 평화와 상호 부조를 설명한다. 즉각적인 사람들이다. 쓸데없는 사변으로 해를 주지 않는다.

노동자를 존중하자. 그들은 지구에서 태어난 제일의 영이다. 우리들은 이제 과거의 영웅에 지쳤다. 그들의 대부분은 약탈자가 아니었던가? 야수의 자식이 아니었던가? 지금까지 역사는 약탈자의 역사다. 하지만 지금은 참된 생산자가 세계를 지배하려고 한다. 지금부터의 역사가 참된 역사다.

노동자를 존중하라. 그들은 씨를 뿌리고, 거두고, 창조주와 같이 하루도 쉬지 않고 사람들을 위하여 빵을 만든다. 그들은 베를 짜고 건축을 한다. 모든 사람이 살아갈 수 있는 것은 노동자들 덕분이다."

나는 이런 문장을 써서, '노동자 존중론'이라는 제목을 붙여, 《노동자신문》이라는 기관지에 발표했다. 그런데 그 '노동자 존중론'에 국가의 장관을 멸시하는 문구가 있다는 이유로 나는 기소되었고 벌금 100엔이 부과되었다.

경제공황의 여파에 습격을 받아, 노동쟁의는 격화되기만 했다. 그 정점은 1921년 여름에 발발했다. 고베의 가와사키, 미쯔비시 두 조선소에서의 대쟁의였다. 나는 동지들과 함께 3만 5,000명의 노동자가 참가한 이 쟁의를 지도했다. 우리들이 채용한 전술은 무저항주의였다. 우리들은 그것을 무저항의 저항이라고 불렀다. 참가자가 점점 증가되었으나 폭력을 행사하지 않고, 등산, 해수욕, 운동회, 종교 집회 등을 하고 있는 동안, 탄압을 하고 싶어서 부글부글 속을 끓이고 있던 관헌도 손을 쓸 수가 없었다.

그런데 1만 7,000명의 노동자가 시내에서 시위 행렬을 할 때, 그 일부가 갑자기 야성적인 감정에 사로잡혀 경찰들과 충돌했다. 그것이 관헌에게 구실을 주었다. 그날 밤 쟁의단의 간부들이 모조리 검거되어 쟁의는 참패로 끝났다.

나는 미결감에 수용되었고 12일 만에 석방되었지만 노동자들의 야성적인 감정이 폭력을 유발시켰다고 생각하면 유감이 아닐 수 없었다.

어떤 사람들은 폭력의 교육적 효과를 주장한다.

"폭력의 행사는 일종의 의지 표시다. 다른 말로 한다면, 노동계급의 폭행은 노동자의 언어다. 그들은 말을 하지 못하기 때문에 폭력을 행사하는 것이다"라고 그들은 말한다.

그렇다면 폭행은 어느 정도까지가 의지 표시인가? 사람에게 상처를 주는 것까지인가? 조금 더 나아가면 사람을 죽이는 것까지인가?

"사람에게 상처를 주지 않는 정도까지"라고 말을 할지 모른다. 그러나 그 정도의 폭행은 폭행이 아니다. 그것은 사랑의 매인지도 모른다.

사실상 폭력은 인간의 죽음을 유발하는 정도까지 격화되는 본능을 가지고 있다. 폭력 행사는 어떠한 경우라도 말로만이 아니라 맹목적인 완력 혹은 무력의 폭발이다. 폭력을 교육적 수단으로 이용한다는 것은 아주 잘못된 것이다.

폭력주의 혁명가는 폭력의 교육적 효과 등은 처음부터 주장하지 않는다. 그들에게 있어서 폭력은 지배 계급을 무너뜨리고 국가의 권력을 장악하기 위한 유일한 수단이다.

예수님의 무저항주의에 반대하는 사람들은 옛날부터 있었다. 사랑의 정신을 이해하지 못하는 사람에게는 전술로서의 무저항주의는 하찮다고 할 것이다. 그러나 사랑을 최고의 도덕으로 생각하는 사람은 바보같이 폭력으로 저항하는 것에 마음을 두지 않는다.

예수님의 도덕은 절대성을 가지고 있다. 살아가는 것이 모든 폭력을 거부하는 것이다. 파괴는 생명을 보장하지 않는다. 사랑과 친화력은 생명을 보장한다. 아이들이 살기 위해서는 부모의 사랑이 있어야 하고, 부모가 살기 위해서는 사회 전체의 친화가 필요하다.

파괴는 그 본질에 있어서 모든 것을 부정하는 것이므로 허무하다. 사랑은 창조이므로 진화이고 발전이다. 이상 사회에서는 폭력과 파괴가 있어서는 안 된다. 그런 사회를 실현하기 위한 운동은 무저항주의 이외의 전술은 없다. 폭력을 휘두르는 자는 폭력으로 망할 것이다.

3. 협동조합의 사명

모든 크리스천들은 기독교의 본질이 하나님의 사랑에 의한 인간 개조라는 것을 알고 있다. 그러나 개조가 개인에 한정되지는 않는다. 사회의 제도도 모두 개조되어야 한다. 사회주의라는 이름을 붙인 것은 나쁜 것인지도 모르지만, 사회의 개조를 목표로 하는 이상 그 이름을 붙이는 것이 조금도 나쁠 것이 없다.

예수님의 이상은 하나님 나라의 실현이었다. 하나님의 나라는 모든 제도가 사랑의 정신으로부터 출발해서 만들어진다. 영원히 새로운 사회다. 어떤 형태의 사람도 재생시킬 힘을 가진 사회다.

기독교의 정신은 충분히 개인적인 것으로부터 충분히 사회적인 것이 될 수도 있다. 독선주의에 빠지지 않고, 모두가 가장 바른 전략·전술을 가지고 활발히 사회 운동을 하지 않으면, 이상 사회는 실현되지 않는다.

오늘날 최대의 악은 자본주의다. 노동자는 근면해도 항상 배가 고프고, 자본가는 가만히 앉아 있어도 계속 배가 부르다. 그러한 불공평이 사회를 어둡게 하고 있다.

예수님의 시대에는 자본주의라고 하는 것이 존재하지 않았다. 따라서 예수님은 단 한번도 자본주의를 욕하지 않았다. "부자가 하나님의 나라에 들어가는 것보다, 낙타가 바늘구멍에 들어가는 것이 더 쉽다"라고 말씀을 하셨지만, 이 '부자'라는 단어는 자본가를 의미하지는 않는다. 하지만 예수님이 오늘날의 자본가를 본다면 틀림없이 그들의 생활과 행동을 비난했을 것이다.

다만 우리가 생각하지 않으면 안 되는 것은 자본가도 인간이라고 하는 것이다. 인간인 이상 구원받을 필요가 있다.

예수님은 부자가 하나님의 나라에 들어가는 것을 거부했음에도 불구하고, 부자가 구원받을 길을 항상 열어놓으셨다. 부자는 모든 부를 포기하고 예수를 따르면 된다고 하셨다.

자본주의의 병리학으로 보면 카를 마르크스의 《자본론》은

참으로 올바르다. 그러나 폭력 혁명을 수행하면 이상 사회가 실현된다고 하는 것은 잘못되었다. 폭력 혁명을 통해서는 사회가 결코 좋아지지 않는다.

  이익을 되돌려줄 수 있는 것을 근본 방침으로 하는 초계급적인 협동조합 운동에 의해서만 이상 사회가 실현되는 것이다.

평화와 전쟁

1. 전쟁은 문화의 적이다

군국주의자에게 맹종해 태연하게 전쟁을 할 수 있으면 인간으로서의 고민은 없을 것이다. 고대 인도의 아르주나 왕자도 그랬다고 한다. 그러나 인간은 어느 사이엔가 이 세상의 모순에 눈을 뜨게 되었다. 그리고 사람이 사람을 죽이는 것이 얼마나 커다란 죄악인가를 발견하게 되었다.

우리들은 전쟁을 매우 싫어한다. 그것이 국제전이든, 내전이든.

"왕자여, 당신은 자기의 본무(本務)만을 보고, 결코 전율해서는 안 된다. 왜냐하면 왕족에게는 본무로서 전쟁보다 더 좋은 것은 존재하지 않기 때문이다."

아르주나 왕자의 신하인 크리슈나는 성스러운 사랑에 눈을 뜬 왕자에게 이와 같이 말하며 괴롭혔다. 나는 크리슈나에게 반감을 가지고 있다. 오늘날까지 비전론자(非戰論者)가 이러한 형태로 괴로움을 당해왔다.

"자연은 사람을 살리기도 하고 죽이기도 한다. 자연만큼 잔혹한 것은 없다. 인간이 아무리 평화를 부르짖어도 자연은 해마다 죽이면서 진행한다. 대지진 한 번이면 30만 명이 죽기도 한다. 전쟁에서는 원자 폭탄을 사용하지 않는 한, 동시에 그같이 많은 사람을 죽일 수는 없다. 정의를 위해서라면 사람을 죽이는 것이 불가피한 것이다."

이전에는 이러한 이론을 주장하는 자도 있었다.

"전쟁이야 말로 선한 것과 악한 것이 도태되어 선한 것만이 남아 있게 되는 것이다. 전쟁은 생물 진화의 필요조건이다. 인간 사회는 계급 투쟁과 국제 전쟁에 의해서만 발전하게 된다."

다윈의 진화론을 자기의 유일한 입장으로 하는 사람들은 이러한 생존경쟁설로부터 출발해서 전쟁의 필요성을 설명한다. 그러나 이것을 전적으로 과거의 일로 치부해버리면 안 된다. '인간은 발광하고 있는 것인가?'라고 나는 생각한 적이 있다.

살인광이 있는 것과 같이 민족이, 국가가, 사회가 발광하는 때가 있다. 그 발작이 전쟁의 가장 큰 원인이 되는 것이다. 전쟁의 환상에 사로잡혀 있을 때에는 대부분의 사람들이 생명의 존엄성을 생각하지 못한다. 그것이 발광하고 있는 증거다.

자신의 생명과 다른 사람의 생명을 같은 눈으로 보지 않는다. 눈은 두 개다. 눈이 두 개인 것은 자아가 분열되어 있다는 것을 의미한다. 정신병원에 가서 들어보면, 자아가 분열되어서 정신 작용이 통일되지 않은 것이 수용 환자의 공통된 특징이라고 한다.

전쟁이 필요하다고 생각하는 사람은 무통(無痛)의 저능아이며, 죽음을 두려워하지 않을 정도의 두뇌밖에 가지고 있지 않기 때문이라고 나는 생각한다.

전쟁은 인명과 문화재의 낭비다. 전쟁은 인간의 내부 생활을 완전히 허무하게 한다. 전쟁 때문에 고대의 바빌론도, 그리스도, 로마도 모두 멸망했다. 일본도 어쨌거나 망했다. 그리고 다른 나라들도 민주주의 국가든, 전체주의 국가든 전쟁을 그만두지 않으면 언젠가는 망할 것이다.

전쟁하고 싶은 마음이 조금이라도 있으면 그 준비 때문에, 사람들의 노력은 대부분 한 가지 일에 집중된다. 그것은 승리하기 위한 조건이라고 사람들은 말을 할 것이다. 그러나 그 조건 때문에 사람이 기계화된다. 민족이 군국주의로 굳어진다. 군사과학, 살인과학 이외의 모든 분야에 있어서 젊은 천재들의 싹은 모두 중도에서 시들어버린다.

야생 까마귀는 투쟁만 하고 있기 때문에 진화하지 않는다. 이 같은 일이 모든 식물과 동물에 대해서도 말할 수 있다.

개체가 진화하기 위해서는 한도가 있는 정력을 일정한 방향을 향하여 사용하지 않으면 안 된다. 그 정력이 투쟁을 위해서 사용되는 동안에는 진화 기능은 거의 움직이지 않는다.

참된 문화는 평화로운 시대가 아니면 발달하지 않는다. 일본인은 색채에 관한 감각이 발달하여 미의식이 예리하다. 왜 그렇게 되었을까? 바로 도쿠가와 시대에 260년간 평화가 계속되었기 때문이다. 적어도 50년 정도 평화가 계속되지 않으면 고도의 문화는 탄생하지 않는다.

그렇다면, 언제 평화의 시대가 올까? 전쟁의 규모는 점점 커져가고, 무기가 점점 강력해져갈수록 이 세계에는 영구히 평화가 오지 않을 것 같은 생각이 든다. 그러나 크리스천들은 하나님의 재생력을 믿고, 인류의 진화를 믿고 있다. 오늘날에는 씨족과 씨족의 전쟁이라든지, 영주와 영주의 전쟁 등과 같은 작은 전쟁은 거의 일어나지 않는다. 이것은 사회 연대의 관념이 진전되었기 때문이다. 이 관념이 다시 진전되어 국제적으로 확대된다면 국가 간에 있어서 무기의 사용은 불가능하게 될 것이다.

2. 세계 국가를 지향하며

유대에서는 히스기야 시대에 평화가 50년간 계속되었다. 그때 등장한 것이 산문시와 같은 '이사야서'를 쓴 대예언자 이사야다.

이사야는 평화주의를 노래했다. 무기를 버리고 평화주의자가 되라고, 칼은 보습을 만들고, 창은 낫을 만들도록 그는 모든 사람에게 권유했다. 그가 묘사한 꿈은 늑대나 표범이 면양이나 산양들과 함께 지낼 수 있는 사회였다. 송아지와 사자가 하나의 무리를 이루고, 어린아이들의 인도에 따라 곰의 새끼와 송아지가 함께 자고, 젖 먹는 아기가 독사의 곁에서 함께 놀 수 있게 되는 꿈을 가지고 있었다. 이와 같은 꿈은 평화주의가 골수까지 스며들어 있지 않으면 이루어지지 않는다.

예수님은 로마 제국에 반역을 획책하는 자가 가장 위대한 영웅으로서 사람들의 선망의 대상이 되는 시대에 탄생하셨다. 그러한 시대에 평화주의를 주장하는 것은 대단히 어렵다. 그러나 예수님은 그 어려운 일을 하셨다.

"평화를 위하여 일하는 사람은 행복하다. 그들은 하나님의 자녀가 될 것이다."

예수님의 평화주의는 이 한마디에 요약되어 있다. 거기에는 노예 제도 위에 구축되어 있는 로마 제국을 붕괴시킬 수 있는 효모가 포함되어 있다. 만일 예수님이 무력주의의 애국자였다면, 강대한 군대를 가지고 있던 로마 제국의 관헌들이 조금도 손을 쓸 수 없었을지도 모른다.

처음에 예수님을 붙잡은 것은 유대의 관헌이었다. 그때 제자 중의 한 사람이 검을 뽑아 대제사장 하인의 귀를 잘라버렸다.

"네 검을 도로 집에 꽂으라. 검을 가지는 자는 다 검으로 망하느니라"고 예수님은 말씀하셨다. 옛날부터 이 말은 평화주의자들에게 마음 깊이 사랑을 받아왔다. 단순하지만 영원한 진리가 포함되어 있기 때문이다.

초대교회 크리스천들은 전쟁에 나가는 것을 거부했다. 그들은 철저한 비전론자들이었다.

메이지 시대 초(1868)에는 무사로서 크리스천이 된 자는 아직 허리에 칼을 차고 있었다. 언제 어디서 보수주의자 적들이 습격할지 알 수 없기 때문에 언제나 그에 대비한 것이다.

유럽에서도 500년 전에는 기독교의 전도자들은 모두 칼을 지니고 여행을 했다. 그들 전도자들 중에 최초로 칼을 버린 사람은 야콥 피텔이라는 사람이었다.

"크리스천은 전부 칼을 버리시오."

피텔은 그같이 외치면서 평화 운동을 일으켰다.

다음으로 칼을 버린 사람은 재세례파 교회의 원조인 메노 시몬스(Menno Simons, 1496~1561)다. 루터는 종교 개혁의 주역이지만 칼을 버리지는 않았다.

이렇게 크리스천은 칼을 버렸다. 순교 의식과 평화주의의 신념이 높아진 결과다. 나는 15세 때 도쿠시마 중학교의 교정에서 교련 시간에 총을 집어던진 일이 있다. 그것은 사격 연습을 하는 날의 일이었다. '사람을 죽이는 도구'라고 생각하자, 아무래도 그것을 등에 지고 연습을 할 기분이 아니었기 때문이다. 나는 그 때문에 예비역 육군 대위인 체육교사에게 하루 종일 구타를 당했다.

1906년 8월에 나는 〈세계평화론〉이라는 글을 써서, 나의 숙부가 최대의 주주로 있던 《도쿠시마신문》에 발표했다.

"제국주의가 죽지 않으면 새로운 사회가 되지 않는다. 그 사회는 사유 재산을 인정하는 자선주의 사회나, 개량주의·조합주의 사회가 안 된다. 그래도 아직 사유 재산을 허가하는 동안은 인민은 경쟁심과 허영심을 끊을 수 없을 것이다. 자선은 위선이 아니다. 조합주의는 대자본으로 변하지 않는다. 그러면 그 사회는 다시 죽어 신천지는 오지 않는다. 사유 재산의 관념을 포기하면 인민은 인민의 정부를 세워, 인민을 위해서 인민 전체가 통치하는 시대가 올 것이다. 그때는 칼의 전쟁은 물론 평화적인 금력전쟁(金力戰爭)도 사라지고, 경쟁이라는 단어도 잊혀질 것이다. 의식주는 족하고, 예술은 발달하여 하나님의 나라가 지상에 이루어질 것이다."

18세의 내가 쓴 그 글에는 이러한 문장이 있었다. 지금 다시 읽어보면, 나는 어린 머릿속에 일종의 유토피아를 그리고 있었던 것 같다.

1928년경 나는 동지와 함께 비전동맹(非戰同盟)을 조직했다. 그래서 경찰의 미움을 받았다. 1936년 이른바 2·26 사건(일부 청년 장교들이 봉기하여 쿠데타를 일으킨 사건) 당시 나는 미국에 있었다. 나는 그 보도를 보는 순간, '일본 군부는 내부에서부터 붕괴가 시작된 것이다'라고 생각했다. 그리고 그 사건을 연단 위에서 미국의 청중들에게 전했다.

이런 일이 원인의 하나였다고 보이는데, 제2차 세계대전 중에 나는 서너 번 헌병에게 구인되었다. 그때마다 며칠씩 좁은 방에 감금되었다.

나는 하나님 때문이라면 언제든지 죽어도 좋다고 생각했다. 예수님은 33세에 돌아갔는데, 나 자신이 그 이상 오래 살아 있다는 것은 크리스천으로서 신념이 부족한 증거인 것 같은 마음이 들어 남몰래 얼굴을 붉힌 일도 있었다.

봄이 오면 꽃봉오리는 피게 되어 있다. 태양이 남쪽으로 돌아가면 얼음이 녹는다. 얼음 속에 갇혀 있던 사람의 마음 봉오리가 열릴 때, 전 인류를 거주자로 하는 세계 국가에 새싹이 솟아오를 것이다. 그것을 공상이라고 비웃으면 안 된다. 남태평양의 식인종이 민주주의 운동을 일으킨다는 것을 최근까지 공상이라고 생각하지 않았던가?

평화를 위해서 사용되는 원자력과 인류의 연대 의식은 세계 각국의 인민을 세계 국가 건설로 향하여 달음박질하게 하지 않을 수 없다. 왜냐하면 이 두 가지를 실현시키기에는 지구는 너무 협소하기 때문이다. 세계 국가는 단순한 유토피아가 아니다. 세계대전이 그것을 낳은 동기가 되었고, 그 동기는 실현의 가능성과 직접 연결되어 있다.

스크린이 하얗지 않으면 영상은 비춰지 않는다. 스크린은 하나님의 사랑에 눈을 뜬 인간들의 마음이고 영상은 세계 국가다. 지구를 덮을 수 있는 원자력을 발견한 것은 인간이다. 그와 같은 인간이 세계 국가의 가능성을 의심한다면 그것은 인간의 이성 그 자체의 모순이다.

참된 세계 평화는 세계 국가의 실현에 의해서 처음으로 얻을 수 있다. 그때 모든 국제적 분쟁은 중지되고 공의와 사랑이 세계의 전통이 될 것이다.

"그대여, 무엇이든지 남에게 대접을 받고자 하는 대로 너희도 남을 대접하라."

법으로서 이 이상의 언어는 없다. 2,000년 전에 그것이 예수님의 입에서 나온 말이다.

옛날 옛적에 주 예수께서 뿌려놓은
아주 작은 생명의 씨
싹이 나와 자라서 땅의 끝에서 끝까지
그 가지를 뻗은 나무가 되었다.

역사에 흘러간 옛것은
돌아올 수 없는 과거로 눌러놓은 사이에
주 예수께서 세운 사랑의 나라는
백성에서 백성에게 퍼져나간다.

시대의 바람은 불어오고
사상의 파도는 맞장구를 쳐도
모든 것을 뛰어넘어 가면서
주 예수의 나라는 영원히 번영할 것이다.

아버지 하나님의 이름으로
만백성을 하나로 묶고

만방을 하나님의 나라로 하여
바른 열매를 맺게 하소서.

일본의 기독교 시인인 유키 야스시(由木康)가 지은 이 찬송가를 모두와 함께 아침저녁으로 불렀으면 좋겠다.

| 옮긴이 후기 |

가가와 도요히코를 아시나요?

　가가와 도요히코 목사는 우치무라 간조와 더불어 근대 일본을 대표하는 기독교인으로 한국에도 널리 알려져 있다. 그러나 그의 젊은 날의 자전적 소설인 《사선을 넘어서》는 아는 사람이 많은데, 그가 어떠한 삶을 살았는지는 많이 알려져 있지 않거나, 애써 알려고 하지 않는다.
　그나마 설교와 기독교 매체에 예화로 인용되고 인터넷으로 퍼진 가가와 도요히코에 대한 이야기는 그를 '일본의 성자'라고 부르면서 그의 삶을 극적으로 각색하여 그의 각혈과 회심에 초점을 맞추고 있다. 그러나 이러한 이야기는 사실이 아니라 지어낸 이야기다. 그 대표적인 것이 설교를 듣고 은혜를 받은 이들이 인터넷에 쓴 다음과 같은 소설적인 이야기다.

> "가가와 도요히코를 만들어낸 분이 일본의 나가노라는 젊은 목사였다. 그가 북쪽의 카나자와 지역에 텐트를 치고 교회를 개척했는데 5년이 지나도 교인이 없었다. 5년 만에 한 폐병환자가 찾아왔는데 그가 바로 가가와 도요히코였다. 처음엔 폐병환자인지 몰랐고 같이 식사를 하는데 청년이 기침을 하다가 피를 밥상에 쏟았다. 순간 나가노 목사

가 이걸 쫓아내야 하나 아니면 씻겨주고 밥을 먹여야 하나 고민을 하다가 그래도 5년 만에 제 발로 찾아온 사람인데 내가 내쫓을 수는 없다고 생각하고 세숫대야와 수건을 가져다 그것을 다 치우고 씻어주고 같이 밥을 먹었다. 그리고 그가 방황하다가 복음을 듣고 예수를 믿고 주님께 자기 생애를 드렸으며, 신학교에 다니다가 폐병환자라는 사실이 드러나면서 정학을 당했다는 사실을 알게 되었다. 그래서 나가노 목사가 그 청년을 위해 기도해주었는데 그날 밤 성령이 임해서 그가 예수 그리스도를 인격적으로 만났고 주님을 만나면서 그의 생애를 그렇게 괴롭게 했던 폐병도 완전히 치유를 받게 되었다. 그리고 그는 다시 신학교에 들어갔고 그렇게 해서 평생 병들고 가난하고 고통받는 사람들을 위해 사역을 하며 일본의 믿지 않는 사람들에게까지도 큰 존경을 받았다. 나가노 목사에게는 가가와 도요히코가 자신이 평생 사역하는 동안에 회심시킨 오직 한 사람이었다. 그는 비록 한 사람을 회심시켰지만 그 사람은 너무나 큰 인물이었다. 일본 사회에 기독교가 무엇인지, 하나님의 사랑이 무엇인지, 무엇이 진정한 예수 그리스도의 정신인지를 온몸으로 보여준 한 사람의 성자가 나가노 목사를 통해서 마침내 하나님께 바쳐질 수 있었다."

물론 나가노 목사도 존재하고 가가와 도요히코 목사도 존재한다. 그리고 그들이 특별한 관계인 것도 사실이다. 그러나 위의 이야기는 존재했던 두 인물을 토대로 해서 자기들이 원하는 대로 꾸며낸 이야기다. 그럼에도 불구하고 이 이야기는 설교와 기독교 매체에 많이 인용되고 있다. 하지만 그 회심 이후의 삶에 대해서는 사람들이 잘 모른다.

그리고 그에 대한 책이 일본어와 영어로 30권 가까이 출간되었음에도 불구하고 국내에는 《사선을 넘어서》 외에는 전혀 번역 출판되지도 않았다. 왜 그럴까? 아마 그것은 한국의 기독교가 지나치게 이데올로기적으로 보수화되어 있기 때문에, 기독교 사회주의자인 가가와 도요히코의 삶이 한국 교회의 지도자들을 불편하게 만들기 때문이라고 추측할 뿐이다. 또한 진보적 기독교 진영에서도 기독교 사회주의자이면서도 마르크시즘과 날카롭게 대립하면서 열정적인 복음주의자의 삶을 살았던 그를 부담스럽게 생각했다.

내가 가가와 도요히코에 대해서 처음 이야기를 들은 것은 생활협동조합(이하 생협) 운동을 막 시작했을 당시 생협중앙회 프로그램의 일환으로 일본에 연수를 갔을 때였다. 일본 생협 운동의 역사에 대한 소개를 들으면서 가가와 도요히코라는 이름을 그때 처음 들었다. 그 후 생협에 관한 책을 읽으면서 그가 바로 《사선을 넘어서》의 저자라는 것을 알고서 관심을 가지고 있다가, 몇 년 뒤 다시 일본에 갔을 때 가가와 도요히코의 전기에 대한 작은 책을 구입하여 돌아왔다.

그러다가 두 가지 이유로 장인어른의 도움을 받아 가면서 《가가와 도요히코》라는 책을 번역하게 되었다. 그 첫 번째 이유는 내년이 가가와 도요히코 목사가 고베의 슬럼가에 들어가 본격적인 사회 복음주의 운동을 전개한지 100주년이라는 것이다(2008년 당시 기준). 두 번째는 필자의 허영과 무능 그리고 하나님의 징계하심에 따라 예장 생협이 어려움을 겪으면서 세계에서 가장 큰 고베 생협을 비롯해 일본에 무수한 생협을 만든 가가와 도요히코에 대해서 제대로 알고 싶었기 때문이다.

그러면서 일본 대부분 사회 운동의 씨앗을 뿌린 기독교 사회주의자이자 열정적인 복음주의자인 가가와 도요히코의 삶의 역정을 보면서 진보적 실천과 복음적 영성의 결합을 보았고, 예수에 사로잡혀 변절하지 않고 초지일관 믿음의 삶을 실천한 그를 한국의 그리스도인들에게 소개하고 싶었다.

이 책의 머리말에서 지적하듯이 가가와 도요히코는 일본의 근대 제국주의 시대에 일어난 모든 사회 운동에 씨를 뿌린 사람이다. 그는 일본 최초의 대규모 노동자 파업을 주도하면서 노동 운동을 일으켰고, 농촌 복음 학교를 만들어 농촌 전도는 물론 농민의 의식화를 통하여 전국적 농민 조직을 만들었다. 도쿄 대지진 때는 일본 최초로 볼런티어 운동을 일으키기도 했다.

또한 소비자 생협을 비롯해 의료 생협, 농협 등은 물론 열악한 빈민들의 생활 속에서 어린이 보육 운동 등을 일으킨 사람이다. 그러나 그는 이러한 사회적 실천만이 아니라, 전쟁 전에는 하나님의 나라 운동을 주창하여 3년 동안 전국을 돌아다니면서 백만인 구령 운동을 전개했고, 전쟁 후에도 3년 동안 피폐한 농촌을 돌면서 전도 운동을 한 부흥사이기도 하다. 사회적 실천과 체험적 신앙에 기초한 기도, 이것이야말로 가가와 도요히코를 특징짓는 두 단어다.

가가와 도요히코의 아버지인 가가와 준이치는 도쿠시마 현의 명문 이소베 가문 출신으로서 그 지역의 명문가인 가가와 집안의 미치라는 여성과 결혼해 데릴사위로 들어갔다. 그러나 부인이 자식을 낳지 못했다. 준이치의 첩인 가메라는 1888년 7월 10일 고베에서 도요히코를 낳았다.

도요히코는 양친이 모두 일찍 돌아가셨기 때문에 할머니와 양어머니인 미치의 손에 양육되었다(설교 예화집에는 사생아인 가가와가 이복형제들의 극심한 미움을 받았다고 하지만 양어머니 미치는 자녀를 낳지 못해서 이복형제들이 없었다). 양어머니 미치는 냉랭한 태도로 도요히코를 대했으나 할머니는 그를 가문의 후계자로 키우려고 엄하면서도 사랑으로 보살펴주었다.

초등학교에 들어가면서부터 집안의 대표로서 마을의 축제나 장례식에서 상석에 앉아야만 했는데 이런 일들을 통해 도요히코는 자연스럽게 조숙한 면모를 갖추게 되었다. 도요히코는 중학교 시절 귀한 만남을 갖게 되었는데 그것은 로건과 마이어스 선교사와의 만남이었다. 영어를 배우려는 목적으로 시작된 만남이었지만 그들의 헌신적이고도 진심어린 애정을 받은 끝에 도요히코는 세례를 받고 기독교인이 되었다.

그는 어려서부터 병약했지만 병에 짓눌리지 않고 열심히 교회 생활과 공부를 해나갔다. 그는 이미 그때 평화주의자인 로건과 마이어스의 영향과 톨스토이의 반전론에 심취하면서 일본 군국주의의 전쟁에 대한 의문을 품게 되었고, 교련 훈련을 거부해 교련 선생에게 하루 종일 구타를 당하기도 했다. 중학교 졸업 후 도요히코가 신세를 지고 있던 숙부는 그에게 도쿄 대학에 들어가 엘리트 코스를 밟아 가가와 집안을 일으켜줄 것을 기대했으나 그는 메이지 신학교에 입학을 희망하여 갈등을 빚었고 경제적 지원도 끊기게 되었다.

대학 시절에는 영어도 잘하고 매우 조숙하여 학교 수업에 만족하지 못했지만, 2학년 때부터는 잘 적응했던 것 같다. 그는 일생을 거쳐

큰 도움을 주고받게 되는 친구들을 만나게 되었다. 대학 2학년 시절 여름방학을 맞아 귀향했을 때 그의 출신 학교이기도 한 도쿠시마 고등학교 교장이 그 지역 신문에 쓴 일본이 제국주의로 탈바꿈해야 한다는 〈제국주의에 대하여〉라는 글을 반박하여 〈세계평화론〉을 투고하기도 했다.

대학 시절부터 가가와는 어려운 사람을 보면 참지 못하고 돕기를 자주 했다. 빈민촌을 돌아다니며 허약한 사람들에게 먹을 것과 옷을 벗어주고, 집으로 데려와 재워주기도 했다. 그러는 동안 그의 몸 상태는 점점 악화되어 각혈까지 하게 되었다. 그 무렵 고베 신학교가 개교를 하고 로건과 마이어스 선교사가 그 학교에서 교수직을 담당하게 되었다.

그들은 도요히코에게 전학을 권했고 그는 이를 받아들여 고베 신학교에 편입하기로 했다. 그런데 9월에 개강 예정이라 그 전까지 기후 현에 있는 토요바시 시의 교회로 전도 지원을 나가 나가노 마키라는 목사를 만나게 되었다. 가가와는 매일 밤 번화가에서 열심히 노방 전도를 하다가 결국에는 과로로 쓰러져 폐결핵 진단을 받았다.

그때 의사는 살 가망이 없다고 했으나 그는 자신에게는 살아갈 힘이 있다고 믿었고, 살아서 해야 할 이런저런 사명이 있다고 확신했기에 그렇게 쉽게 죽지는 않았다고 후에 고백했다. 나가노 목사와 그 가족의 애정 어린 돌봄이 있었던 것은 물론이다. 고베 신학교로 돌아온 이후에도 결핵성 축농증과 치질 수술을 받는 등 힘든 시간이 계속되었지만 존 웨슬리의 전기를 읽으면서, 신앙생활이 바르고 청렴했던 그의 삶에 깊은 감명을 받았다.

그러나 계속되는 병고로 20대 초반은 자주 자살을 생각하며 지냈다. 그 깊은 절망은 어느 순간 절대 긍정으로 변화되었다. 그는 절망의 늪에서 놀라운 세계로 소생했다. 실재의 세계에서 죽을힘을 가지고 강하게 살아가려고 각오하고 모든 것을 긍정하기로 했다.

1909년 12월 24일 그는 기숙사를 나와 고베의 빈민 지역으로 이사했다. 그곳은 가난과 질병, 비참함과 범죄가 들끓는 곳이었다. 그는 그곳에서 살면서 아이들과 놀아주었고 그 마을 사람들의 어려운 형편을 돌봐주었다. 슬픈 운명에 놓인 어린이들 때문에 가슴 아파하며 자신의 무력함을 한탄했고, '한 벌 옷의 제자도'의 가르침을 받아 자신이 가진 모든 것을 이웃들에게 나누어주었다.

그는 빈민들의 삶을 향상시키기 위해 '천국옥'이라는 밥집을 열어 운영하기도 했으나 얼마 되지 않아 쌓여가는 외상으로 파산했으며, 그 대신 일생의 반려자인 '하루'라는 여성을 만나 결혼했다. 그녀는 그가 인도하는 예배와 빈민가 선교에 열심히 참석하며 큰 도움을 주었고, 가가와도 변함없는 마음으로, 지극한 섬김의 모습으로 빈민들을 위해 애쓰던 하루를 좋게 여겨 아내로 맞아들였다.

그들은 비록 허름하기는 했으나 자신의 거처가 된 그곳으로 양모 미치를 모셔와 진심으로 봉양했다. 그러던 차에 그를 돕던 미국인 독지가로부터의 후원금이 중단되자 빈민촌 활동이 어려워졌다. 이 기회에 지식과 경험을 좀 더 얻기 위해 학문의 길을 택하기로 하고 도요히코는 미국 프린스턴으로, 하루는 요코하마 여자신학교로 떠났다.

그는 프린스턴에서 신학과 생물학을 공부했다. 또한 그는 뉴욕에서 유대인 마을에서 일어난 양재 노동조합에 속한 6만여 명의 노동자들의 대규모 시위 행진을 목격하면서 새로운 눈을 뜨고 일본에 돌아가면 가난한 사람들을 위해 노동조합을 만들겠다는 다짐을 하게 된다. 또한 방학 동안에 아르바이트로 유타 주에 있는 일본인회에서 서기직을 맡아 보기도 했었는데 그때 그의 노력으로 백인 지주에게 저임금으로 혹사당하고 있던 일본 노동자들을 위해 소작인조합을 결성하여 임금 인상을 이루었다. 이 두 경험은 도요히코에게 큰 재산이 되었다.

유학을 마치고 교회나 신학교가 아닌 고베의 빈민촌으로 다시 돌아간 그는 빈민촌 구제 사업이나 전도가 과연 무슨 의미가 있는가 하는 문제를 다시 생각해보게 된다. 그런 생각 끝에 가난을 없애기 위해서는 구제를 넘어서는 운동을 벌여야 한다는 결심을 하고 노동자 자주관리 공장의 일환으로 칫솔공장을 열었다. 빈민촌에 일자리를 마련하여 실업자에게 일자리를 주고 그 이익을 노동자들에게 환원하기 위한 것이었다.

많은 이들이 가가와를 도와 회사를 설립하기는 했으나 경험 부족과 소비자들의 외면으로 1년 만에 문을 닫았다. 그 후로 그는 본격적으로 노동 운동에 뛰어들었다. 그가 관여하던 우애회의 소식지인 《신고베》를 통해 간사이 지역 노동자 단체의 통일을 호소한 그는 드디어 '간사이 노동동맹 창립 선언'을 하게 된다. 불황이 심각해지던 1921년에 오사카 전동주식회사에서 동맹 파업이 일어났다. 이 파업을 시작으로 인근 공장들도 연이어 파업에 들어갔고 7월 10일에는 일본 최초로 대규모 시위인 3만 5,000여 명의 노동자들이 거리로 쏟아져 나왔다. 그들의 중심에는 가가와가 있었다. 그는 이러한 일련의 사태에 연루되어 투옥되기도 했다.

당시 일본의 농업 종사자는 전 인구의 절반 정도로 공업 인구보다 두 배 정도가 많았다. 그러나 소작인들의 수입은 공장 노동자들의 수입의 절반도 채 되지 않았다. 가가와는 부채 때문에 노예 생활을 하던 농민들을 그냥 볼 수 없었다. 전국 각지에서 산발적으로 소작쟁의가 일어나기는 했지만 조직적이지는 않았다. 그는 농민의 전국 통일 조직을 결성하려 노력했고, 그 노력의 결과로 1922년 4월에 고베에서 일본농민조합 창립대회가 열리고 15개 현 대표 150명이 가가와가 기초한 선언을 채택했다.

그러던 가운데 농민 운동은 노동 운동과 마찬가지로, 경제 투쟁보다 정치 투쟁의 성격을 띠게 되었다. 그래서 농민 운동은 그의 한쪽 팔과 같은 스기야마 겐지로에게 맡기고, 그는 협동조합과 농민복음학교 설립에 정열을 쏟았다. 오사카 서구에 유한책임 구매 조합, '공익사'를 설립했는데, 이것은 생산자와 소비자가 서로 연대하여 자유 의사로 조합을 만든 것이다. 쌀, 소금 등 일상생활에 필요한 것들을 취급했으며 술은 취급하지 않았다. 이 시기에 도요히코의 출세작이 된《사선을 넘어서》1권이 출간되어 100만 부가 넘게 팔리는 베스트셀러가 되었다. 그는 인세를 거의 다 노동 운동과 농민 운동 그리고 생협 운동을 위해 사용했다.

1923년 9월 관동대지진이 일어났다. 진도 7.9의 강진으로 400만 명이 넘는 이재민이 발생했고 도쿄의 시가지는 초토화되었다. 도요히코는 소식을 듣고 바로 행동을 개시하여, 예수단의 청년들에게 고베 시내의 각 교회를 방문해서 협력을 구하게 하고, 자신은 구호물자를 배에 싣고 도쿄로 가서 가장 피해가 컸던 강동 지구에 구조 활동의 거점을 정하고 본격적인 활동을 펼쳤다.

당시 가가와는 "내가 제일 하고 싶은 일은 주민들과 개별적으로 접촉하면서 생활 향상을 도모하는 것이다. 곧 다가올 겨울을 이재민들과 가건물에서 함께 고통을 나누고, 빈민촌의 고뇌를 나도 함께 맛보면서 그것을 과학적으로 조사하여, 어려운 사정을 세상에 널리 알리는 일, 즉 그들의 눈이 되고 싶다"라고 말했다. 그는 주민을 전도와 구제의 대상화를 하는 것이 아닌 주민들과 함께하면서 그들과 함께 생활 향상과 신앙의 길로 가고자 했다.

구제 사업이 마무리되어가던 1924년 3월 이후에도 그는 도쿄에서 계속 활동하면서, 단순히 자선 사업이나 구제 사업에 그치지 않고 주민들의 교육적 측면과 복음에 의한 마음의 회복을 중시했다. 이런 생각으로 생협, 신협, 기독교 산업청년회, 의료 생협 등을 만드는 데 열심을 다하는 한편 '예수의 친구회'라는 모임을 결성했는데 이는 가가와의 메이지 학원 시절의 친구들이 중심이 된 조직으로 '예수에게 경건하라. 가난한 자의 벗이 되고 노동을 사랑하라. 세계의 평화를 위해 노력하라. 순결한 생활을 존중하라. 사회봉사에 뜻을 두어라'를 강령으로 하는 신앙 운동체였다.

1922년에는 대만의 초대를 받아 전도여행을 가게 되었는데 처음에는 혼자 가려고 했으나 부인인 하루가 고베의 빈민촌에서 술에 취한 무뢰배로부터 칼에 찔리는 봉변을 당함에 따라 아내와 동행하게 됐다. 이 여행은 결혼 8년 만의 신혼여행이었던 셈이다. 그리고 첫 아기를 얻게 되었다. 이후 육아 문제와 계속되는 빈민들의 협박과 폭력에서 벗어나고자 10여 년간의 빈민촌 생활을 정리하게 된다.

그 후에 '예수의 친구회'에서 백만인 구령 운동을 시작했다. 당시 일본에는 16만 명 정도의 기독교 신자가 있었지만 증가 비율이 너무 낮았다. 지금까지 교조적, 강단 중심적이어서 실천력이 부족했던 종래의 기독교 전도 방법을 변혁시켜서, 사랑과 협동을 바탕으로 정열적인 실천을 쌓아가야 한다고 믿었다. 1927년에는 스기야마 겐지로가 이웃에 이사 온 것을 기회로 일본 농촌 전도단을 결성하고 자택에서 농민복음학교를 열었다.

이즈음 미국에도 '거룩한 1달러 클럽'이라는 가가와의 후원회가 조직되었는데, 그들의 도움으로 '하나님 나라 운동'을 전 일본 기독교연맹의 이름으로 실천할 수 있었다. 이 사업은 '백만인 구령 운동'이 발전한 것이었다. 전국 각지를 돌며 '사회개량 운동', '사회봉사사업', '매매춘 폐지, 금주 운동' 등을 벌여나갔으나 우경화가 강해지던 시절이라 신자 증가에는 큰 성과를 내지 못했다.

이러한 순회 전도 기간 중에도 군국주의로 기울어져가는 시대의 흐름에 항의해, 도쿄에서 '전국 반전 동맹'이 결성되고 가가와는 집행위원장에 추대되었다. 일본의 대륙 침략이 이루어지자 가슴 아파하면서 일본과 세계 평화를 위하여 기도를 계속했다. 이런 와중에도 필리핀 전도, 호주, 미국, 유럽 등을 돌아다니며 온 세계가 마음을 합쳐서 평화를 위한 우애의 정신을 가지자고 설파했고 1938년 12월에는 인도를 방문하여 간디와 네루를 만났다.

간디는 그에게 유명한 간디의 물레를 선물하면서 다음과 같이 말했다.
"당신의 이야기는 이전부터 많이 들었습니다. 제가 당신 입장이라면 국가로부터 이단시되는 이야기를 확실하게 공언하겠습니다. 그리고 기쁘게 죽음을 맞겠습니다. 저울의 한쪽에는 생활협동조합과 당신의 사업 전부를 놓고, 다른 쪽에는 당신 나라의 명예를 놓고 생각해봅시다. 만일 당신이 나라의 명예를 존중한다면 일본에 거역하여 당신의 견해를 공표하고, 그로 인해 죽음을 맞이해야 한다면 당신의 죽음을 통해서 일본을 살릴 것을 당신에게 요구하고 싶습니다."

그는 중국에 대한 일본의 침략이 점점 노골화되자 책을 통해 다음과 같이 사죄하기도 했다. "나의 모든 기도에도 불구하고 일본의 군국주의가 중국에서 행한 포학을 생각하면, 참기 힘든 부끄러움이 솟아오릅니다. 내가 백만 번 용서를 구한들 일본이 지은 죄를 속죄하기는 충분하지 못할 것입니다." 이런 가가와의 태도는 일본 군 당국과 우익 단체들의 반발을 사게 되어 매국노로 매도당하고 헌병대에 끌려가 구치소 생활을 하기도 했다.

1945년 8월 15일 패전 이후 그는 내각 참여에 대한 권고를 받았지만 거부하고, 오히려 '전국민 참회 운동'을 제창하면서 국제평화협회를 설립하여 협동조합의 정신에 의거하여 항구적인 평화 수립과 인류의 상호부조와 우애의 실현을 목표로 하는 운동을 전개했다. 10월에는 사회당 창당 발기위원장을 맡는 등 쉴 새 없이 활동을 하면서도 3년간 전국을 순회하며 대중과 직접 만나 농촌 복음 운동을 전개했다.

1955년 노벨 평화상 후보에 올랐으나 수상하지는 못했다. 또 같은 해 12월 8일 일본과 한국의 국교가 단절되어 이승만 대통령의 평화라인으로 인한 어업 문제로 대립을 우려하여, 프린스턴 대학 동창이기도 한 이승만 대통령에게 사죄와 우호 관계 수립을 호소하기도 했다. 가가와 도요히코는 자본주의가 가지고 있는 사회악에 대해서 과

격한 직접 행동은 부정했다.

그 때문에 노동 운동이나 농민 운동에서도 소수파가 되어 차츰 이상의 실현을 협동조합에 맡기게 되었다. 증오나 투쟁을 초월하여, 서로 신뢰하고 도와주는 방법으로서 그가 찾은 것이 협동조합 운동이었다. 이 운동은 단순한 사업이 아니라 인간애와 상호부조라는 큰 원리에 기초한 것이었다. 그는 1945년 11월에 처음으로 일본협동조합동맹을 조직하고 민간의 협동조합 보급에 앞장섰다. 그중에서도 그가 창립하고 지원한 코프 고베는 고베 생협과 나다 생협이 합병한 것으로 조합원이 130만 명이 넘는 일본 최대이자 세계 최대의 규모의 생협으로 발전했다.

그는 평생에 걸쳐 교육의 중요성, 특히 유아 교육과 사회 교육의 중요성을 역설했다. 어린이는 하나님이 주신 선물이며, 교육은 어린이들에게 오염되지 않은 영혼의 한 조각을 심어주는 것이라 생각했다. 빈민촌의 어려운 생활과 지진과 전쟁 등으로 고아가 된 아이들을 늘 사랑으로 돌보았던 그였다. 그는 1924년에는 어린이 권리를 제창하고 학교가 지적인 면에만 편중되게 교육하지 말고 의지와 본능에 대한 교육을 해야 한다고 역설했다.

또한 1958년에는 《우주의 목적》이라는 과학책을 출판하기도 했다. 화학, 물리학, 생물학, 진화론, 천문학 등 자연과학의 모든 분야가 망라되어 있어 그의 뛰어난 과학자다운 면모도 엿볼 수 있다. 이 책을 포함해 가가와는 방대한 수의 저작을 남겼다. 종교에 관한 것 58권, 사회사상에 관한 것 35권, 문학에 관한 것 53권, 번역 23권 등 200권이 넘는다.

1958년부터 몸이 상당히 쇠약해졌으나 활동을 멈추지 않았다. 병중에도 매년 그가 즐거운 마음으로 간 도쿠시마에 전도 여행을 갔다 몸져눕게 되었다가 여러 가지 병이 겹쳐 결국 1960년 4월 23일 72세의 나이로 파란만장한 생애를 마쳤다. 그의 마지막 기도는 "교회를 강하게 해주십시오. 일본을 구해주십시오. 세계에 평화가 오게 해주십시오"였다.

가가와 도요히코의 삶을 간단하게 살펴보았다. 누구에게나 흠이 없는 사람은 없듯이 그도 마찬가지로 태평양 전쟁 말기에 미국의 폭격에 고통을 당하는 일본 민중의 입장에 입각해 미국에 전쟁 중지를 촉구하는 일에 참여하기도 했다(이것은 일본 민중만을 염두에 둔 가가와의 일생일대의 실수다. 그러나 그는 이러한 실수를 알기에 전후에 전국적인 회개 운동을 주창했다).

그는 체험적 신앙을 바탕으로 평생 동안 잡기를 즐기지 아니하고, 독서와 집필 그리고 실천적 사회 활동과 전도 운동을 초지일관 전개한 사람이다. 교인은 많으나 그리스도인으로서의 삶의 실천이 부족한 오늘날의 보수적인 한국 교회와, 사회적 비판은 많으나 기도와 치열한 자기관리가 부족한 진보적인 한국의 교회에서 가가와 도요히코의 삶과 그가 걸은 길은 시대와 나라를 초월하여 우리 그리스도인에게 주는 또 다른 도전이라고 생각하여 그를 소개한다.

※이 글은 2008년 9월 《뉴스앤조이》에 실린 옮긴이의 글입니다.